O tempo e a eternidade

Dados Internacionais de Catalogação na Publicação (CIP)
(Câmara Brasileira do Livro, SP, Brasil)

Susin, Luiz Carlos
  O tempo e a eternidade : a escatologia da criação / Luiz Carlos Susin. – Petrópolis, RJ : Vozes, 2018.

  Bibliografia.

  1ª reimpressão, 2019.

  ISBN 978-85-326-5771-8

  1. Criação 2. Escatologia 3. Eternidade 4. Fé (cristianismo) 5. Morte 6. Salvação 7. Teologia I. Título.

18-14489   CDD-231.765

Índices para catálogo sistemático:
1. Criação : Teologia : Doutrina cristã   231.765

LUIZ CARLOS SUSIN

O tempo e a eternidade
A escatologia da criação

EDITORA
VOZES

Petrópolis

© 2018, Editora Vozes Ltda.
Rua Frei Luís, 100
25689-900 Petrópolis, RJ
www.vozes.com.br
Brasil

Todos os direitos reservados. Nenhuma parte desta obra poderá ser reproduzida ou transmitida por qualquer forma e/ou quaisquer meios (eletrônico ou mecânico, incluindo fotocópia e gravação) ou arquivada em qualquer sistema ou banco de dados sem permissão escrita da editora.

CONSELHO EDITORIAL

Diretor
Gilberto Gonçalves Garcia

Editores
Aline dos Santos Carneiro
Edrian Josué Pasini
Marilac Loraine Oleniki
Welder Lancieri Marchini

Conselheiros
Francisco Morás
Ludovico Garmus
Teobaldo Heidemann
Volney J. Berkenbrock

Secretário executivo
João Batista Kreuch

Editoração: Flávia Peixoto
Diagramação: Sheilandre Desenv. Gráfico
Revisão gráfica: Nilton Braz da Rocha / Nivaldo S. Menezes
Capa: Renan Rivero
Ilustração de capa: Afresco da Anastasis (Ressurreição – Liberação do inferno / Igreja de São Salvador em Chora, Istambul, Turquia.

ISBN 978-85-326-5771-8

Editado conforme o novo acordo ortográfico.

Este livro foi composto e impresso pela Editora Vozes Ltda.

Em memória de meu irmão LEONARDO.

Senhor:
O mundo inteiro está diante de Vós
como o grão de areia
que não pesa na balança,
como a gota do orvalho
que de manhã cai sobre a terra.
Mas vos compadeceis de todos,
pois tudo podeis,
e fechais os olhos
diante dos pecados dos homens
para que se arrependam.
Sim, amais tudo o que existe,
e não odiais nada do que fizestes,
porque se odiásseis algo,
não o teríeis feito de modo algum.
Como poderia subsistir qualquer coisa
se não a tivésseis querido?
Como conservaria a existência
se por vós não tivesse sido chamada?
Mas perdoais e conservais todos os seres
porque todos são vossos,
ó Senhor, AMANTE DA VIDA!
Todos portam teu espírito incorruptível!
(Sb 11,22-26)

SUMÁRIO

Introdução, 9

1 Entre céus e terra, entre tempo e eternidade, 15

2 A história de Deus, 38

3 O Espírito e a esposa dizem: Vem!, 69

4 Morte cristã, 94

5 O juízo do justo juiz, 119

6 "Purgatório": amadurecer com a dor, 150

7 Ressurreição da carne: "face a face", 167

8 Novos Céus e Nova Terra, onde habitará a justiça (2Pd 3,13), 192

9 Morte eterna ou inferno: possibilidade do avesso, 232

10 Deus é nosso lugar, 249

Anexos, 255

Referências, 267

Índice, 275

Introdução

"Vida eterna?" – perguntava Hans Küng justamente no título de um de seus livros: somos filhos e filhas do tempo, da terra. E todo dia provamos nossa mortalidade. Teriam razão os mestres da suspeita e os pensadores da finitude radical a respeito da nossa condição existencial? O nada, o vazio, a insignificância, enfim a miséria humana projetando-se em sonhos invertidos, como em espelhos de esplendor, em palavras grandiosas: felicidade eterna, sem luto e sem dores, em habitação celestial, com anjos e santos. O tempo escoa – *fugit* – em direção à eternidade? Não são somente céticos modernos ou pós-modernos, pós-metafísicos, ou seus antepassados gregos, os céticos na origem do Ocidente, que pensaram e pesaram bem estas ponderações. A Escritura está atravessada por perguntas deste gênero, nos salmos, nos livros de sabedoria, nos profetas: Tudo é vaidade e tudo passa.

E se o movimento for, na verdade, o contrário? Não o tempo lutando para conseguir a eternidade, mas a eternidade a visitar graciosamente o tempo, a atravessar de modo diáfano ou, mais ainda, a tomar em seu seio o tempo e a mortalidade? Ora, a eternidade só pode ser a vida divina, Deus mesmo. E o tempo somos nós, criaturas da terra. Nós não dispomos da eternidade, mas se ela é um modo de ser do Deus eterno que nos criou, pode vir a nós, e então tudo muda. Tem razão Johann Baptista Metz quando adverte que o Deus bíblico é um Deus do tempo, da história, e que somente no tempo, nos eventos históricos, se pode compreender a verdade de sua revelação. Mas é o Deus "Eterno" e sua glória eterna que se revelam e se narram no tempo e salvam o tempo de sua própria finitude e corrupção. Então tudo muda.

Então, "a glória de Deus é o homem vivo, e a glória do homem é a visão de Deus" (SANTO IRINEU. *Adv. Haer.*, 4, 20, 7). A criação do universo inteiro e a sua salvação na escatologia, mediadas pela paciência de uma história de salvação, são a glória de Deus e do ser humano. E a glória de Deus é a garantia de vida e de glória para a criação: é para a glória que viemos à existência, confessa e canta a fé cristã. A beleza e a bondade que conotam a glória não são para um "outro tempo". Trata-se da glória da eternidade do Criador que abraça a precariedade do tempo da criação inclusive em seu sofrimento: a glória que ainda não se manifestou inteiramente nos é dada a conhecer e experimentar em sinais humildes ao longo de uma história de salvação.

Contra a tendência gnóstica, dualista e espiritualista, que contaminava os cristãos a menos de um século depois de Cristo, o mesmo Irineu, bispo em Lyon, esclarece: "O fruto da obra do Espírito é a salvação da carne" (*Adv. Haer.*, 5, 12, 4). O contrário do Espírito não é a matéria, mas a morte, que é o fim e a perdição da vida. A morte, a "grande inimiga", a "última inimiga a ser derrotada" (cf. 1Cr 15,26), não leva consigo inteiramente a carne humana, pois esta condição frágil e finita do ser humano é habitada e transfigurada pelo Espírito eterno. Tertuliano resumiu essa afirmação clara contra a espiritualização gnóstica em outro lugar, em Cartago, no norte da África: "A carne é o eixo da salvação" (*De carnis resurrectione*, 8,3). Tertuliano entendia por "carne" justamente a condição corporal tão vulnerável e corruptível no tempo. Além disso, a história do ser humano sobre a terra está palmilhada de fadigas e sofrimentos, de desilusões e lágrimas, de vaidades e de tentações, inclusive a tentação da descrença numa possível vida para além da morte, uma vida que seja eterna. A glória não é uma evidência. Ela é uma relação com quem pode dar vida eternamente. Quem pode dizer uma palavra de vida eterna? "A quem iremos?" (Jo 6,68).

No entanto, é comum nos depararmos com este paradoxo: diante de questões cotidianas e pequenas temos doses altas de certeza, enquanto diante das questões essenciais e decisivas, de vida ou morte, de vida para além da morte, frequentemente permanecemos em opiniões e desejos. Ora, esta é uma questão absolutamente séria, que desafia toda convicção em sua solidez. E a convicção não é exatamente da mesma ordem da certeza comum, a convicção não provém de uma demonstração científica, de uma evidência científica, mas do aprendizado e do amadurecimento da consciência diante de uma exigência humana.

As páginas que seguem pretendem escutar, meditar, expressar a pergunta e ousar debater a convicção segundo a fé cristã: "Senhor, a quem iremos: *Tu tens palavras de vida eterna*" (Jo 6,28). Esta confissão de fé cristã é um anúncio de esperança e de alegria antecipada na confiança para quem mora no tempo e se percebe constituído pelo tempo. Com todo realismo precisa abrir os ouvidos cristãos para as interrogações contemporâneas, provindas do mais radical pensamento da existência humana, da ciência, da sensibilidade secular, do pluralismo religioso.

Neste texto procuramos abordar a tradição cristã em diálogo, frequentemente implícito, com as questões contemporâneas de antropologia, de ecologia, de filosofia, de ética no horizonte das ciências e da cultura plural. Não é um compêndio e nem uma simples exposição doutrinária. Procuramos abrir um caminho reflexivo, indicando no final uma bibliografia. O nosso percurso é eminentemente antropológico, cristológico, pneumatológico, trinitário, eclesiológico. Mas também ecumênico e ecológico. A teologia cristã é uma encruzilhada de muitas direções, para frente e para trás, para baixo e para cima, e a escatologia é a chegada desses muitos caminhos. O interesse destas páginas é, de qualquer forma, compreender a coerência e a solidez da palavra bíblica e cristã, sem esgotar os assuntos.

A escatologia, que aborda o tempo em sua conexão com a eternidade, pode ser comparada à linha de um horizonte e a um sol que se levanta no oriente, cuja luz jamais termina de chegar. Ou que se põe na mesma linha de horizonte pelo lado do ocidente, justamente porque entre o nascer e o pôr do sol e do dia há fenômenos que se repetem e confundem. Como entre o nascer e morrer de cada ser humano. O nosso estudo é ousado, e pode parecer pretencioso, mas é absolutamente necessário e irrenunciável. Faz parte do "único necessário" (cf. Lc 10,42).

O estudo de escatologia, como dizia Urs von Balthasar, eminente teólogo do século XX, depois de ter ficado com a secretaria fechada por desencontro de oferta e procura, com respostas que não condiziam com as novas perguntas, precisou ultimamente "fazer horas extras", e está em grande necessidade de pesquisa. Mas mudou de endereço, não está no mesmo andar do edifício da religião e da teologia tradicional. Num mundo mais secularizado, após séculos de modernidade sem referência transcendente para justificar a existência do mundo, o ponto de partida, por estranho que pareça inicialmente, não é a tradição religiosa. Esta será um "recurso", mas para utilizar os recursos da tradição religiosa é necessário também construir pontes de linguagem entre os dois edifícios, quase dois mundos de linguagem, o secular-científico e o religioso-poético-mítico e, entre ambos, a ponte da experiência. Teologia não é um pacote de conteúdos, mas uma ciência hermenêutica, um exercício de interpretação dos conteúdos da vida e da tradição narrativa, doutrinária e científica.

Hoje não se pode falar de escatologia sem levar em conta a unidade criação-história-escatologia e o horizonte da esperança como guia e inspiração. É a esperança, segundo o poema de Charles Péguy, a irmã das duas outras maiores – a fé e a caridade – que avança e vê primeiro aquilo que vem e que chega a partir de um horizonte de sol que se levanta e já orienta e aquece o caminho: a esperança enlaça tempo e eternidade. A teologia da criação também requer um horizonte escatológico. Da mesma forma, a escatologia individual – de cada pessoa – é inseparável da escatologia comunitária, universal, ecológica. Não se pode elaborar uma escatologia em dois compartimentos diferentes – escatologia da criação e escatologia do ser humano – como seguem fazendo alguns professores escolásticos. A unidade de um único destino escatológico da criação à qual pertencemos pode ser encontrada na exigência antropológica mesma, na existência humana. São alguns dos aspectos mais centrais que queremos sublinhar nas páginas que seguem.

Qual é a autoridade que fundamenta um dizer tão ousado e ambicioso? A utilização do texto da Escritura e do texto do magistério da Igreja não é arbitrária embora sóbria: ambos os recursos precisam ser interpretados em círculo hermenêutico com as perguntas e as informações das ciências e da cultura contemporânea. Aqui apresentamos uma reflexão sistemática, que já supõe um uso correto das fontes da Escritura e do magistério, cujas regras ficam aqui supostas. Para evitar um texto demasiado pesado, as citações serão apenas as mais essenciais. Com isso se evita também uma sobrecarga de notas ao pé de página. Alguns assuntos são novos e talvez surpreendam, como a introdução do "Sábado como *tempo* da escatologia" ou, seguindo a antropologia do hebreu Emmanuel Lévinas: "o *outro* é a *alma em mim*", alma relacional. Alguns assuntos são tomados dos antigos tratados e interpretados, outros são exames das atuais teorias de interpretação.

A "primogênita da Modernidade" e seu carro-chefe é a ciência. Na forma de ciências empíricas e analíticas, que distinguem chegando a "separar" para conhecer, para objetivar, experimentar, verificar, estabelecer leis. Nasceram as especialidades – e as fragmentações. A superação dos impasses desta Modernidade fragmentadora consiste, seguindo metodologia interdisciplinar e até transdisciplinar, em relacionar, juntar. De alguma forma, apelando para a descrição fenomenológica e para a experiência existencial, trata-se de um conhecimento por "participação" para conhecer de forma mais justa, respeitosa e integral, como reclama um dos nossos mestres da esperança, Jürgen Moltmann, muito presente nestas páginas. Embora este seja um ensaio para articular e integrar tantas questões, não é lugar e nem este é um tempo de grandes *Sistemas* – que também, depois da escolástica, ficaram na modernidade hegeliana e nas ideologias que se seguiram. Pretendemos apenas certa sistematização aberta, de acordo com alguns princípios de sistematização.

Devo agradecer aos meus alunos da disciplina Criação e Escatologia do segundo semestre de 2016 no Curso de Teologia da Pontifícia Universidade Católica do Rio Grande do Sul pela leitura gradativa e conjunta de alguns capítulos com sugestões para que fossem melhorados.

Agradeço também à Editora Vozes pela edição anterior[1] de boa parte deste texto e pela paciência na espera da revisão que, depois de vinte anos, e com tantos acréscimos, é como escrever um novo livro, atualizado, ampliado e – espero – melhorado.

---

1 *Assim na terra como no céu* – Brevilóquio sobre escatologia e criação. Petrópolis: Vozes, 1995.

1

ENTRE CÉUS E TERRA, ENTRE
TEMPO E ETERNIDADE

Se começar bem é um bom caminho andado, começamos pelas perguntas, pelos problemas e pelo método de trabalho para encaminhar adequadamente os capítulos seguintes na nossa busca de compreensão de assunto tão complexo.

1.1 As grandes perguntas

Há pequenas perguntas, questões cotidianas, que nós resolvemos. Mas num dia qualquer, através de algum acontecimento-limite, sobrevém uma grande pergunta que nos paralisa e nos deixa sem palavras, impossibilitados por nós mesmos de nos dar respostas: sobre a dor desproporcional, excessiva, sobre a fragilidade e a solidão, sobre a injustiça e a desordem no mundo, sobre os extravios e erros da existência e a impossibilidade de repará-los inteiramente, sobre o destino incerto ou certo demais, sobre a morte certa ainda que incerta quanto ao seu tempo – ou sobre sua proximidade praticamente acertada, por idade ou doença. Essas *experiências-limite* são, na verdade, o lado obscuro, ou ainda o limite ou a carência daquilo que, do outro lado, vivenciamos como conteúdo verdadeiro e bom da vida humana: a comunhão, a integridade e a fecundidade, a sabedoria e a beleza, a segurança e a jovialidade, conteúdos e experiências pelas quais vale a pena viver! A carência, a ruptura e a defasagem entre os dois lados criam o *inter-valo* tremendo da *inter-rogação*. Quando um sabor de morte se introduz na vida, as perguntas se tornam "vitais", e não mais formalidade acadêmica. Não somos nós que as inventamos, são elas mesmas que nos assaltam, nos desnudam de nossos raciocínios, nos impelem à busca de alguma resposta como luta pela vida: "Decifra-me ou devoro-te" – a esfinge, como a de Tebas, então, nos encara sem podermos desviar os olhos.

Na teologia cristã, o tratado dos "Novíssimos" teve a intenção de enfrentar as grandes perguntas sobre o enigma último do destino humano. Na catequese de uma doutrina não muito distante se podia cadenciar a quatríade dos *novíssimos*: "a morte, o juízo, o inferno, o paraíso". A estes "quatro grandes" juntam-se questões correlatas, como a ressurreição dos mortos ou *da carne*, o destino do mundo. Com detalhes ou questões intermediárias, geralmente polêmicas entre as diversas tradições cristãs, como o juízo particular e o juízo universal, o purgatório, o limbo, o estado intermediário das almas separadas do corpo etc. Nos manuais de teologia e catequese se chegou mesmo a "resolver" as grandes perguntas com respostas precisas e curtas. Em seguida, a literatura, a homilia e a exortação se encarregavam de navegar pelo imaginário cristão, por símbolos e narrativas do além. Como, de resto, o imaginário religioso da humanidade, nas mais diferentes culturas, sempre alcançou, nessas questões últimas, a sua máxima imaginação, um imaginário instigado pela dor, pela perda, pela angústia, mas também pela esperança e pela confiança. O recurso à narrativa mítica foi usado sem grandes questionamentos para construir um mundo de respostas bem-resolvido, mas hoje essa linguagem não é mais evidente, necessita interpretação, contextualização, e isso é bom para entender o que os outros que nos antecederam acreditaram, mas quando se coloca a questão decisiva a respeito da nossa própria fé, o mero transporte da linguagem dos antepassados não é suficiente para uma resposta adequada.

Hoje reina um vazio, um mal-estar e uma confusão de línguas em torno das grandes perguntas. Há respostas que não correspondem mais às perguntas. Há respostas demasiado prontas, como antigas roupas padronizadas que não se ajustam ao corpo de questões que a sensibilidade humana contemporânea porta consigo. Lembrando Urs von Balthasar, o que fazer quando, em termos de cosmologia, criação, destinação e escatologia, perguntas e respostas não se entendem, a procura e a oferta não coincidem? O que fazer com as respostas que temos hoje em mãos e que parecem obsoletas? Como proceder com as perguntas vitais que se debatem com a falta de uma articulação de resposta? Sem dúvida, é necessário partir das perguntas, jamais das respostas. E para compreender as perguntas é necessário examinar os contextos em que elas emergem. Em um segundo momento é atitude responsável fazer uma exegese das respostas tradicionais para compreender seu contexto e depreender delas alguns recursos que ajudem a articular novas respostas, a ter ousadia para respostas mais adequadas no amadurecimento da consciência e da sua convicção. Bom mestre é o que sabe tomar do seu baú coisas novas e antigas (cf. Mt

13,52). Até porque a velha sabedoria pode se mostrar mais sólida do que muitas novidades. Uma das primeiras tarefas deste tratado de teologia sistemática é compreender por que chegamos à atual confusão de línguas. Por isso, hoje "a secretaria dos novíssimos" se obriga a "horas extras", como acrescentava Urs von Balthasar. Essas horas extras deverão ser empregadas na atenção a uma questão fundamental: *as condições de possibilidade de existência de escatologia e de criação*. Antes, portanto, de tratar assuntos específicos, é necessário cimentar bem o *fundamento*, é necessário uma "escatologia fundamental", uma base plausível e compreensível para a linguagem contemporânea.

1.2 Um método hermenêutico fundamental

Ernst Bloch, intelectual de tradição marxista e judeu conhecedor da tradição bíblica, foi quem compreendeu, no século XX, justamente no tempo de esgotamento das grandes ideologias messiânicas e escatológicas, a absoluta necessidade e a emergência contínua da esperança para a existência humana, para a possibilidade de futuro e de história. Ernst Bloch elaborou, assim, o "princípio esperança" como motivação e compreensão da história. Trata-se de um princípio "primeiro", uma *arqué*, assim como na tradição grega há os primeiros princípios em lógica e ontologia. Princípio, *arqué*, é o que dá sustentação, como o alicerce. É fundamento que sustenta a casa inteira ao longo da sua duração no tempo. No caso de Bloch, trata-se de um princípio utópico, um horizonte criador de utopia que move a história para frente na mesma medida em que algo desta utopia se torna "topia", alguma realidade. Ele cunhou a afortunada expressão "já-agora e ainda-não" (*Schon-jetzt und Noch-nicht*) na tensão entre o horizonte utópico, que se desenha como futuro, e o presente da ação, da práxis – uma fecunda tensão, própria do "princípio esperança"[2].

Jürgen Moltmann, por sua vez, tomou de Bloch tanto o "princípio esperança" como a expressão "já-agora e ainda-não" para sua Teologia da Esperança. E de Wolfhart Pannenberg ele aproveitou a categoria de "antecipação" – ou, em grego, *prolepsis*, o que está lançado à frente – para compreender a partir de um acontecimento, no caso a ressurreição de Jesus, a fusão dos tempos a partir do horizonte do futuro: o "ainda não", evento futuro da ressurreição dos mortos, antecipa-se em um acontecimento "já agora" na ressurreição de Cristo, e abre assim a história para o futuro, para a real novidade que retira a história do historicismo, da fatalidade, da contínua repetição, ainda que em modos dife-

---

2 Cf. BLOCH, E. *O princípio esperança*. 3 vols. Rio de Janeiro: EdUERJ/Contraponto, 2005/2006.

rentes. O privilégio pascal da ressurreição de Jesus como o evento histórico por excelência, que não provém do passado nem se circunscreve ao presente, mas que provém do futuro último, horizonte escatológico, e assume todos os tempos articulados entre si, pode também ser visto em outros acontecimentos análogos: o Reino de Deus nos sinais de Jesus, o Êxodo e a entrada na Terra Prometida na história de Israel. E isso se torna uma metodologia de interpretação que está no coração deste nosso estudo. Tratamos aqui de eventos que são "ainda não", mas que podem ser detectados e experimentados em sinais "já agora"[3].

Assim, se tratássemos somente de coisas "ainda não", sem nenhum sinal no presente e na história, poderíamos até falar de coisas muito bonitas e desejáveis; mas, na realidade, apenas ideológicas no pior sentido: seriam como máscaras, ou seja, imaginações e manipulações da realidade, talvez meias-verdades que mais encobrem do que revelam. Embora os sinais, os testemunhos, as realidades sejam historicamente sempre parciais, dados em pequenos fragmentos, no entanto, dão o sabor da totalidade e comprovam a sua possibilidade e existência. Assim, para exemplificar, aqui nesta terra não cabe todo o céu, nem todo o Reino de Deus, nem toda a glória, mas algo sim: uma antecipação, em pequena gota do sabor oceânico da eternidade.

Em nosso tempo conta decisivamente a "experiência", que pode ser narrada, expressa de alguma forma. Mas a própria experiência não está livre de mal-entendidos e de manipulações. Por isso à experiência é necessário juntar a narrativa histórica, a memória, para sua real compreensão. É assim, na narrativa, que o horizonte ou o firmamento imenso da escatologia, que não cabe no *aqui* da história, passa pela humildade da experiência presente e se conecta com a memória histórica. Futuro, presente e passado juntam-se assim sob o horizonte escatológico, que, finalmente, compreende a criação. Daqui, segundo a lição de Moltmann, a insistência em compreender juntos escatologia e criação, nessa ordem – compreender o começo a partir do fim – e ambas, escatologia e criação, no instante presente da experiência histórica e na sua interpretação narrativa da própria história – a história oral, bíblica, textual, ritual. Descer da promessa, e da sua narrativa, à experiência aqui e agora, e então devolver a experiência à narrativa e à promessa da história – esse é um movimento metodológico necessário. Enfim: nada se diz seriamente de além – *ainda-não* – que não se comprove em um sinal, em uma experiência, ainda que frágil – *já-agora*.

---

3 Cf. MOLTMANN, J. *Teologia da esperança* – Estudo sobre os fundamentos e as consequências de uma escatologia cristã. São Paulo: Loyola, 2005.

1.3 A terra sem o céu? O tempo sem a eternidade? – A escatologia da Modernidade

O historiador medievalista Jean Delumeau dedicou uma trilogia de estudos longos e bem-documentados que levam títulos sintomáticos e terminam com uma pergunta no título do último volume: *O que sobrou do paraíso?*[4] Segundo esse autor, com o Renascimento e a confusão de horizontes bíblico e grego na arte, na literatura, na filosofia e na cultura em geral, e com o confronto entre a linguagem da teologia e a das ciências empíricas, começa na Europa a secularização que esvaziou as representações, tanto da escatologia como da criação.

Os últimos cinco séculos vieram assim caracterizando e irradiando, a partir da Europa para todas as culturas, um "espírito novo", a *Modernidade*. É importante compreender que esta palavra caracteriza um tempo, uma época, que é *novidade* e *ruptura* com o que lhe antecedeu, que se volta para o futuro e pretende anunciar o futuro, como a *moda* e as suas tendências, oráculos de futuro. A Modernidade, na síntese de Roger Garaudy, tem três primados: a racionalidade, a ação, a produção. Mas juntamente com a centralidade da racionalidade cartesiana, da ação ou pragmatismo de utilidade e resultados, da produção e reprodução capitalista, e juntamente com a luta pela autonomia, pela emancipação da individualidade, a Modernidade engendrou uma escatologia terrestre e secularizada: "tempos novos" ou "tempos modernos" significam exatamente que "o futuro está chegando aqui e agora", que estamos na idade adulta em que os "novíssimos" não precisam nem devem mais ser esperados para além da morte, mas estão à disposição de nossa construção intra-histórica. Podem ser

---

4 Cf. São Paulo: Companhia das Letras, 2003. O original *que reste-t-il du paradis* pode ser melhor traduzido por "o que resta do paraíso?" O primeiro livro da trilogia tem por título *Uma história do paraíso – O jardim das delícias* (Lisboa: Terramar, 1994). O segundo tem por título *Mil anos de felicidade – Uma história do paraíso* (São Paulo: Companhia das Letras, 1997), em que Delumeau termina por acusar uma hermenêutica de desconstrução que não foi justa para com a experiência e o sentido narrativo que a sustenta. Ficamos assim órfãos e sem pontes para nossas esperanças e utopias. Em *O que sobrou do paraíso*, constatando que nosso tempo não tem representações culturais para sustentar a linguagem sobre o além desta vida terrena que conhecemos, o autor termina com propostas à fé e faz ele mesmo uma profissão de fé. É útil observar que essa trilogia foi precedida por uma história do medo: *Uma cidadela sitiada – História do medo no Ocidente, do século XIII ao século XVIII* (São Paulo: Companhia das Letras, 1989), em que o autor enfoca especialmente os medos escatológicos. No entanto, já no começo do século XXI, Jean Delumeau insistiu em que o medo vinha crescendo assustadoramente – um pleonasmo que cabe bem ao caso – no Ocidente secularizado, que trouxe o medo escatológico para o presente e o futuro próximo da história. Nisso coincide com Zygmunt Bauman, na invasão do medo em relação à sustentação, à violência e à integridade física no presente, uma mistura "apocalíptica" de presente e caos iminente (*Medo líquido*. Rio de Janeiro, Zahar, 2008).

realizados no presente da história mediante o exercício histórico da racionalidade, da ação, da produção, da ousadia da autonomia e da autorrealização[5].

Compreender a escatologia secularizada e intra-histórica da Modernidade é, pois, de capital importância. Para tanto, é útil alargar a visão sobre a Modernidade. Olhada a partir do ponto de vista teológico, a Modernidade aparece como uma impressionante secularização de cada âmbito da teologia e da hermenêutica cristã:

a) Secularização da cristologia – Em termos de teologia trinitária, o Filho é a Palavra, a Inteligência, a Obediência e a Imagem do Pai. Na Modernidade, a palavra e a inteligência dispensam esta referência transcendente, são tomadas como exercício metodológico da racionalidade e da compreensão *autônomas*. Dispensa-se o recurso e a obediência à autoridade, aos "argumentos de autoridade", para se fundar na autonomia dos argumentos de razão. A autoridade e a tradição representam normalmente o pai, mas na Modernidade há uma recusa a ser "imagem", reprodução da tradição. Por isso, a compreensão é audácia de autonomia – *"Sapere aude!"* (Kant): saber é uma audácia, é emancipação. Não há acento no pressuposto de confiança "creio para compreender", mas somente o contrário, "compreendo para crer", a religião nos caminhos e nos limites da razão.

A "encarnação" acontece, segundo o espírito da Modernidade, na ação, no empreendimento, no engajamento, na empresa, no empreendedorismo, como ousadia *messiânica*: uma construção de salvação, um trabalho prometeico. Não se trata de seguimento ou de discipulado, mas de autorrealização com esforço e engenho.

A psicanálise e a democracia são flores da Modernidade. Assim, o pai, juntamente com a tradição e as autoridades hierárquicas que o representam, inclusive o "Pai do céu", foi posto sob suspeita de submissão e infantilização patriarcal. A palavra de ordem é "emancipação": a razão julga a autoridade e

---

5 Cf. HABERMAS, J. *O discurso filosófico sobre a Modernidade*. Lisboa: D. Quixote, 1984, p. 17: "Enquanto no Ocidente cristão os 'Novos Tempos' designaram o tempo ainda para vir que se abriria ao homem só após o juízo final, o conceito profano de idade moderna exprime a convicção de que o futuro já começou, significa a época que vive dirigida para o futuro, a qual se abriu ao novo que há de vir. Desta forma, a cesura do começo do novo é deslocada para o passado, precisamente para o início da idade moderna". Hegel situou, na lição de Habermas, o começo da Modernidade em torno de 1500, final do século XV e começo do século XVI, com os três grandes acontecimentos de *totalização* (as descobertas que rodearam o globo), *renovação* (o Renascimento e o Humanismo), e a *plenificação* (a Reforma, que, no entanto, falhou) e mostra que, trezentos anos depois, é o Estado, representado então por Napoleão, que deve, no lugar da Igreja, levar a história à sua plenitude. De fato, a Modernidade é um tempo pontilhado por conflitos entre religião ou Igreja e Estado. Esse conflito, hoje, se situa entre Mercado e religião ou Igreja, a menos que a Igreja e a religião se transubstanciem em mercado.

liberta da submissão infantil. Em política, o poder é autofundado no povo, nos indivíduos, na democracia alargada nas lutas por igualdade e cidadania. Na prática isso significou a luta contra os poderes patriarcais e hierárquicos do Príncipe, do Papa e do Pai, os três "pês" que mediatizavam ou se legitimavam e sacralizavam no Pai celeste. Um símbolo desse movimento foi a coroação de Napoleão, que tomou a coroa das mãos da autoridade eclesiástica para coroar-se ele mesmo. E o outro foi o rei levado à guilhotina, dando-se fim ao absolutismo. E ainda o Direito Civil afastando-se do Direito Eclesiástico, a lei civil, legitimada na razão social, entrando às vezes em conflito com a lei eclesiástica que se legitima na tradição sagrada.

Claro que se trata de um desastroso mal-entendido: Na teologia trinitária o Filho é tão adulto como o Pai, é "igual", amigo e colaborador, e o mundo é obra do amor de ambos, da obediência mútua na decisão livre e fecunda. Mas a interpretação e as consequências que sustentam a Modernidade são uma possibilidade do próprio cristianismo[6].

b) Secularização da pneumatologia – Em termos trinitários, o Espírito é o Amor e a Potência do Pai e do Filho, é o princípio de abertura e de união e comunhão trinitária. É a in-habitação de Deus em nós, em toda a criação. Ora, a in-habitação do Espírito, na metáfora da luz e do poder, da temperatura e da energia, que ilumina e potencializa a interioridade, que abre e afina com a verdade e a comunidade, que gera capacidade e autorregulação, possibilita autonomia e dom de si; é tomado em sua propriedade pela Modernidade não mais como uma alteridade que *in-habita* a interioridade, mas sob o horizonte da autonomia radical. É o "espírito novo" da Modernidade, espírito do tempo que é também o tempo do espírito, da interioridade, do iluminismo da razão, a ficar com Hegel, segundo Habermas. Em bom francês, é *"esprit d'époque"*. Assim, exerce-se o poder fundado na confiança da autorregulação ou auto-organização dos sistemas da biologia, da física, das ciências, da economia, inclusive das diferenças no tecido social. Segundo o liberalismo econômico, se cada um buscar seu interesse, o interesse geral se realizará. Não só a razão "iluminista", mas o interesse, a expansão do interesse, move a subjetividade moderna. Experimenta-se espírito e força como coincidência com a própria imanência

---

6 Cf. ILLICH, I. & CAYLEY, D. *La corruption du meilleur engendre le pire*. Arles: Actes Sud, 2007. Cf. tb. SUSIN, L.C. *A corrupção do melhor engendra o pior* – Um ensaio sobre a metamorfose do cristianismo e seus aspectos sombrios no ocidente moderno capitalista. In: MOREIRA, A.S. *O capitalismo como religião*. Goiânia: Puc-Goiás, 2012.

e autonomia; portanto, não há necessidade de oração: nem de pedido e nem de agradecimento. O "espírito novo", separado do Pai e da filiação, não geme *"Abba"*. O "sujeito forte" da Modernidade se conserva em subjetividade auto-centrada, gloriosamente autônomo em seu *ex-nihilo*, criador de si mesmo.

c) Secularização da eclesiologia – Com a Modernidade há o nascimento da sociedade civil, com todo o aparato de instituições separadas de qualquer confissão religiosa. Há uma confiança na associação dos indivíduos iguais e livres, no exercício do poder que emana do povo para legislar, ordenar, julgar, segundo critérios civis, ou seja, a democracia. Para a formação sólida dessa nova sociedade confiou-se numa educação ampla e pública. Houve, com essa "eclesiologia" com baixa hierarquia e sem códigos religiosos, uma seculariza-ção de todos os âmbitos da moral, do direito, da comunicação e da opinião pública – portanto, da catequese. A sociedade civil, com acento na autonomia dos indivíduos e em sua participação social na forma de indivíduos instruídos, produtivos e úteis – constituindo-se mais em elite do que eleitos – se afasta do conceito teológico carregado de consequências escatológicas que é a comu-nhão dos santos.

d) Secularização da criação e escatologia – *Finalmente, o que mais nos interessa no contexto específico deste estudo*: através da concepção moderna de história aconteceu um "envelopamento" da criação e da escatologia na história, não mais sagrada, mas como processo, evolução, progresso etc. Do cosmos, do âmbito biológico, e sobretudo da pessoa e da sociedade, a história ganha um estatuto secular: não é a história de Deus ou história da salvação, mas história do *homem no mundo*. Dependendo da escala, é a história do Planeta Terra gi-rando no espaço físico, universo no horizonte das singularidades do *big bang* ao buraco negro ou *big crunch*.

Nesta terra, a história pertence ao homem tanto quanto o homem per-tence à história. Essa historicidade radical – sem "antes" e nem "depois" – se liga a uma evolução que parte das camadas mais humildes que emergem "de baixo", e não de uma criação solene vinda do alto e da palavra. E se direciona para uma escatologia que pode ser sonhada como realização do homem na própria espiral ascensional da história: pela compreensão cada vez mais racio-nal, objetiva e científica, pela indústria e pela produção, pela tecnologia e pela ação incessante; enfim, pelo progresso, pelo crescimento. A Modernidade desejou – ou ainda deseja – cumprir a sugestão secreta de Mefistófeles, que prometia a Fausto juventude, poder e riqueza: "Pelo teu cérebro, torna-te um deus". Ou ainda, segundo Descartes, "senhor e possuidor do universo". Esse messianismo histórico, *milenarismo* secularizado com expectativa escatológica intra-histórica, característico da Modernidade, esgotou-se no século XX com os grandes desastres que se seguiram às grandes ideologias[7].

Por ora descrevemos somente o lado heroico e luminoso da Modernidade, de maneira muito sintética. Além do paraíso prometido, é necessário falar do seu "inferno", pois também o inferno, com fogo e demônios, foi secularizado. É que para se entrar realmente nos "tempos novos" desencadeiam-se com a racionalidade e a ação, com a ciência e a técnica, projetos e processos econômicos, políticos e sociais. A "nova terra" ou a "cidade nova", a nova civilização e as nações em suas novas configurações, como afirmação da burguesia superando a nobreza medieval, projetou-se em capitalismo e liberalismo econômico. Sobre esse terreno, como "irmão-inimigo", estruturalmente gêmeo e antagônico ao mesmo tempo, projetou-se revolucionariamente o socialismo, buscando afirmar o trabalhador proletário para além da burguesia. Mas tanto nos processos sociais como nos processos individuais se desvelou cada vez mais o quanto de inferno o homem é capaz de criar na terra. Humanistas como Marx e Freud acreditaram numa escatologia terrestre, da sociedade sem classes e do indivíduo liberado, emancipado de seus demônios interiores. Mas para que tal pudesse acontecer obrigaram-se a começar com processos de denúncia da perversidade das instituições e dos poderes sociais e econômicos, da perversidade das relações familiares, pessoais, afetivas e sexuais. Tomando a linguagem dos Novíssimos, trata-se da denúncia de demônios, verdadeiros anjos pervertidos e decaídos, agora em alienação secular. Marx e Freud tornaram-se assim incômodos mas necessários mestres da suspeita, e tentaram métodos de exorcismo e de ascese – ascese revolucionária ou ascese terapêutica.

Hoje vivemos uma crise da Modernidade, dos seus valores e processos, é a "Pós-modernidade". É um conceito contraditório e ainda dependente da

---

7 Cf. TAUBES, J. *Escatologia occidentale*. Milão: Garzanti 1997. O autor, judeu alemão, publicou em 1947, após a catástrofe da segunda grande guerra, este seu único livro com a tese de que a escatologia tem suas raízes na perspectiva messiânica e apocalíptica dos profetas de Israel, passa pelas inquietudes recorrentes do cristianismo e acelera nas revoluções cada vez mais rápidas e seculares do Ocidente, tendo nas ideologias socialistas e na experimentação comunista a sua última onda, que já em 1947 Taubes descrevia como decadente e sem futuro. Messianismo e escatologia teriam se esgotado, junto com a Modernidade. Cf. tb. HOBSBAWM, E. *Era dos extremos* – O breve século XX, 1914-1991. São Paulo: Companhia das Letras, 2000. O autor estende o desmoronamento até a última década do século XX, e lê o mais breve dos séculos em consequência do longo século XIX, que começaria na Revolução Francesa (1789) e terminaria com o Titanic e o começo da primeira grande guerra (1914).

Modernidade, e por isso há elementos contraditórios de hipermodernidade, de modernidade tardia etc. Talvez um dos profetas desse novo tempo seja o contraditório terceiro mestre da suspeita, Nietzsche: somos agora a autonomia de uma terra que não tem um céu para onde se voltar, terra que sequer gira em torno de um sol, mas apenas sobre si mesma, afastando-se do seu antigo sol. E vamos assim morrendo de frio. Esgotaram-se as energias, e há uma crise de potencialidades, tanto nas instituições como nos indivíduos: as instituições tradicionais e as subjetividades estão desconstruídas. Derivamos para o "pós--social" (Alain Touraine) de consumo, desperdício e poluição, de muros e medo (Zygmunt Bauman). Aqui "nada se cria, tudo se copia", e a palavra, a imagem, a expressão, são retalhos tediosos do "já-feito". É o tempo dos simulacros vazios de realidade e das dissimulações do real e da linguagem (Baudrillard).

Apagaram-se as luzes dos projetos que iam em direção a uma escatologia que, se não era além da história, ao menos era na "frente", no futuro histórico. Chegamos a uma espécie de "escatologia realizada" e a uma autorregulação que se chamou também de "pós-história"[8]. Esgotou-se e até se contestou o "espíri-to novo" provindo da potência da racionalidade, como também das utopias e projetos. Decaiu a militância secular. Administra-se para o aqui e agora, e cada um "contente-se com o que tem"[9]. A "grande marcha da história" está hesitan-te. Não há mais messianismos seculares, não há um "porto futuro" para onde navegar. Importante é bailar bem, sobre as águas, o desempenho estético sem outros propósitos, pois a história já não tem propósito. A moral secularizada de princípios e projetos racionais desmoronou em "moral de oportunidade", em comportamento de conveniência e desempenho de papéis. A melhor ética é a do maior benefício para o maior número de pessoas, mas sem pretensão soteriológica nem mesmo de inclusão total.

O homem forte, autoconsciente, substantivado em indivíduo sólido em si mesmo, é sucedido pelo homem "macio" (*soft, light*), maleável, flexível, cambiante, que recusa por isso a educação à forma dura e disciplinada do indivíduo moderno. Pois o preço da educação iluminista foi a solidão da demasiada consciência racional e crítica, a ponto de se tornar embaraçante

---

8 Segundo Habermas (cf. op. cit., p. 15), a expressão é de Arnold Gehlen, anterior a Fukuyama, que a divulgou mais tarde de maneira superficial, e que depois do 11 de setembro, com a derrubada das torres gêmeas de Nova York, corrigiu sua tese. Segundo Gehlen, a questão é mais humanista: as pre-missas iluministas da Modernidade – igualdade, liberdade, fraternidade, autonomia, democracia – há mais tempo estão mortas, e só restam as consequências mecânicas, que se "cristalizaram" com suas antíteses, e por isso entramos numa Pós-modernidade onde não haveria mais novidade histórica, apenas auto-organização cada vez mais complexa.
9 Ibid., p. 15.

para o movimento liberado do indivíduo mais estético e emocional do que racional. Em política, a igualdade é posta sob a desconfiança de não ser tão "funcional" e tão orgânica. A diversidade, cantada como riqueza de diferenças, encobre desigualdades não superadas.

Retorna o desejo de líderes fortes, de pregadores. A religião se dissemina agora como expansão e fortalecimento do psiquismo, religiosidade psicológica e terapêutica, com doses de narcisismo espiritual e sem carne, presentismo sem compromissos sociais e sem a alteridade do futuro.

Chamemos a isso de "pós-modernidade" ou "pós-história" (segundo a concepção moderna de história), é também algo como "pós-escatologia": Não há sequer perguntas últimas. Nietzsche, em suas visões contraditórias, pregou o super-homem, mas na fatalidade da "morte de Deus" – fenômeno tipicamente moderno e ocidental de antagonismo com o "Pai" –, e nessa perda de um referencial divino fora de si ele anteviu a "morte do homem". Pois o homem que se contenta com seus iguais e perde a interlocução com o radicalmente outro – Deus – já não se transcende. Só "outro" pode lhe dar potência, palavra, caminho, ressurreição, resgate. Assim também a terra sem os céus perde sua "alteridade", e o afastamento das potencialidades celestes deixou a terra sem fecundidade e deserta. A terra sem face a face perde o rumo. O amor à terra "às custas" do céu traz uma escatologia de morte para a terra. Da mesma forma, o tempo sem sustento de eternidade, foge a galope; o presente é o bater de asas de uma borboleta.

Mas a Modernidade começou com a bandeira dos tempos "novos" carregados de verdadeiros valores. Tempos de liberdade, igualdade, dignidade, com alguma forma de milenarismo, de tempo de maior felicidade terrena, enfim um pouco de paraíso na terra, não exclui necessariamente uma esperança que transcende a morte e o mundo. Porque, em sua escatologia, exacerbou a ruptura com os novíssimos que transcendem esta terra? É necessário buscar as razões da Modernidade, compreender suas lutas e contradições, recolhendo com justiça seu valor.

1.4 O céu sem a terra? A eternidade sem o tempo? – A escatologia pré-moderna

A Modernidade se lança para frente também como uma luta de libertação de estruturas de um mundo anterior a ela. Persistiu por muitos séculos uma escatologia onde se valorizou o céu mais do que a terra, a alma mais do que o corpo, o além mais do que o aquém. A terra ganhou o peso de um "vale de lágrimas", desfiladeiro estreito de sacrifícios e méritos para o céu. Mas isso era efeito do cristianismo? Pode-se encontrar na cultura grega, onde o cristianismo se inculturou e se sincretizou, afastando-se em parte das concepções hebraicas da história e do messianismo, essa confusão de línguas. De fato, o pensamento e a religiosidade grega mais refinada, de estilo platônico ou, antes ainda, de seu mestre de escola, Pitágoras, acentuou muito a realização do indivíduo na forma de salvação da alma. Poderíamos explorar os bastidores desse fio histórico e cultural até o arcaico zoroastrismo, uma matriz espiritual de toda a vasta cultura indo-europeia, em que o mal é elevado a princípio divino ao lado do bem, como as trevas ao lado da luz, num binômio antagônico de igual altura. A dimensão moral e a dimensão ontológica se confundem e se sacralizam num dualismo divino que até hoje acompanha a espiritualidade. Como se o mal, o demônio e a dor tivessem a mesma grandeza e eternidade do bem, de Deus e da alegria. O dualismo fica sem saída, nele há algo a ser hierarquizado, submetido, escravizado, sacrificado, destruído. A matéria ou o espírito? O corpo ou a alma? A mulher ou o varão? O outro ou o eu? A terra ou o céu?

Mesmo assim, apesar desse dilema falso elevado a uma metafísica abstrata, até o final da Idade Média e começos da Idade Moderna houve uma "teologia da história". Por exemplo, Santo Irineu, Santo Agostinho, Ricardo de S. Vítor, São Boaventura: as quatro idades, as sete idades, as quatorze idades da história. Houve também, repetidamente, irrupção de movimentos milenaristas de caráter mais ou menos apocalíptico ou de uma era de paraíso na terra. Como o do Monge Joaquim de Fiore († 1202), do político Nicola di Rienzo († 1354) ou do pregador e reformador visionário Thomas Müntzer († 1525), só para mencionar alguns entre centenas que moveram grupos ou multidões. São sempre experimentações de *ainda não* sonhado e escatológico, e de *já agora* como intentos de realização do sonho, ligados à história, à religião e à política. E, no entanto, os movimentos apocalípticos milenaristas foram normalmente desqualificados e oprimidos, inclusive massacrados, e a teologia da história foi normalmente marginalizada.

É que se impôs também à cultura do Ocidente outra vertente grega de sabedoria, o realismo científico, de caráter aristotélico, em que a perfeição é "acabamento", que significa também imutabilidade ou imobilidade. O processo, a novidade, a revelação já não têm grande espaço. A ciência aristotélica obriga a teologia a criar um mosaico em dois andares, às vezes estanques e até em oposição: o natural e o sobrenatural, natureza e graça, mundo imperfeito e mutável e além do mundo, lá onde reina a imutabilidade da perfeição. Obriga a Igreja a ser apenas administradora de uma revelação já acabada: nada de novo acontece debaixo do sol em termos de verdades eternas e imutáveis. Esse quadro se tornou um auxílio moderador contra os excessos místicos e os messianismos históricos, uma facilitação para quem devia administrar, mas com alto preço. A teologia escolástica acabou trilhando esse caminho, Santo Tomás desclassificou Joaquim de Fiore avisando que há somente duas idades, a da Lei Antiga, antes de Cristo, e a da Nova Lei, sob Cristo, e a Igreja simplesmente administra o que recebeu de Cristo até o final dos tempos.

Uma das consequências das matrizes platônica e aristotélica, mesmo com os curtos-circuitos entre elas, foi a perda da dimensão histórica da salvação, uma demarcação quase intransponível e até uma contradição entre a verdade do céu e a verdade da terra, entre destino da alma e corpo. Em Aristóteles a alma é absorvida na corporeidade, como sua forma, e na ciência da terra. Em Platão o corpo é desprezado por uma alma superior e uma gnose celeste. Do ponto de vista da escatologia, a perda da dimensão histórica possibilitou um cenário cósmico-espacial formando três grandes planos topográficos: o céu em cima, o inferno embaixo e a terra no meio. Este quadro geográfico reconduz a criação e sua escatologia à mitologia e à fantasia topográfica.

Outra consequência dessa fratura pesou sobre o indivíduo: através de sua morte e comparecimento ao juízo particular, o indivíduo é o único a carregar consigo a ligação da história – da sua história particular – com a escatologia, pois deve prestar contas ao Juiz. Somente nesse caso a história e a terra ganham valor para a eternidade, como uma carga individual para a prestação de contas do juízo.

Dessa forma, a combinação do dualismo e misticismo de caráter platônico ou pitagórico com a ciência e as categorias aristotélicas acabou por desligar, a desprestigiar, a terra, a história, a sensibilidade, as criaturas em geral, em favor de uma escatologia desencarnada, desmundanizada, des-historicizada. Sobra só a alma, na abstração.

Poder-se-ia analisar a ação "administrativa" da Igreja nesse drama: criou mediações para garantir "escadas" entre terra e céus, enquanto a racionalidade aristotélica lhe permitiu um domínio sobre os excessos dos voos místicos: quem quer se salvar deve passar pelas escadas, pela "matéria e forma" dos sacramentos que dão passagem. Para uma instituição, é mais administrável uma visão já acabada da história e da Revelação do que discernir as surpresas da novidade.

Pode ser prudente manter o controle das escadas da salvação[10]. Mas a Igreja mesma se partiu ao meio, em boa medida vitimada pelo mesmo dualismo.

Primeiro na área católica, no Renascimento, estabeleceu-se uma ambiguidade insuportável entre a valorização terrena e a destinação eterna que desvaloriza o terreno. Fora das elites renascentistas, na verdade, imperava uma obsessão pelo além, pela salvação da alma, pelo mérito e pela graça da indulgência, uma capitalização para o céu. Depois, na área da Reforma, acentuou-se ainda mais a interiorização, a pura graça: "Que passe o mundo e venha a glória!" A Reforma Protestante evidenciou a fratura entre Igreja e escatologia: as instituições que administravam as escadas entre terra e céus estavam apodrecidas, e a Igreja dos eleitos está "escondida" na interioridade, não é visível. Então a mediação comunitária, junto com a instituição, perdeu ainda mais transparência: não há intercessão dos santos, não há sufrágios. O indivíduo fica cada vez mais sozinho diante de Deus – *solus coram Deo* – no juízo escatológico.

Uma análise das pregações escritas entre os séculos XIV e XVIII mostra que as palavras "inferno", "demônio", são citadas com mais frequência do que as palavras "Deus" ou "Cristo". E que o mesmo "Deus" exercia a função de assegurar ao indivíduo algo que lhe era mais importante do que Deus: evitar o inferno e chegar ao céu. A religiosidade popular do Ocidente, embora já se espalhasse a Modernidade conquistadora pelo mundo todo, mantinha-se habitada pelo "medo escatológico", e essa foi a tragédia da escatologia cristã: na Modernidade, finalmente, libertar-se do medo é libertar-se da escatologia[11].

A terra em si mesma contou pouco nesse clima pré-moderno. A terra foi funcionalizada como instrumento provisório e precário de passagem, caminho árduo para o céu, pois o único importante era o céu. Mas o céu ficou cada vez mais difícil de acesso, e a busca de salvação cada vez mais desesperada. A audácia da Modernidade foi o desmascaramento do aspecto ideológico e interesseiro dos Novíssimos: uma *chantagem* para a administração dos terrores e do destino humano. Marx, seguindo um dito audacioso, sugeriu que se deixasse o céu para os passarinhos e se cuidasse da terra.

É assim que os extremos se tocam: o céu sem a terra é tão trágico como a terra sem o céu. Sem a terra perde-se o chão onde se poderia ganhar o impulso. O caminho e a paisagem se tornam hostis. As criaturas são endemonizadas, e só a luta e não a dança conduz a Deus. O céu sem a terra também fez perder-se

---

10 Cf. DELUMEAU, J. *O pecado e o medo* – A culpabilização no Ocidente, séculos XIII-XVIII. 2 vols. Bauru: Edusc, 2003.
11 Cf. DELUMEAU, J. *História do medo no Ocidente*, op. cit.

uma boa teologia da criação, o apreço teológico à natureza. O começo é lembrado não tanto pela primeira página da Escritura que canta a criação boa e abençoada por Deus, mas pelo pecado original, doutrina que invadiu o Gênesis e colocou a criação sob a maldição. Abandonou, assim, a terra aos projetos seculares que a coisificaram com manipulações e abusos, chegando ao atual impasse da produção, da propriedade privada capitalista e à devastadora crise ecológica. Falta integração criacional e escatológica da terra ao céu.

Hoje as Escrituras hebraicas e as origens do cristianismo no mundo, mal-interpretadas a partir de uma hermenêutica sequestrada e secularizada ao menos a partir do Renascimento, estão levando a culpa pelos impasses da humanidade e da ecologia[12]. Nessa onda de culpa, a Igreja fica desacreditada. E as frestas de Pós-modernidade vazam de espiritualismos de diversas ordens e proveniências: pentecostalismo fundamentalista, de caráter marcadamente emocional, *New Age* (Nova Era, ou Era de Aquário, tempo "líquido" que tudo penetra em "doce conspiração das energias da terra"), uma espécie de holismo neopagão, como também misticismos estéticos e emocionais. Nessa religiosidade pós-moderna, *light* e de busca de potencialização e expansão psíquica, há uma busca de experiência de plenitude imediata, sem mediações religiosas institucionais (as autoridades) e sem mediações racionais (a razão). A nova forma de conhecimento se dá como experiência de "participação", e não de objetivação da experiência. A nova forma de relação se dá numa aproximação participativa. Formam-se comunidades emocionais e místicas no subterrâneo e na periferia da Modernidade. A perspectiva escatológica desliza da ruptura e da passagem de uma insustentável postura moderna e suas grandes ideologias de progresso da humanidade para uma postura pós-moderna. Essa "mutação" é como o romper-se de uma represa. Parece permitir contatos imediatos, "rumores de anjos". Mas não será devastador em médio prazo? O futuro é do espiritualismo e do fundamentalismo?

Em termos de teologia trinitária, se diria que, depois do exacerbado patriarcalismo pré-moderno do Pai Celeste com a mediação das autoridades hierárquicas, e depois do exacerbado messianismo moderno do homem terrestre – cristologia secularizada – com a mediação da racionalidade e da

---

12 Cf. Uma síntese dessas culpas imputadas ao cristianismo pode ser encontrada num texto sério (há muita literatura que não tem valor nessa área): SCHIWY, G. *Der Geist des Neuen Zeitalters* – New-Age- -Spiritualitaet und Christentum. Kaesel: Munique, 1987, cap. III: "O fardo herdado do cristianismo". Mais recentemente, o Papa Francisco reconhece, na Encíclica *Laudato si'*, a necessidade de abandonar uma equivocada interpretação antropocêntrica do Gênesis. Cf. *Laudato si'* – Sobre o cuidado da casa comum, n. 67.

militância, há na Pós-modernidade a exacerbação do pentecostalismo com a imediatez emotiva e participativa que dispensa autoridade e racionalidade, tradição e palavra. É impressionante a coincidência da atual situação com as teses fascinantes de Joaquim de Fiore, ao menos em termos de análise da história e de confusão teológica. Sua teologia trinitária foi condenada pelo IV Concílio de Latrão, em 1215, exatamente porque, com as três idades do mundo, cada uma das idades conduzida por uma pessoa da Trindade, acabava opondo cada uma às outras duas. Tanto Joaquim de Fiore como o movimento que surgiu e ressurgiu reiteradas vezes sob a inspiração de sua literatura se colocaram no alvorecer da "terceira idade", a do "Espírito".

A escatologia, no alvorecer da terceira idade, fica tão iminente ou imediata que acaba por ficar dissolvida: onde o "espírito" perde a "encarnação", a emoção se sobrepõe à palavra e à razão, a participação confunde a diferença, toda realidade fica dissolvida em imediato êxtase – numa catarse comunional e confusional – e potência sem necessidade de projeto; portanto, sem meta escatológica. É uma experiência de "poder" que não resolve nem os problemas da terra e nem os do céu. A Pós-modernidade e seus espiritualismos são, na verdade, um humilde recomeçar, numa busca primordial da "potência de ser", para "poder ser". É um desejo e uma busca de afirmação na carência. Há uma crise da forma moderna do poder, baseado no saber racional, nas instituições, nos projetos e na ação, e por isso há uma busca de novas fontes de poder, chame-se a eles "energia", "potencialidade" etc.[13]

O indivíduo, ao passar de sua decadente escatologia moderna secularizada – intra-histórica –, mediada pela racionalidade científica e pela ação militante, para a imediatez da fusão catártica e energizadora pós-moderna, sente alívio porque já não sente a carga da história. Mas sem história, rigorosamente falando, não há escatologia.

1.5 Terra-e-céus, tempo-e-eternidade – A escatologia como "horizonte"

À primeira vista, mais do que numa encruzilhada, estamos num labirinto. Não basta ponderar decisões sobre o caminho a tomar. É necessário um "fio condutor". Ele existe, e o Concílio Vaticano II, recolhendo e sintetizando a lin-

---

13 Cf., p. ex., a proliferação impressionante da literatura de autoajuda disponível tanto em aeroportos como em rodoviárias e lanchonetes de beira de estrada, em livrarias acadêmicas como em livrarias de secretarias paroquiais.

guagem renovada sobre a escatologia, colocou o fio condutor em nossas mãos. É necessário avançar com ele.

O Concílio não elaborou uma constituição dogmática sobre escatologia[14]. Como no caso da mariologia, integrou a escatologia no âmbito da eclesiologia, na relação entre a peregrinação terrestre da comunidade eclesial e a sua consumação celeste, no documento *Lumen Gentium*, 48-50. E abordou a escatologia também no último documento, *Gaudium et Spes*, 18 e 39, pondo-a em termos de Reino de Deus em relação à ação do homem sobre a terra e o valor desta ação terrena para o reino celestial, e em relação ao mistério da morte. Podemos então, desde já, sublinhar três aspectos que compõem o fio condutor da escatologia, três chaves hermenêuticas de leitura da tradicional doutrina dos novíssimos:

1) Essencial dimensão comunitária da escatologia – Igreja celeste, comunhão dos santos, *Koinonia* – integrando a dimensão individual num acontecimento basicamente comunitário e comunional. O evento da Aliança e da Igreja, da comunidade e da humanidade como grande comunidade, é o ambiente ou "lugar" da escatologia, inclusive da escatologia individual, da pessoa.

2) Essencial e positiva relação entre história e escatologia, entre mundo e reino escatológico, entre terra e céu, de tal forma que o céu não desprestigie, mas seja o "sentido último", plenitude da terra. O evento da *Páscoa* é o caminho histórico para a escatologia compreendida de forma cristã.

3) Escatologia como "horizonte" de toda realidade humana e terrestre, e horizonte também de toda teologia. Até o Concílio tornou-se um mau hábito metodológico tratar isoladamente, de forma reduzida, individual e fragmentada, os conteúdos escatológicos: morte, juízo, inferno, paraíso. Na crítica de Marcello Bordoni, trata-se de uma "escatologia setorializada"[15]. Foi necessária a reflexão da fenomenologia da existência para aprendermos a recolocar a escatologia numa relação de horizonte último de toda realidade e de toda reflexão. Segundo uma precisa definição de

---

14 Na histórica reviravolta do dia 20 de outubro de 1962, nem duas semanas depois do começo da primeira sessão conciliar, quando se rejeitou um esquema prévio a respeito da Revelação, reduzida a aspectos jurídicos, decidiu-se fundamentar os documentos conciliares nas conquistas contemporâneas da teologia bíblica e patrística; enfim, aproveitar a nova condição da teologia católica. João XXIII incentivou tal postura no dia seguinte, e na abertura da segunda sessão, em 1963, Paulo VI colocou a exposição da teologia católica contemporânea como um dos objetivos do Concílio.

15 Cf. BORDONI, M. & CIOLAN, N. *Gesù nostra speranza* – Saggio di escatologia in prospettiva trinitaria. Bolonha: EDB, 2000.

Paul Ricoeur, "o horizonte é a metáfora daquilo que se aproxima sem jamais se tornar objeto possuído"[16].

Na *Lumen Gentium* e na *Gaudium et Spes* a escatologia é o horizonte último que dá perspectiva à eclesiologia e à antropologia, tanto do ponto de vista da comunidade humana como da pessoa, e assim o horizonte escatológico coroa a dignidade humana. Na teologia cristã emerge claramente a relação entre cristologia e escatologia: só se entende bem a cristologia à luz da escatologia, e vice-versa. O mesmo se constata com a pneumatologia. Enfim, a escatologia é horizonte último da liturgia, da ética. Há ainda, na teologia contemporânea ao Concílio, uma ausência que hoje é gritante da dimensão escatológica no horizonte, tanto da criação como da escatologia, mas hoje há recurso para recolocar tanto terra como céus, universo físico em expansão e céus transcendentes como horizonte do inseparável binômio terra-e-céus.

Pode parecer abstrato à primeira vista, mas é importante a compreensão da função de um "horizonte último": todas as realidades têm uma dimensão "última"; portanto, um horizonte aquém do qual toda a realidade é vista, reunida e experimentada. O horizonte dá perspectiva e ordem à realidade, é inte-

---

16 RICOEUR, P. *De l'interprétation* – Essai sur Freud. Paris: Seuil, 1965, p. 505. Segundo Emmanuel Lévinas, em suas lições de fenomenologia a partir de Edmund Husserl e de Martin Heidegger, o "horizonte" é uma categoria da fenomenologia do conhecimento, e provém da aplicação da geometria espacial de Galileu à subjetividade e ao seu olhar sobre o mundo. Delimita o "fim da finitude", compreende, determina, organiza, relaciona, oferece perspectivas e dimensões "até o limite da claridade da luz". No extremo limite se põe o horizonte último ou total, a "ultimidade" que decide sobre o sentido último de tudo o que está aquém, o mundo que é dado conforme o horizonte: "Ver é sempre ver no horizonte", diz Lévinas. Ou seja, ver a partir do horizonte modelador da paisagem, que está no fundo da paisagem, mas está também circunscrevendo o lugar desde onde o olho contempla a paisagem. A partir do horizonte, a visão retorna para si, de lá para cá. Assim, pode-se compreender que, na lição de Heidegger, a morte seja o horizonte último, e o ser humano, que opera a luz do saber, é um "ser para a morte", e tudo em sua paisagem ganha esta coloração de finitude e cuidado, vulnerabilidade e mortalidade. Mas, novamente segundo Lévinas, se uma luz para além da luz em que a visão passeia e volta para si, ingressar "no além do horizonte", então um "horizonte transcendente" torna cega a visão anterior para que ela veja melhor a partir do novo horizonte transcendente a todo horizonte. Talvez esse horizonte possa se chamar de "firmamento" e a sua luz seja uma palavra de revelação recebida na fé. Como canta o Sl 36,10: "A fonte da vida está em ti; e com tua luz nós vemos a luz!" (cf. LÉVINAS, E. *En decouvrant l'existance avec Husserl et Heidegger*, p. 44. • *Totalité et infini*, p. 166). Já nos termos da nova física e da nova cosmologia, a partir do século XX, "horizontes de eventos" unificam tempo e espaço. "Os horizontes [no universo físico] são uma consequência da finitude da luz e implicam que nós não temos conhecimento imediato de tudo o que ocorre no universo. [...] esta é uma limitação *teórica* intrínseca à relatividade. [...] Sendo assim, o que chamamos de universo observável é apenas uma *parte* da totalidade universal. Em outras palavras, somente aquela região do universo cuja luz *hoje* nos alcança" (RIBEIRO, M. & VIDEIRA, A. O problema da criação na cosmologia moderna. In: SUSIN, L.C. (org.). *Mysterium creationis* – Um olhar interdisciplinar sobre o universo. São Paulo: Paulinas, 1999, p. 66).

grador e ao mesmo tempo abre cada elemento integrando-o à sua "ultimidade" vista no horizonte. Dizer que todo "horizonte último" é "escatológico" chega a ser uma redundância, uma tautologia. Mas é operacional: "Dize-me qual é teu horizonte último e te direi qual é a tua escatologia, para onde te conduzem as tuas criações!"

A vida cristã, portanto, é toda ordenada pelo horizonte escatológico: a liturgia se renovou e assumiu com mais clareza sua dimensão pascal-escatológica. A ética cristã superou a fragmentação, o individualismo, o legalismo, o rigorismo, o negativismo, colocando-se na perspectiva deste estimulante horizonte. Finalmente, a criação, a vida humana sobre a terra, e o mesmo cosmos, começam a respirar uma vocação inalienável, transcendendo a coisificação, a funcionalização e a manipulação a que foram submetidos, ao se descortinar seu destino escatológico.

Com a renovação da eclesiologia, da cristologia e da teologia trinitária, há hoje abundante reflexão renovando a linguagem da escatologia segundo o "fio condutor" dado pelo Concílio.

A escatologia compreendida como "Novos Céus e Nova Terra" exige uma reflexão bem-articulada com a história como "criação continuada" e com a "criação inicial" – a "protologia" –, pois a realidade última e a realidade primeira se reclamam e se identificam, mediadas pela história. Tanto a criação como a escatologia, do ponto de vista cristão, possuem horizontes maiores para si mesmas: a cristologia e a pneumatologia. Embora, como dissemos acima, o inverso também é verdadeiro: a criação e a escatologia, mediadas pela história, são horizontes para compreender a cristologia e a pneumatologia. A encarnação e o destino de Jesus são a criação e a escatologia por excelência, exemplar e caminho para que toda história se compreenda e se processe como criação e escatologia. A intervenção criadora e consumadora do Espírito Santo é o modo como Deus e o próprio Jesus como Senhor potencializam a criação e a história até sua escatologia.

1.6 Algumas perguntas específicas

Após o Concílio tornaram-se conhecidos alguns "teologúmenos" escatológicos que podem ser considerados como hipóteses de estudo, de melhoramento da compreensão. Por exemplo, a "ressurreição na morte", a "purificação e opção definitiva na morte", o que viria a dar em outra leitura do purgatório, das "almas separadas" em estado intermediário entre a morte – juízo particular, novíssimos individuais – e a parusia e juízo universal. Foi também muito discutido o conceito tradicional de "alma", consagrado pelo magistério da Igreja. Quanto à fé na ressurreição, o avanço da racionalidade moderna, das ciências, mas também de diversas formas de espiritualismo dificulta a profissão de fé numa ressurreição "da carne". Qual a identidade do "corpo glorioso" com o corpo terreno?

Em termos mais pastorais, com a ininteligibilidade do purgatório e com a diminuição da compreensão da "comunhão dos santos", obscureceu-se o costume, antigo e sempre presente na Igreja, do sufrágio pelos defuntos. E, de algum modo, no lugar do "purgatório" entra a necessidade de reencarnação, para que o processo "cármico" seja inteiramente purificado e aperfeiçoado: o espiritismo é uma linguagem escatológica. Finalmente, o escândalo do inferno eterno faz voltar, em nossos dias, o teologúmeno da *"apokatástasis"*, ou seja, a hipótese teológica da recuperação e salvação final de todos.

Diante das inquietações de muitos episcopados para com a evangelização e a catequese, a Sagrada Congregação para a Doutrina da Fé emitiu, a 17 de maio de 1979, a carta *Recensiores Episcoporum Synodi – De quibusdam quaestionibus ad eschatologiam spectantibus*[17]. Este é o principal documento do magistério após o Concílio, tocando em alguns problemas acima elencados, e reafirmando o conteúdo essencial da profissão de fé cristã. A teologia é convidada a facilitar a compreensão do destino humano e do mundo.

Em março de 1992, a Comissão Teológica Internacional (CTI) publicou o documento de uma subcomissão interna sobre "Algumas questões atuais a respeito da escatologia". O documento do magistério e da CTI são aqui levados em consideração.

1.7 Chaves de leitura da e a partir da escatologia

Para concluir este capítulo inicial, resumamos, de forma muito esquemática, o item anterior em chaves de leitura:

a) Escatologia como horizonte da história – Será necessário compreender o "tempo" e a experiência que se faz do tempo, sobretudo como história, para compreender que *a escatologia é o horizonte e a história é o caminho. A história é um caminho já iluminado pela luz que advém do horizonte último, brilhando em sinais*

---

17 Cf. *Enchyridium Vaticanum VI*, n. 1528s. (SAGRADA CONGREGAÇÃO PARA A DOUTRINA DA FÉ. *Carta sobre algumas questões respeitantes à escatologia*, 17/05/1979 [Disponível em http://www.vatican.va/roman_curia/congregations/cfaith/documents/rc_con_cfaith_doc_19790517_escatologia_po.html]).

já-agora que tornam consistente a esperança do ainda-não. Como se implica Deus com o tempo e com a história? Como conduz da criação inicial, originária, através da criação continuada e histórica, à escatologia, à criação "Nova"?

b) Escatologia como horizonte da cristologia e cristologia como horizonte da escatologia – Antes de tudo é necessário entender a encarnação, a obra missionária e a páscoa de Cristo à luz da história da salvação voltada para a promessa, o Reino de Deus. Portanto, compreender a *cristologia à luz da escatologia*. Depois será necessário entender que Cristo, com seu modo de viver e de morrer, e com sua ressurreição, é a forma, o modelo e a norma; portanto, também o juízo de toda a escatologia cristã, a *auto-basileia thou theou* – Reino de Deus realizado em sua pessoa, autorrevelação de Deus. Portanto, compreender a *escatologia à luz da cristologia*.

c) Escatologia como horizonte da pneumatologia e pneumatologia como horizonte da escatologia – A pneumatologia conheceu um desenvolvimento notável nos últimos trinta anos, depois de certo "cristomonismo" teológico mais do que milenar no Ocidente. Só se compreende bem a intervenção do Espírito dentro de uma perspectiva de criação, de história e de consumação, em nível comunitário, pessoal e cósmico – *pneumatologia à luz da criação, da história e da escatologia*. Por outro lado, a relação entre escatologia e cristologia soaria "mítica" se não houvesse presença e intervenção do Espírito de Cristo e do Pai: Ele conduz à verdade plena (cf. Jo 16,13) – *criação e escatologia à luz da pneumatologia*.

d) Escatologia como horizonte da eclesiologia e eclesiologia como horizonte da escatologia – A comunidade precede o indivíduo, é o lugar em que o indivíduo se socializa e se individualiza, e assim se realiza plenamente como pessoa. A *"ekklesía"* tinha algo a ver com a experiência de assembleia de eleitos, de convocados e "com-vocacionados". Só se entende bem a escatologia em perspectiva comunitária, e é nela que se integra a escatologia individual ou os "novíssimos particulares" – *escatologia à luz da eclesiologia*. Mas a comunidade é mais do que uma sociedade política. É a comunhão dos santos, que abraça a terra e os céus, que peregrina até sua plena comunhão – *eclesiologia à luz da escatologia*.

e) Escatologia como horizonte da antropologia – A angústia do destino e a morte inelutável têm a força de esvaziar o sentido da vida em todo o esforço que constitui a história humana. Na antropologia contemporânea há uma sensibilidade muito grande para a historicidade, para a unidade do ser humano vulnerável como ser-no-mundo, e para a libertação integral. A morte é a grande questão antropológica que atravessa o homem entre desejo-de-viver e dever-morrer. O que "sobra" do homem? A alma? As obras? A escatologia cristã tem algo a proclamar que pode confortar as expectativas do ser humano. Só se articula bem uma antropologia à luz da sua escatologia. Por outro lado, uma escatologia só é relevante se incidir na antropologia.

f) Escatologia como horizonte da ética – Em diversos sentidos se vê bem a ética à luz da escatologia; trata-se de compreender até onde vão a responsabilidade humana, as decisões, as obras de bondade ou de malignidade. A escatologia não deixa cair na indiferença de bem e mal. A escatologia unge a responsabilidade de seriedade e de profundidade – integra à redenção e à esperança, incorpora a ação humana à de Cristo e do Espírito. Enfim, supera as anomalias de uma moral estabelecida oferecendo um modo proativo de viver a moralidade como processo de esperança, e de graça salvadora, de triunfo da justiça.

g) Escatologia como horizonte da criação – Hoje os tratados de escatologia (*De novissimis*) e os de criação (*Protologia* ou *De Deo creante et elevante*) devem se articular juntos. A escatologia é a "intenção", e a criação e a história são a "execução" inicial e continuada, mas a "ordem da intenção" precede e por isso orienta a "ordem da execução", segundo o raciocínio escolástico: "O primeiro na intenção é o último na execução". A ação é ordenada pela intenção e para a intenção. A intenção é escatológica: a destinação – ou melhor, predestinação – escatológica faz compreender corretamente a criação, integrando-a num único projeto coerente do Criador e consumador da criação. Supera-se assim os "andares" metafísicos de "natural" e "sobrenatural", e sobretudo se faz justiça ao mundo, ecologicamente.

h) Escatologia como horizonte da teologia – Enfim o próprio Deus se revela à luz do futuro absoluto, da escatologia. Para além do Filho e do Espírito Santo, o próprio Pai implica-se com a escatologia: não é só Deus que era e que é, mas sobretudo Deus que "vem", que ainda se revelará e mostrará inteiramente a sua face luminosa. O Pai, desde a criação, pôs sua fé e sua esperança no homem: confia e espera reunir seus filhos na comunhão divina. Só podemos ver e compreender algo de Deus em perspectiva escatológica, contemplando sua face conjuntamente com seu desígnio e promessa. Agora vemos como que por espelho, mas então veremos face a face. Poderemos compreender finalmente o que significa a criação a partir de um Pai cujo poder é salvação e reunião em sua comunhão. Por outro lado, só um Deus trinitário poderia se abrir, criar, convidar à participação divina. Portanto, há uma forma tipicamente cristã de compreender Deus, e Deus Trindade, a partir da escatologia e de compreender a escatologia a partir da Divina Trindade.

Bem-munidos com o método *ainda-não e já-agora* e com estas chaves de leitura, embora padecendo os limites da linguagem humana, podemos agora avançar para a árdua reflexão do tempo e do espaço, do incomensurável e da eternidade.

2
A HISTÓRIA DE DEUS

Seria impossível pensar a escatologia da criação sem pensar o tempo e o espaço, e, afinal, a eternidade. A física contemporânea, sobretudo quando pesquisa o universo – a astrofísica – necessita pensar tempo e espaço como dois vetores de uma única realidade, o próprio universo. E precisa pensar e medir em escalas enormes, bem diferentes do tempo de nossa experiência cotidiana. Tempo e espaço, nessas escalas e cifras praticamente inimagináveis, são postos juntos numa "história" do universo, ainda que seja uma história da qual, em última instância, não se conhece cientificamente o começo e o final. Há eventos singulares que se põem como horizontes intransponíveis à observação, como o chamado *big bang* e os buracos negros, além dos quais só se fazem hipóteses. Se, para dar conta da grandeza e da complexidade, é necessário pensar em escala inteiramente diferente da escala do cotidiano e ter consciência da fusão de tempo e espaço, no entanto a fusão de tempo-e-espaço já se reflete em nosso cotidiano. É quando perguntamos, por exemplo, a distância entre dois pontos de uma viagem em termos de horas, e não de quilômetros.

Para nosso estudo vamos primeiro repassar brevemente a história da compreensão do tempo e do espaço. Afinal, o olhar de Abraão quando contempla as estrelas não é o olhar de Galileu por trás de seu telescópio. Galileu observa um céu físico – *sky*, em inglês – do qual lhe chega o brilho de um passado às vezes tão distante que talvez sua origem, a estrela que o emitiu, já não exista: o cientista, de fato, contempla na distante luz das estrelas o passado. Já Abraão, quando é convidado a erguer os olhos para o céu – *heaven*, em inglês – para contar a imensidão de estrelas da morada divina, nelas contempla uma promessa de futuro: o olhar da fé de Abraão, de fato, contempla na luz das estrelas o seu futuro, a posteridade. Podemos ao mesmo tempo ser cientistas e pessoas de fé? Contemplar nas mesmas estrelas o passado e uma promessa? Podemos utilizar dois métodos, em dois níveis comuns às nossas vidas humanas: a pesquisa científica que prescruta, por um lado, e, por outro lado, a confiança radical na palavra que toca nosso ouvido, a fé que escuta? Podemos ser Galileu e Abraão? Como ser também Abraão depois de nos tornarmos Galileu?

Na lição do antropólogo Joseph Campbell, nossa consciência emergiu de uma simbiose com o cosmos como quem está envolto na simbiose de um seio ao mesmo tempo generoso e perigoso, um espaço vital nutritivo e ao mesmo tempo ameaçador, tempo e espaço ancestral de coletores e caçadores em simbiose com a natureza. À medida, porém, que os grupos humanos se tornam sedentários e cultivam de forma estável o terreno do qual se apropriam, começa uma espécie de esquizofrenia na totalidade cósmica, com a separação de sagrado e profano, e com todas as consequências de culpa, expiação, oferendas e sacrifícios para recriar a unidade originária. Nessa divisão, espaço e tempo se desenlaçam e a história é um trabalhoso movimento de retorno à unidade das origens. É uma visão trágica, com sabor da grande mitologia grega, mas que se encontra nas variadas culturas estudadas por Campbell. É também comparável à interpretação da narrativa de Gn 3, que acabou se chamando "queda original", e que tornou Santo Agostinho pessimista em relação ao tempo. Não é o olhar de Abraão, peregrino da promessa[18].

Mesmo sabendo que o todo é maior do que a soma das partes, e que um pensamento complexo é exigido para pensar o todo, continua verdadeiro o método de pensar histórica e progressivamente. Vamos começar pensando o tempo, para depois assinalarmos alguns passos na história da compreensão do espaço. Pensar o tempo é tarefa árdua, como disse bem Santo Agostinho: "Se ninguém me pergunta, eu sei. Mas se quisesse explicar a quem pede, já não sei"[19]. Apesar disso, Agostinho não fugiu da questão, pois há consequências

---

18 Cf. CAMPBELL, J. *O voo do pássaro selvagem* – Ensaios sobre a universalidade dos mitos. Rio de Janeiro: Rosa dos Tempos, 1997.

19 *Confissões*, Livro XI, cap. XIV. É tão instigante a colocação do problema por parte de Agostinho, que convém transcrever sua reflexão em forma de oração: "Não houve, pois, tempo algum em que nada fizesses, pois fizeste o próprio tempo. E nenhum tempo pode ser coeterno contigo, pois és imutável; se, o tempo também o fosse, não seria tempo. Que é, pois, o tempo? Quem poderia explicá-lo de maneira breve e fácil? Quem pode concebê-lo, mesmo no pensamento, com bastante clareza para exprimir a ideia com palavras? E, no entanto, haverá noção mais familiar e mais conhecida usada em nossas conversações? Quando falamos dele, certamente compreendemos o que dizemos; o mesmo acontece quando ouvimos alguém falar do tempo. Que é, pois, o tempo? Se ninguém me pergunta, eu sei; mas se quiser explicar a quem indaga, já não sei. Contudo, afirmo com certeza e sei que, se nada passasse, não haveria tempo passado; que se não houvesse os acontecimentos, não haveria tempo futuro; e que se nada existisse agora, não haveria tempo presente. Como então podem existir esses dois tempos, o passado e o futuro, se o passado já não existe e se o futuro ainda não chegou? Quanto

práticas e graves na forma como se vive e se compreende o tempo. Este é o dilema: o tempo nos dá esperanças em nossas aspirações, em nossa paciência e em nossos esforços? Ou é melhor que "comamos e bebamos porque amanhã morreremos" (Is 22,13; 1Cor 15,32), dando a última palavra ao desespero consumista enquanto simplesmente envelhecemos?

2.1 A "roda do destino" dos homens e dos deuses

Há quem observe os acontecimentos e conclua: a história se repete. Em grande parte é verdade, mas se for toda a verdade, não há esperança, pois então nada de novo socorre o esforço humano sobre a terra, e a justiça não teria a última palavra. Ao invés de Abraão, seríamos como Sísifo, o herói grego cujo trabalho acaba se perdendo, pois a pedra que carrega para cima, antes de chegar ao topo, rola sempre na eterna e maldita repetição.

Há, de fato, o tempo cíclico do dia e da noite, das estações do ano, da agricultura. Em tempos fortemente marcados pela economia agrária, como bem observou Joseph Campbell, citado acima, os ciclos do tempo levam à percepção de um "eterno retorno", que tem um poder muito grande sobre o comportamento humano. A concepção cíclica de todas as formas de tempo, com uma saída e um retorno ao mesmo ponto, têm nos movimentos da terra e das estrelas, enfim no horizonte cósmico, o seu fundamento. Aplicado à condição humana, torna-se um *carma* cíclico, cuja lei é a *palingênese*: renascimentos ou reencarnações para o mesmo vale de lágrimas, o círculo hindu de *samsahra*.

No tempo circular, o começo se daria por uma "queda", por uma inelutável decadência, uma "espiral para baixo". Por isso o cotidiano, em sua efemeridade precária, o tempo presente que discorre em decadência e mortalidade, é percebido como humilhante. Afinal, mal nascemos e florescemos, e começamos a envelhecer com velocidade cada vez maior. A salvação consistirá, então, em "restaurar os tempos primordiais", restituir a integridade das origens (*restitutio ad integrum*). A nostalgia, ou seja, a "dor de retorno", provoca uma ritualização de suspensão do tempo e volta às origens, para o paraíso antes do tempo presente que escorre. O rito seria uma forma de parar os acontecimentos que levam à decadência e de dominar toda novidade fixando-se na repetitividade e no conservadorismo ou no tradicionalismo.

---

ao presente, se continuasse sempre presente e não passasse ao pretérito, não seria tempo, mas eternidade. Portanto, se o presente, para ser tempo, deve tornar-se passado, como podemos afirmar que existe, se sua razão de ser é aquela pela qual deixará de existir? Por isso, o que nos permite afirmar que o tempo existe é a sua tendência para não existir.

Nas culturas humanas, este "eterno retorno" é expresso fortemente no mito e na tragédia. Aí até os deuses estão submetidos à inexorabilidade do ciclo: os homens na luta contra a decadência humana, e os deuses no alto preço da imobilização da eternidade divina, nos interstícios dos tempos, lá onde o movimento é recusado, mas com isso se recusa também o que a vida tem de melhor, pois vida é movimento. Por isso não há melhor representação dos deuses do que as estátuas em sua imutabilidade, bela mas trágica eternidade sem o movimento da vida. O "eterno retorno" é assumido no ciclismo das festas ligadas ao único movimento agrário, o movimento repetitivo da natureza. Então a natureza, com seus ciclos, necessidades e instintos, domina a história das pessoas e dos povos. Vida cíclica: nascer e morrer se encontram no mesmo ponto, e tudo renasce para cumprir de novo o destino. Facilmente se desemboca, assim, na teoria da reencarnação, inclusive como expectativa de melhor oportunidade, como é o caso do espiritismo moderno.

A filosofia clássica, desde Parmênides, pensou que o círculo seria a reprodução da perfeição e da infinitude: o infinito é orbital, e contém a totalidade. "O círculo é a festa do pensamento", repetia Heidegger pensando no círculo hermenêutico. Mas até mesmo o famoso e produtivo círculo hermenêutico tem seu limite quando nos dá a impressão de uma dialética em círculo fechado, transformação do que, no fundo, é sempre o mesmo, vitória da identidade em todas as diferenças[20]. Mas assim a "mesmidade" básica, original e final, a mesmidade de sempre, esvazia o valor da história, da novidade, da criatividade. O comportamento ideal é "conservador", pois há uma fixação no passado, nas origens. Essa concepção do tempo é, por isso, "ante-histórica" (antes) e "anti-histórica" (contra). A escatologia seria a chegada às origens por um regresso e uma negação do presente. É uma contradição: uma restauração da integridade original seria uma "escatologia regressiva", uma antiescatologia.

Na comunidade cristã, esta concepção de "eterno retorno" pode retornar na celebração cíclica da liturgia como recordação do *naquele tempo*, como retorno fundamentalista a Jesus e ao tempo do Novo Testamento. Pode se trair na rigidez e na negação da novidade do "Novo" Testamento, que está diante do presente, mais no futuro do que no passado. A negação do "novo", da sua "vinda" a partir do futuro, seria uma deformação da fé cristã, que é eminentemente

---

20 Diante da dialética que assume e eleva tanto a tese como a antítese em uma nova síntese, mas que permanece o mesmo na diferença, Enrique Dussel, apoiado em Emmanuel Lévinas, cunhou a categoria "analética", uma transcendência em relação à dialética, graças à ruptura possibilitada pela novidade da entrada e revelação de "outro" (cf. *Método para uma filosofia da libertação*. São Paulo: Loyola, 1986).

escatológica, voltada para "o que vem", para a novidade da boa-nova, que clama "Vem, Senhor Jesus" (Ap 22,20) não como retorno, mas como transfiguração.

2.2 O domínio heroico do tempo

Desde a Antiguidade clássica o Ocidente ensaiou outra forma de viver o tempo, livre do destino trágico. Começando por descartar o tempo da morte, segundo a clássica consolação de Epicuro: enquanto eu existo, a morte não existe; quando a morte existir, eu não existirei! Assim, o único tempo que existe é o presente da vida. É como ser e não ser: o presente é; o passado e o futuro não são. Nós somos no presente, e o passado e o futuro somente são se forem representados, trazidos para o presente. Esta concepção liberta do peso do passado e da perturbação do futuro, negando suas influências soberanas sobre o presente.

A cultura do Ocidente moderno, além de secularizar o futuro, visualizando-o não como o futuro de Deus com sua criação, mas como projeto intra-histórico do ser humano e do mundo, enxertou-se fortemente nessa forma de compreender o tempo – a soberania do presente –, pois há a vantagem de poder ser sujeito do tempo, dominando-o a partir do tempo presente, e assim, livre do passado, dominando-o na memória crítica, pode projetar no presente o próprio futuro.

Esse domínio está bem-simbolizado no relógio que surge em toda paisagem urbana e em todo pulso humano: uma forma de esquartejar matematicamente o tempo em quantidades vazias e disponíveis de tempos. Essa forma puramente quantitativa e vazia do tempo tornou-o altamente abstrato, científico e tecnológico: toma-se, planeja-se, administra-se o tempo. Para, em seguida, programar e construir toda a realidade no tempo. A escatologia está naquilo que se constrói no tempo. Assim se rompe o tempo circular e se estende o tempo linearmente a um virtual infinito[21]. Mas é um infinito quantitativo, matemático e vazio de conteúdo, ou, na tradição hegeliana, o "mal infinito". O relógio é a volta moderna do deus *Chronos*, que afinal engloba tudo, devorando os filhos que ele mesmo gera.

Para não se perder no tempo e ser sujeito do tempo é necessária a "consciência". A consciência intui, retém, projeta, representa o tempo. A consciência é o lugar do presente que pode dominar o passado e o futuro. A esca-

---

21 A abertura do círculo ao infinito linear, quantitativo e vazio de qualidade, na concepção do tempo e do espaço, é uma das características essenciais da Modernidade.

tologia seria então uma atividade de antecipação, operada pela consciência subjetiva que, desde já, representa o futuro. Por isso a cultura moderna deu muita importância à consciência representativa, à *re-presentação* e à *pro-tensão* da consciência.

Essa forma de representar o tempo exige consciências individuais fortes e bem-desenvolvidas, capazes de dominar até a morte. Formam elites gnósticas ou ilustradas. Mas essas consciências senhoras do relógio, cuja finalidade é "ter" o tempo disponível, acabam por se submeter às suas implacáveis medidas, e o domínio se converte em embaraço e opressão. E volta o *Chronos* devorador. A sensibilidade pós-moderna renuncia grandes projetos em favor de um presentismo sem tensões com o futuro, renuncia o cultivo da consciência individual que se afadiga na representação do tempo, busca tempos alternativos *de e-moção* e de puro lazer e evasão ou de sonhos apocalípticos, como se fossem tempos paralelos, para se consolar das opressões do tempo da Modernidade imposto como projeto e trabalho. Dever ser herói é duro combate e, afinal, é cansativo e insustentável.

2.3 O tempo do Criador e das criaturas

Santo Agostinho, tomando a Escritura por um lado e o pensamento grego, sobretudo platônico, por outro lado, fez uma síntese sobre o tempo e a criação que até hoje resiste com sua validade[22]:

a) Em primeiro lugar, a eternidade só cabe a Deus, não ao mundo e nem ao ser humano ou ao tempo da criação. Só Deus é eterno por essência, para além do tempo que escorre como criação. Nós não alcançamos e por isso não compreendemos o que seja propriamente a eternidade. Em si, é impensável. Só sabemos que é um "não tempo" em confronto com o tempo da criação.

b) Deus, porém, é o criador do tempo e do mundo ou espaço das criaturas.

c) O tempo faz parte da criação, conjuga-se com os espaços: tempo e criação se pertencem mutuamente.

d) O que une a eternidade de Deus e o tempo da criação é a *Palavra criadora* de Deus. E a Palavra criadora provém tanto da bondade, que é natureza de Deus (*bonum diffusivum sui* – a bondade é difusiva e sem dobras), como da liberdade e da decisão criadora de Deus, sua benevolência – *eudokía*, no grego de Ef 1,5.

---

22 Apresentamos aqui a boa síntese de MOLTMANN, J. *Deus na criação* – Doutrina ecológica da criação. Petrópolis: Vozes, 1993, p. 172-179.

e) O tempo é uma *determinação* dos seres criados, dando-lhes consistência temporal de criaturas enquanto criaturas substancialmente *temporais*, criaturas tecidas de tempo. Não poderiam ser eternas. Tal determinação provém da palavra criadora.

f) O tempo não é criado antes do mundo; portanto, o mundo não é criado num tempo vazio, assim como o espaço não se apresenta antes das criaturas como um seio ou receptáculo, como pensava Platão. Mas nem o mundo – ou o espaço – é criado antes do tempo. O mundo de criaturas é criado com o tempo, e o tempo com o mundo – *mundus factus cum tempore*, esta é a expressão acabada de Agostinho, surpreendente coincidência com a atual concepção científica de tempo-espaço como dois vetores da única realidade do universo.

g) No entanto, Deus *é criador eterno*. Na bondade e na vontade, ou seja, na sua natureza de *Bem* e na sua decisão que predestina, desde a eternidade, está o *tempo de Deus criador*, o paradoxo agostiniano de um *tempo eternamente existente*, antes do tempo das criaturas. Por isso, o tempo das criaturas é criado *no tempo de Deus Criador – Mundus factus in tempore Dei*.

h) Assim, na explicação agostiniana de Moltmann, não existe o dualismo de uma contraposição irreconciliável entre eternidade e tempo, nem absorção ou destruição de um no outro. Deus, de certa forma, "sai" de sua eternidade pura no *tempo eterno da decisão criadora*, e com sua Palavra eterna criadora toca o tempo das criaturas. A Palavra que cria é a mesma que se encarna e que salva, é o Verbo, é Cristo. Criação e escatologia são garantidas por esta Palavra: o Verbo, em última análise o próprio Filho.

i) O puro ser de Deus, porém, como já dissemos, está além do tempo das criaturas. Pois o tempo das criaturas, que se estende num passado anterior a toda consciência e se abre num futuro para além de toda consciência, é o tempo da finitude e da inquietude: jorra do *não ser* ao *ser*, vindo do futuro ao presente, e depois passa do *ser* ao *não ser*, escorrendo do presente ao passado, decaindo então no esquecimento, no trágico oblívio. Por isso o tempo das criaturas é necessariamente tempo da limitação, da decadência e da mortalidade. Agostinho, embora teologicamente muito otimista, é antropologicamente pessimista e reencontra a tragédia grega.

j) Na lição de Agostinho, é a alma humana, onde reside nossa semelhança com Deus, que opera a unificação dos tempos: passado e futuro a partir do presente, mediante a "memória", a "visão" (*contuitus*) e a "expectativa" (*expectatio*). A memória e a expectativa são ações criativas, pois retiram do *não ser*, introduzem numa "eternidade relativa" – alargando os espaços da limitação e da mortalidade – o que é uma função da alma como semelhança de Deus criador. O tempo é, pois, uma dimensão da alma (*dimensio animae*) e uma extensão da alma (*extensio animae*).

Em conclusão, conforme o esquema agostiniano, poderíamos concluir que nós jamais conheceremos Deus em sua essência eterna, mas conheceremos Deus como nosso criador em seu eterno tempo da criação. A teologia oriental, diferentemente da teologia latina, afirma que "ver a Deus face a face", de fato, não é ver a essência eterna de Deus, mas estar na dinâmica inexaurível de sua revelação que jorra de sua eternidade, em nascividade e novidade eternas. Exatamente porque Deus, com sua natureza de substancial bondade e com sua livre-vontade e decisão, passa da eternidade divina ao eterno tempo de Deus criador, a criatura pode entrar em comunhão eterna com o Criador sem esgotar jamais a eternidade e a criação – ou a criação eterna, na comunhão divina.

Além de coincidir, de certa forma, com a teologia oriental, Agostinho antecipa algumas reflexões modernas sobre o tempo, onde há apenas a troca de nomes: consciência subjetiva ao invés de alma, e intencionalidade ao invés de *memória-contuitus-expectatio*. Mas Agostinho não pensa o tempo com o vazio matemático e quantitativo do relógio moderno. Mesmo o tempo dos ritmos e compassos musicais, sua especialidade, não são pura medida matemática, pois é o tempo da relação criadora do *Deus modulator*; o tempo é uma relação de criaturas e criador na modulação divina, uma relação cuja metáfora está no cântico em que Deus é o cantor[23]. Este é o grande mérito de Agostinho: o tempo está ligado à condição criatural! Resumindo numa fórmula latina tipicamente agostiniana: *Mundus factus cum tempore – tempus mundi – creato in tempore Dei*, ou seja: O mundo é feito com o tempo – o tempo do mundo – criado no tempo de Deus.

Há, porém, um limite sério na conceituação de Agostinho, lá onde ele se aproxima da concepção platônica e da tragédia grega: é bem verdade que o tempo das criaturas é constituído de inquietude e mortalidade. Por isso não se está imune da decadência na passagem do futuro pelo presente ao passado até finalmente a queda no esquecimento. Essa transitividade vota a criação à morte. É a *alma* que geme por *sair do tempo* e por se elevar à comunhão com Deus acima do tempo das criaturas para morar no tempo eterno do Criador. Mas

---

23 Cf. MAMMÌ, L. Deus cantor. In: VV.AA. *Artepensamento*. São Paulo: Companhia das Letras, 1994.

teria Deus criado tudo o resto para a morte? Só a alma interessa à eternidade? Agostinho sabe que a alma não é o ser humano inteiro, composto também de corpo, e inclusive distancia-se claramente dos neoplatônicos, lembrando nas *Confissões* que eles ensinavam a respeito do Verbo que está junto de Deus e é luz do mundo, mas não ensinavam que o "Verbo se fez carne". Ainda assim Agostinho não consegue valorizar a materialidade, a corporeidade, a cotidianidade feita de cultivo da matéria e de cidade terrena. Funcionaliza a cidade terrena, a condição corporal e se refugia na alma. O objetivo último de sua busca é resumido em seus Solilóquios, cap. II, 7: "Desejo conhecer Deus e a alma. Nada mais? Absolutamente nada mais". Fica assim obscurecida nossa esperança na "ressurreição da carne" e o resgate de todas as criaturas no Novo Céu e *Nova Terra*. A escatologia se resolve numa elevação religiosa da alma para o eterno tempo de Deus, abandonando a criação em decadência. Esse seria o problema maior do grande pensador cristão de cultura greco-romana Agostinho, que influenciou grandemente a espiritualidade cristã posterior até nossos dias. Mas partindo da convicção bíblica da criação do mundo por Deus criador, o nosso Agostinho, se não resolve bem alguns problemas de escatologia, tematizou admiravelmente o evento da criação e do tempo criatural.

2.4 A história de Deus

Na Escritura, o tempo é constituído por uma narrativa histórica, e a história é movida por uma predestinação escatológica. O vibrante hino que inaugura a Carta aos Efésios, no Novo Testamento, coroa essa celebração escatológica da criação, da história e do tempo: Em Cristo o Pai "nos escolheu antes da fundação do mundo para sermos santos e imaculados diante dele no amor. Ele nos predestinou para sermos filhos do seu dom por Jesus Cristo, conforme a decisão de sua vontade" (Ef 1,4-5). Em palavras escolásticas: o que é primeiro na intenção é último na execução. O último na execução, ao ser primeiro na intenção, guia a ordem da execução. É também o que a escolástica chamaria de "causa final": o desígnio escatológico é o horizonte e guia da história e do tempo, o fim está presente desde o começo. Não se trata tanto de uma história humana na qual Deus intervém e se revela, nem tanto de uma escatologia como plenitude humana em Deus. Tudo isso é correto, mas é algo mais originário e causal: mais radicalmente, trata-se da história de Deus, das relações trinitárias em Deus em sua plenitude e eternidade divinas, nas quais a criação inteira e os seres humanos em particular são convidados a participar. Trata-se de uma escatologia para Deus mesmo, a plena realização de sua comunhão com toda a criação. A história, antes de ser humana – conforme o sentido moderno de história – é eminentemente história *de Deus*[24].

a) O tempo abraâmico da promessa – A saga de Abraão, pai da história de todo hebreu, pai da fé que se torna história, acontece porque Deus se põe à frente de Abraão e o convida a "sair", a caminhar. Seu êxodo está conectado ao êxodo do povo de Israel e das tradições abraâmicas – judaica, cristã, muçulmana – que abraçam seu modo de ser na fé. Não mais as divindades que lhe prendiam por "trás" – divindades da pátria, da família, do sacrifício do primogênito –, mas o Deus que se põe à "frente" e lhe promete um futuro novo, libertando-o e liberando o filho para um futuro sem sacrifício – Deus da promessa – é o Deus de Abraão. O "amigo de Deus" prova sua amizade lançando-se para o futuro, para o Deus que lhe dirige a palavra a partir do futuro e lhe promete futuro. Os filhos de Abraão carregam consigo uma promessa, e por causa dela fazem uma história. Segundo a "causa final" da escolástica, a meta última, brilhante e convidativa, impulsiona a caminhar para ela: o caminho é percorrido a partir de seu fim, do que lhe está na frente. O tempo se torna história graças à contínua abertura que lhe é possibilitada pelo seu futuro, pela promessa escatológica.

A concepção abraâmica de história é contrária àquela do historicismo positivista, que explicou os fatos numa concatenação de causas e consequências ou efeitos, onde a causa está no passado em relação à consequência que está no futuro. A história seria então uma sucessão a partir do passado, e nada de realmente novo aconteceria, pois tudo se enquadraria num contexto prévio com um desenrolar ou um desenvolvimento a partir do que já está no tempo. Até as possibilidades viriam deste passado que contextualizaria e possibilitaria, e não como possibilidades realmente "novas", surpreendente *ex nihilo*. Todo conhecimento do novo se daria por analogia com o antigo e se integraria no antigo.

---

24 Bruno Forte, com sua literatura sobre cristologia e teologia trinitária, ainda que com algum sabor hegeliano, recolhe com síntese, precisão e beleza esta radical dialética da história como "história de Deus". Só a encarnação e a revelação trinitária permitem tal "virada", passando de uma concepção antropocêntrica da Modernidade para uma concepção "teocêntrica", sem diminuir, mas elevando o humano à interlocução, à parceria e à comunhão trinitária. De modo geral, esta era a intenção das sumas escolásticas. Cf. FORTE, B. *A Trindade como história* – Ensaio sobre o Deus cristão. São Paulo: Paulinas, 1987.

Essa explicação a partir do passado tem sua grande parte de verdade e parece convincente: na psicanálise, na evolução da sociedade, somos em grande parte nosso passado. Mas assim arriscamos voltar ao destino trágico que comanda pré-fixadamente, amarrados ao contexto de onde Abraão foi libertado. E Abraão foi livre em direção ao futuro, ao novo, pela pequena fresta da Palavra que lhe deu promessa, quando diante da terrível prova e do dilema, escolheu não cumprir a lei sagrada do holocausto do filho segundo a religião de seus pais, mas a novidade angélica que o convidou a abrir um futuro para a vida nova que estava em suas mãos. Arriscou acreditar na segunda ordem – "não faças mal ao menino" (Gn 22,13b) – e fez história nova, a partir da promessa futura, não mais dos contextos passados.

A promessa é o "valor" que está na frente, que cria história. Tornou Abraão um "amigo" do Deus "da vida" e um "hebreu", um separado, ou seja, livre para a história com Deus a partir do futuro. Abraão, assim, jamais voltou atrás sobre os próprios passos. Essa prevalência do futuro é um salto de qualidade que caracteriza a história de Israel e constituiu seu acento messiânico e escatológico. Trata-se da primeira aliança com o povo hebreu, cujo conteúdo não é um culto local ou familiar, mas é promessa: aliança que abre futuro.

b) O tempo como "*kairós*" histórico: singular e memorial – Em grego há ao menos três palavras para designar o tempo: *Chronos, Kairós* e *Hora. Chronos,* uma experiência do tempo na forma de ser totalizado e consumido pelo tempo "cronológico" como vida que transcorre entre duas datas, uma que é nascimento e outra que é morte e ponto-final. *Chronos* é o escorrer quantitativo do tempo que arrasta inexoravelmente do nada ao nada. Em termos bíblicos, é "ira de Deus" – cólera, violência de Deus (cf. Sl 90,7.9) –, instrumento nas mãos de Deus para abater os opressores na igualdade do tempo para todos. A sabedoria popular ironiza sobre o tempo justiceiro, como o trovador do Sl 49(48).

Kairós e *hora* significam o tempo de um acontecimento marcante. Nesse caso, não é o tempo que constitui e destrói o acontecimento, mas é o acontecimento que constitui qualitativamente um determinado tempo: tempo de nascimento, tempo de juventude, tempo de plantar, tempo de colher, tempo de festa, tempo de lágrimas etc. Os *kairoi*, ou seja, os acontecimentos, fazem e marcam qualitativamente a *hora*, tanto as boas *horas* como as *horas* amargas. Quanto maior é a qualidade do *kairós* e da sua *hora* mais reúne em torno de si os outros tempos, marcando-os como "antes" e "depois". Embora o calendário ocidental esteja fundado no *kairós* do nascimento de Jesus, os números dos anos podem se tornar "cronológicos" por perda de referência qualitativa, permanecendo apenas o fluir quantitativo. Mas a mentalidade popular costuma marcar os tempos pelos grandes *kairoi* em que marcam e dão significado à sua vida[25].

O tempo como *kairós* e como *hora* pode ser o tempo do cosmos: dos astros, das estações, da agricultura. No antigo Oriente se perscrutava o tempo das estrelas favoráveis, os *horóscopos*. Mas pode ser também o tempo cósmico da natureza e o tempo biológico. Nesses casos, os *kairoi* compõem um tempo cíclico, repetitivo, como o "eterno retorno". Os cultos festivos do paganismo se caracterizam e se constituem por esta dominância temporal do retorno das forças profundas da natureza e da biologia. São uma "ecoliturgia". Festeja-se a ressurreição da primavera, a generosidade da primícia ou da colheita, o renascimento do sol.

O que há de interessante na história de Israel é a passagem do *kairós* para *acontecimentos únicos e irrepetíveis,* acontecimentos singulares, *de uma vez por todas (ephápaks).* Assim, a singularidade do êxodo foi um *kairós* tão marcante, que se tornou uma referência histórica única. Assim também a passagem pelo deserto e a experiência do Sinai. Por isso, a páscoa do êxodo suplanta a páscoa cíclica da primavera e das primícias cíclicas da agricultura. As festas de pentecostes e das tendas superam a festa da colheita repetitiva. Depois, mesmo num calendário cíclico, tornam-se festas como *memórias* de acontecimentos *únicos.* No coração do mistério cristão está um acontecimento irrepetível, a morte e ressurreição de Jesus, estruturando um *kairós* absolutamente único e *de uma vez por todas.*

Roma e quase todos os impérios também tinham um acontecimento único na *fundação,* seja da cidade, seja do império. Mas festas de fundação fazem retornar às origens e prendem às origens e, se não ao corpo cósmico ou biológico, ao corpo social, à submissão social. Israel festeja *passagens, caminho, em direção à promessa.* Isso rompe o ciclismo do tempo e o retorno às origens. Mas não lança numa linearidade quantitativa vazia: trata-se de uma linearidade de acontecimentos únicos e significativos, definitivos e irreversíveis, em direção à promessa, graças à fidelidade de quem convoca a partir do futuro – Deus mesmo. A fidelidade irreversível de Deus à aliança com o povo faz com que

---

25 Assim, p. ex., uma viagem, um casamento ou uma morte podem dividir a vida ou parte dela entre "antes" e "depois". P. ex.: "Ele partiu dois meses depois que morreu a mãe" – nesse caso a morte da mãe é o *kairós* que está marcando o tempo e os acontecimentos no seu entorno.

os acontecimentos sejam "de uma vez por todas", e "para sempre" (cf. Rm 6,10; Hb 7,27; 9,12; 10,10). Assim se interpretava a criação, a aliança com Noé, a promessa a Abraão, e até mesmo os *kairoi* repetitivos da agricultura. Deus sustenta seu povo com abundância da terra na fidelidade à aliança, e mesmo na natureza renova seus sinais e advertências sobre a aliança.

Os grandes *kairoi* são aqueles que mostram mais claramente os *kairoi* que ainda estão por vir. Ou, em outras palavras, os grandes eventos do passado não esgotaram seu sentido no passado: são sinais de maiores acontecimentos futuros, são "memoriais". Indicam e discernem a direção dos novos acontecimentos na mesma linha, mas que serão ainda maiores – geralmente indicados pela expressão "segundo", que será a plenitude do primeiro. Assim, por exemplo, a "segunda vinda" de Elias, ou de Jesus, que será vinda plena, em sua glória. Os acontecimentos, cada vez novos, constituídos pela novidade da intervenção de Deus, são assim interpretados numa coerência que caminha sem retorno em direção ao cumprimento da promessa. A memória dos acontecimentos passados é como um canal para abrir o futuro, para acolher e compreender as novas intervenções de Deus na aliança. Mas o acontecimento novo supera o antigo, este só serve como sinal interpretativo para o profeta. O que decide é sempre o *kairós futuro,* escatológico.

O conhecimento do tempo como *kairós* é sempre narrativo, memorial. A memória anuncia uma esperança e atualiza um sinal da esperança. A narrativa é "performativa", ou seja, cria atitudes e estilos de vida coerentes. Mas a narrativa não se transforma nem em mito de origens e nem em conceito geral, pois não se destaca da singularidade de cada acontecimento, que permanece memória transfigurada em esperança. Finalmente, as próprias origens, a criação do mundo, são lidas no quadro de uma memória e de uma história de aliança que irá se cumprir no futuro. A história e o tempo são compostos de *kairoi* que vêm do futuro ao presente e permanecem como "memória do futuro", exatamente o oposto do tempo do eterno retorno, onde temos uma "escatologia regressiva".

Para o Novo Testamento, a páscoa de Jesus é o *kairós* definitivo e constitutivo do tempo e da esperança escatológica. Pela páscoa, Jesus é o Senhor que desvela em si mesmo o tempo escatológico a se antecipar em sinais de nossa história ainda marcada por contradições.

c) Tempo ético como memória e profecia – A história não evolui em linha direta para o cumprimento da promessa. Há também rupturas, descontinuidade, risco real de perda, de retrocessos, como foi a nova escravidão do exílio babilônico. A história, enquanto depende do humano, não segue o mito do progresso contínuo, do crescimento ascendente sem perdas. Em Israel, a profecia é uma consciência e uma palavra que revela tensão e conflito dos tempos e procura recosturar o rompimento. Segundo a consciência profética, o presente contradiz a promessa e a esperança: novas escravidões, destruição, exílio etc. Assim, em nome da promessa o profeta lembra o passado, os sinais, e a fidelidade de Deus. Ele faz *anámnesis,* ou seja, retira os fatos do esquecimento, recorda e assim acorda a memória. Mas a *anámnesis* é feita para a *prógnosis,* para o conhecimento do futuro. Esse conhecimento não é adivinhação do futuro, porque está baseado na *anámnesis.* O *profeta* realimenta a esperança, mas exige também uma conversão do presente para o futuro. É bem verdade que Deus é o autor e o ator principal da história, fonte de confiança. Mas trata-se de uma aliança em liberdade e decisão que exige a responsabilidade, a fidelidade e a cooperação humana. O tempo tem uma dimensão ética. É tempo de vida ou de morte, conforme a decisão e a atitude moral: haverá futuro se houver a renúncia ao mal e a adesão à justiça (cf. Jr 21,8). Isso supõe que a história não está pré-fixada, que Deus tem aliados livres e estes podem romper a aliança e destruir a história de Deus com o povo. Mas Deus mostra que é fiel, e, mesmo com pequenos restos, continua a história. Em confronto com o que está "velho", ou seja, decadente, Deus cria acontecimentos "novos" que mostram sua coerência. O "novo" não só renova, mas dá saltos de qualidade, é criação que supera o que Deus fez no passado, e assim "melhora" a aliança (cf. Is 43,18; Jr 31,31s.).

Convém aqui duas observações:

1) Anteriormente aos acontecimentos de exílio, o horizonte do futuro e da esperança, mesmo na consciência dos profetas, é terrestre, sem mesmo superar as fronteiras de Israel. Só a forte experiência do exílio abriu o futuro e a esperança à radicalidade escatológica transcendente, expressa em termos apocalípticos e incluindo de alguma forma todos os povos. Mesmo assim, só a experiência pascal de Jesus deu conteúdos definitivos à escatologia que acreditamos como cristãos, e nem poderia ser diferente. No entanto, a radicalidade escatológica não aboliu, nem em Jesus e nem na comunidade do Novo Testamento, a dimensão terrena e intra-histórica dos sinais da promessa: Jesus curou doentes e mandou curar, exercitou a paz e esta é vínculo da comunidade e antecipação terrena da comunhão dos santos. O Reino de Deus, disponível para todos – pecadores, excluídos, mulheres e servos –, antecipa-se em sinais aqui e agora. O horizonte escatológico, fonte de esperança, descortina-se sempre ligado à paisagem de sinais terrenos.

2) A aliança, com o seu conteúdo de promessa, não foi feita com cada indivíduo separadamente, mas com um povo e com pessoas enquanto integradas a um povo, a uma comunidade. O profeta faz *anámnesis* e *prógnosis* de uma comunidade. É a comunidade o *sujeito* e também o *conteúdo* da esperança; como sujeito, é a portadora da promessa, e, como conteúdo, é promessa de realizar-se a si mesma plenamente como comunidade. Não há uma escatologia individual separada da comunidade, nem como sujeito da esperança e nem como conteúdo da escatologia. O Novo Testamento, centralizado em Cristo, fortalece esse sentido comunitário da escatologia: ser cristão é ser integrado à comunidade dos incorporados a Cristo. A morte de Estêvão, nos Atos dos Apóstolos, é interpretada como passagem de toda a comunidade na páscoa de Cristo.

d) O apocalipse sobre o tempo – A linguagem apocalíptica da Escritura foi depreciada pela interpretação moderna, tanto liberal como existencial, como subproduto das expectativas de Israel. Teria sido uma "cosmoficação" da ruptura entre o tempo de Deus, que é intervenção escatológica, e o tempo do mundo votado à destruição. Por isso haveria um pessimismo, uma imobilização e uma recusa diante das condições de deteriorização do mundo, da sociedade, da prática religiosa, na espera de um intervencionismo divino. A linguagem apocalíptica instalaria numa espera que, na melhor das hipóteses, se torna silenciosa, espera que "passe o mundo e venha a glória". A recusa e a espera podem, porém, chegar a comportamentos histéricos e esquizofrênicos. A tradição protestante foi mais vulnerável a esta interpretação, mas em todo o cristianismo movimentos extremistas tomaram posturas "apocalípticas".

Hoje se valoriza com mais positividade a linguagem apocalíptica. O que teria acontecido foi realmente um mal-entendido de movimentos apocalípticos radicais, como o milenarismo, que, por razões da época, interpretaram a história no quadro acima descrito. Na Escritura, a experiência apocalíptica do tempo é um aprofundamento da experiência profética, e a linguagem apocalíptica é uma complementação e uma catequese da linguagem profética e de seus apelos de conversão urgente ao futuro.

A experiência apocalíptica é uma visão de conjunto da história a partir do ponto de vista da escatologia. "Falar voltando-se do presente ao futuro é profetismo. Falar voltando-se do futuro ao presente é apocalipse" (K. Rahner).

Como é possível um salto desse tipo a nós que estamos imersos na história? Uma comparação pode nos ajudar aqui: Heidegger, na análise da existência, concluía que o homem é um ser-para-a-morte porque, por sua consciência antecipativa, estaria aberto à morte como horizonte total e possibilidade última. A morte, então, por este canal antecipador que é a consciência, entra já na existência cotidiana e a "infeta" com sua presença. Desde já, nos sinais que vamos experimentando, somos ser-para-a-morte, o que não se pode dizer de outros seres vivos, que não têm consciência de sua mortalidade. Analogamente, segundo K. Rahner, somos "ouvintes da Palavra", e a Palavra que nos é dirigida dá sentido e coerência aos fatos da história. Nos acontecimentos podemos compreender o sentido último e definitivo de toda a história. Mais ainda, a palavra de sentido que ouvimos se torna um juízo antecipado sobre toda a história. A palavra apocalíptica revela que, nos maiores conflitos e hecatombes da história, o mal não tem a última palavra, o mal será vencido e banido, a injustiça da história não durará para sempre. Claro que, segundo Rahner, essa consciência supõe uma análise existencial em que o homem se manifesta como natureza aberta transcendentalmente, com a categoria "existencial sobrenatural" atuada na fé, como "ouvinte da Palavra". Em palavras simples: a fé do povo sabe das coisas últimas, inclusive que "Deus escreve direito por linhas tortas".

O sentido último e o juízo último do tempo são, portanto, um *apocalipse,* uma visão global sobre o tempo. Há até apocalipses "secularizados", sobretudo na área do cinema. Mas normalmente sua linguagem é extremamente simbólica e religiosa. O apocalipse toca as fronteiras, a relatividade radical da história e do tempo: o final do tempo não se realiza no tempo, mas em seu desbordamento. No tempo há o "mistério", ou seja, o desígnio que se vai revelando para que haja participação no mistério. Mas sua revelação total é também superação dos tempos, numa positividade de acabamento, de plenitude escatológica. A linguagem apocalíptica faz o esforço de antecipar esta visão total da história a partir de seu acabamento. Mas o apocalipse se apoia sempre na palavra profética, radicalizando seus conteúdos. Sem o profetismo ético, o apocalipse se tornaria delírio.

O acabamento não é só plenitude. Se a história ascendesse em evolução reta, talvez fosse uma plenitude. Mas o apocalipse é também um juízo sobre o mal, sobre a anti-história, o antirreino, o Anticristo, tudo o que impede a história de se realizar como desígnio, permanecendo mistério oculto. A visão apocalíptica não deixa que se justifique o mal: o mal não é um "mal necessário", uma antítese que entra, afinal, no sistema global. Nem é o lado passivo necessário de uma ascensão evolutiva. O mal não é só carência, desordem, imperfeição, mortalidade ou falta de transcendência. O mal é inteligente, ativo, voluntário, decidido, perverso e produtor de perversão – é demoníaco e é pessoal, é o maligno "e seus anjos" (Mt 25,41) –, os anjos de carne e osso, mensageiros do maligno que infernizam a vida do mundo. Enfim, o mal não é integrável, é absurdo, injustificável, e deve ser debelado, derrotado, destruído, aniquilado. A linguagem apocalíptica tem a coragem de desmascarar, dar os nomes, enumerar os males. Por isso antecipa o juízo e já é uma forma de combater o mal na história. Ao desmascarar já despotencializa, esvaziando a potência escondida do mal. O apocalipse professa que o mal não tem futuro e só o bem vai, afinal, triunfar.

A experiência apocalíptica do tempo não surge em tempos bons, em que seria fácil crer que o bem vai triunfar. Uma das diferenças entre a linguagem profética e a apocalíptica é que a primeira percebe os mecanismos de funcionamento da realidade presente ao colocá-los à luz da Palavra. Por isso o profeta acredita nas possibilidades do presente, sabe por onde se pode converter os mecanismos, apela para as responsabilidades no tempo presente para que se converta ao futuro. A experiência apocalíptica acontece quando o presente está globalmente tão deteriorado, que até seus fundamentos estão em colapso. A perversão e o mal atingem de tal forma a totalidade da realidade, que se torna difícil identificar os mecanismos emperrados e em quais se poderia confiar para provocar mudança. Não há ídolos localizáveis que se possa combater: é como se um ídolo invisível tivesse estendido tentáculos nos meandros de toda a realidade, até a mais sagrada. É uma experiência "holística", totalizante, e se torna uma denúncia e um juízo da totalidade. Por isso significa um "salto" – uma verdadeira *epoqué*, uma decolagem, segundo a fenomenologia de Edmund Husserl. Por um lado, torna-se uma forma radical de libertação, de resiliência, de paciência, de resistência e de esperança estando ainda no "purgatório" da história. Por outro lado, porém, ao contrário da alienação, já de *per si* é uma forma de desmascaramento, de despotencialização dos males presentes que infectam toda a realidade.

Enfim, as figuras cósmicas, sempre ambíguas e possíveis de mal-entendidos, são recursos a figuras de "totalidade" (p. ex.: "o mundo inteiro", as estrelas todas do firmamento, todos os povos etc.). Tornam-se uma forte catequese narrativa dos conteúdos éticos da profecia em condições extremas. Os símbolos de totalidade não podem, afinal, ser dispensados, apesar de seu risco de fundamentalismo e de alienação. A linguagem apocalíptica sempre precisou, por isso, de uma cuidadosa interpretação.

e) O Messias, Senhor do tempo e do Sábado – A esperança messiânica se alimenta de três esperados:

1) Os "bens" messiânicos: a paz, a justiça, a saúde, a salvação etc., o *Shalom*.

2) O "Messias" enviado por Deus como agente provocador da mudança da penúria em abundância, promotor dos bens messiânicos. Não há bens messiânicos sem a vinda do Messias.

3) O "tempo" messiânico, ou seja, o amadurecimento do tempo favorável tanto para o surgimento do Messias como para a realização dos bens messiânicos. Esse tempo é essencialmente "sabático", de recomposição da justiça, da boa ordem, de reconciliação, comunhão e festa.

Quanto aos dois primeiros, os bens messiânicos e o Messias, já se disse que o judaísmo contemporâneo põe o acento no "o que" *("quid")*, nos bens que são o conteúdo messiânico, enquanto o cristianismo põe o acento no "quem" *("quis")*, no Messias agente e promotor dos bens messiânicos[26]. Mas já o judaísmo tradicional, inclusive antes do cristianismo, confiava suas esperanças a alguém enviado e "ungido" (*messiah*) por Deus para liderar e conduzir aos bens messiânicos. O judaísmo pós-cristão, e até hoje o mais ortodoxo, vive esta esperança, que conclui o repouso sabático com a oração pelo retorno de Elias e pela inauguração do Sábado messiânico. Uma diferença notável, porém, residiria nisto: para o judaísmo, o messias não seria parte integrante dos bens escatológicos. Seria apenas agente, e, uma vez cumprida a sua missão, passaria para a memória. Por isso, o messias era ou é esperado exatamente na altura da missão a cumprir, sem precisar mais do que isso. Se os bens são de ordem política, espera-se um messias político, um rei. Se os bens são de ordem judiciária, espera-se um juiz, o filho do homem em trono de juiz. Se os bens são introduzidos por uma forte palavra profética, espera-se um profeta escatológico no espírito do primeiro, Elias. No tempo de Jesus, tempo dominado pelo cumprimento da Lei, fala-se de uma ascensão e de um retorno de Moisés. Nos círculos decepcionados com o templo se esperava um novo sacerdote, da descendência de *Sadhoc*, pois as bênçãos dos bens messiânicos necessitam de oferta pura.

Mais difícil era integrar um messias sofredor, "cordeiro" inocente a dar a vida, expiando e absorvendo os males do mundo em sua inocência, mas Israel no exílio também encontrou nesta figura uma esperança messiânica. Na variedade de aspectos dos bens escatológicos se estrutura a variedade de expecta-

---

26 Cf. LAPIDE, P. & MOLTMANN, J. *Juedischer Monotheismus* – Christliche Trinitaetslehre. Kaiser: Munique, 1979, p. 78.

tivas em torno de um messias. Voltaremos ao assunto ao falarmos da relação entre cristologia e escatologia. Por ora, antecipamos três observações:

1) Os tempos messiânicos, que seriam os tempos "últimos", portanto escatológicos, não possuíam até o tempo de Jesus uma radicalidade extramundana, mas seria um tempo de plenitude na terra de Israel.

2) O agente messiânico, "sujeito histórico" que introduz o tempo messiânico, é visto ora como uma coletividade – o povo messiânico, eleito para ser *partner* de Deus e bênção para os outros povos, povo de reis, sacerdotes e profetas na aliança (cf. Ex 19,5). O messianismo do povo se vê prefigurado em Abraão, bênção para muitos povos, e renovado no exílio. Ora podia ser visto como um pequeno grupo dentro deste povo, como um grupo representativo – a família e a casa real ou a estirpe sacerdotal ou os discípulos de profetas ou um "resto fiel", como Elias teve de aprender a identificar (cf. 1Rs 19,18). Ou poderia ser um messias individual. Todos esses aspectos são reassumidos no Novo Testamento, a começar evidentemente pelo messias individual, mas um messias escandalosamente humilde e pacífico, filho da pequena e quase desconhecida Nazaré. Aos poucos foi sendo decifrado com uma leitura nova, surpreendente, dos diversos aspectos messiânicos – profeta, pastor e rei, Filho do Homem e juiz, sobretudo o Cordeiro inocente e ressuscitado. E, para cúmulo do escândalo e da loucura para judeus e gregos, seu segredo pessoal é mais do que messias, pois é Filho de Deus e Deus mesmo, enquanto antes dele sempre se conservou a diferença entre Messias e Deus. Mas no Novo Testamento estão presentes também grupos especialmente escolhidos, messiânicos: apóstolos, evangelizadores, profetas, pastores. Finalmente, toda a comunidade batizada é o *novo povo messiânico* e novo sujeito histórico do messianismo no meio dos povos. Este é o sentido mais profundo da Igreja, sua eclesiologia "cristã" (cf. *Lumen Gentium*, 9).

3) Os tempos messiânicos são constituídos pelos bens escatológicos e pela presença introdutória do messias, tanto individual como comunitário. Portanto, o messias é um agente transformador do tempo, capaz de dar ou possibilitar o salto de qualidade do tempo como *kairós*. Ele é, pois, "senhor do tempo", dominando e submetendo o tempo mau, decadente e desfavorável, constituindo um tempo novo, favorável, de graça e salvação. Há uma conexão constituinte entre messias – o agente enviado e ungido com a potência divina, a *ruah*, o Espírito – e o tempo dos bens escatológicos. Para uma mentalidade moderna, essa potência messiânica soa como um caso dos heróis da mitologia. Mas essa antropologia messiânica pode de certa maneira ser verificada fenomenologicamente numa experiência antropológica: equivale a afirmar que "alguém constitui o tempo", ou, melhor ainda, que "o tempo é alguém!" A chegada de alguém pode inaugurar um tempo qualitativamente novo, isso sabem bem os enamorados. Um tempo novo, um "outro" tempo em confronto com o duro tempo da tribulação e da fraqueza, é portado por alguém, por uma alteridade que arranca da solidão e do fechamento na decadência. O tempo não é constituído simplesmente pelo sol, por estrelas e estações, nem por um relógio com quantidades vazias, nem por uma consciência forte, mas solitária. O tempo é o outro[27]. Um tempo novo, um futuro diferente do presente encerrado sobre sua finitude é trazido pela chegada de outro, de uma visita, de uma entrada inauguradora. O tempo é o outro, que traz mais do que outro tempo, pois inaugura o dinamismo da vida como tempo ao retirar da paralisia do relógio com sua mecânica vazia de qualidade. O tempo é o outro: só conjuntamente a esta experiência antropológica em que alguém – o outro – que traz um tempo novo, que gera o futuro e resgata o passado, adquire sentido a profissão cristã de fé em Cristo "ontem, hoje e sempre" na Vigília Pascal: Ele é pessoalmente a alteridade que inaugura e mantém a qualidade do tempo como *kairós,* é "o Alfa e o Ômega, Princípio e Fim, a Ele pertencem o tempo e os séculos". Ele é o que vem trazer o tempo da Salvação e da Plenitude, Senhor do Sábado, tempo escatológico no qual também se dá a remissão do passado e do presente, como do escorrer futuro da cronologia que leva à morte. À luz de sua face estamos face a face de um tempo que ilumina já eternamente todos os tempos.

2.5 Do seio materno ao seio de Deus: tempos de criação e de plenitude escatológica

Santo Tomás, o "príncipe da escolástica", em sua teologia da criação, do tempo e da escatologia, guiada pela centralidade de Cristo, pelo movimento do Filho de Deus como eixo da criação, consagrou as expressões *Exitus a Deo, Reditus ad Deum* – O Filho de Deus, e nele o mundo, e especificamente o ser humano, têm um *êxodo de Deus* e um *retorno a Deus.* Neste mundo estamos "a caminho" (*in via*), e quando estivermos em Deus estaremos finalmente "na pátria" (*in patria*). Na verdade, todo o movimento do mundo e da história são postos pelo grande teólogo neste esquema que tem uma origem neoplatônica,

---

27 Esta é uma tese fundamental do pensador hebreu Emmanuel Lévinas. Cf. SUSIN, L.C. *O homem messiânico* – Introdução ao pensamento de Emmanuel Lévinas. Porto Alegre/Petrópolis: EST/Vozes, 1984.

segundo a explicação de Marie-Dominique Chenu[28]. Evidentemente, aqui se trata de teologia cristã que, utilizando um esquematismo neoplatônico, reporta-se aos pressupostos conciliares da cristologia patrística.

Segundo o olhar da ciência, viemos da terra, e com ela viemos das estrelas, somos da mesma massa da poeira estelar, da matéria-prima de todo o universo. Isso parece mais próximo do que os gregos pensavam em termos de uma matéria primordial, um *protoplasma*. É o universo imenso, obscuro, caótico, indiferente à ética porque impessoal, o seio do qual evoluímos. Contemplar esta origem pode nos dar vertigem, como acontecia com Pascal diante da frieza infinita e escura em que somente pequenas centelhas de luz e de energia formam estruturas onde estrelas e mundos começam. Este universo impessoal, sem palavras, em grandioso silêncio quebrado por rumores enormes não diz nada a respeito de sua origem nem do que havia antes: simplesmente está aí, é *creatio ex nihilo* – criação "do nada". Ainda que seja um nada *quântico*, um campo de energia caótico mas originário – nada diz de sua origem impessoal.

As narrativas míticas de caráter *etiológico*, que buscam compreender as origens, onde residem as *causas*, não partem da observação empírica, mas da experiência do que está mais próximo de nós, ou seja, a vida, e a sua origem no seio materno. Em nossa experiência, nós viemos de alguém muito pessoal, de nossas mães. Este é um ponto de partida inteiramente humano. Por isso o que é pessoal, segundo nossa experiência, não provém do impessoal, mas do que há de mais íntimo da pessoa, o "seio". Antes de contemplarmos as estrelas lá longe, nosso primeiro ambiente, nosso primeiro mundo, nosso universo inteiro, nosso paraíso originário, foi o seio de nossa mãe, de uma pessoa. A mãe é o espaço que rodeou e abraçou por todos os lados, nutriu e acalentou, nos portou em si. É uma experiência originária e original, com desdobramentos duradouros, independente de juízos morais. *O seio é a primeira metáfora da criação, a mãe é a primeira metáfora do Criador.* Por isso a mesma experiência nos dá a esperança de que nosso destino não será nos dissolvermos na poeira insignificante do universo impessoal, mas "de seio em seio" – do seio da mãe para o seio da família, desta para a comunidade, para a pátria, o mundo, no sentido mais *católico* que esta palavra significa – abraçados ao todo, em comunhão até mesmo com as estrelas dos confins últimos do seio do universo desconhecido – estamos, afinal, no seio de Deus. É uma experiência existencial e mística, num nível de conhecimento experiencial diferente do nível científico, mas não em contraposição e exclusividade.

---

28 Cf. CHENU, M.-D. *Introduction a l'ètude de Saint Thomas D'Aquin.* Paris: J. Vrin, 1954.

Nesse sentido a história do mundo, de cada pessoa e de cada criatura, ganha densidade religiosa e teológica. É verdade que cada tradição religiosa tem seu modo de contar, segundo sua cultura. Mas as diferentes culturas e religiões, as diferentes histórias vão compor, segundo a interpretação messiânica do cristianismo, a riqueza da Nova Criação em que, graças à primogenitura e às primícias de Cristo, Deus "será tudo em todos" (1Cor 15,22). Tudo isso pode parecer poesia em demasia para ser verdade. Convém irmos, então, por partes, desde a nossa história cotidiana até a história do universo no seio de Deus.

2.5.1 *História universal?*

Foi um ingrediente próprio da Modernidade colonizadora, cujo berço é a Europa, pensar-se como uma história única e universal, escrita na língua alemã de Hegel em letra maiúscula e sem sujeito, como se "a História" fosse um grande sujeito. O historicismo se tornou, assim, além de um positivismo de fatos em cadeia de causas no passado e consequências adiante, um verdadeiro *mito religioso*: a História tudo cria, explica, julga e justifica. Contém em si o juízo último, escatológico, e a recompensa. Na verdade, este modo de se pensar "a História" como sujeito coletivo ou impessoal foi o contraponto da outra característica da Modernidade, o indivíduo como "sujeito que faz a história" – que, em sua heroica autonomia, compreende, projeta, age, lidera, e assim domina, conduz e cria a História. Este "sujeito", seja individual ou seja coletivo e impessoal, é, na verdade, uma secularização do "messias". A Europa moderna se pensou assim, balançando entre dois polos: a) O "sujeito" individual que conduz a história ao seu destino, a sua história individual e às vezes também a dos outros; b) A "História" como sujeito condutor de todos ao destino final. Em ambos os polos sempre há um conceito messiânico a respeito do sujeito e da história, um messianismo portador de uma missão universal, se não religiosa, ao menos de humanismo, para si e para os outros povos. Exportou-se e se impôs de forma colonial e idealista esta História aos outros povos, que foram desrespeitados em suas próprias histórias, em suas narrativas interpretadoras de si mesmos – e em suas vidas. Houve uma universalização ideológica do sujeito europeu e da sua história, como se estivesse no centro e na liderança da Grande Marcha da História. Quais as consequências?

a) O humanismo com áurea messiânica secularizada que sai da Modernidade em termos de "mito do progresso" tornou-se uma imposição violenta e uma desarticulação da história de outros povos. Ora, cada povo tem seu próprio passado com suas tradições e seu próprio futuro com suas esperanças e sonhos. Não foi possível à Modernidade esta percepção, plural e enriquecedora, porque não lhe foi possível pensar se não só uma única história, a sua, o seu progresso ao infinito, o seu crescimento como capitalização, derivando para o messianismo do capitalismo e do consumismo, e o *Global Market,* a majestade o Mercado, de produção crescente e consumo crescente, é onde estamos.

b) Desconhecimento da história das gerações passadas de sua própria história, que tinham suas próprias tradições e esperanças de futuro, seu modo próprio de se ligar ao passado e ao futuro, sem o mito do progresso e do crescimento concretizados no capitalismo, no crescimento obsessivo da produção e do consumo. Na linearidade unidimensional em que se estende o tempo da Modernidade pensado como "progresso" há só um passado e um só futuro, que são os da geração presente. Não pode, por isso, fazer justiça aos mortos, que ficam assim envelopados no passado sem voz e sem significado, e desenganados de futuro.

c) Desrespeito à história e ao destino escatológico do cosmos, da natureza, da ecologia, impondo-lhe seus objetivos históricos antropocêntricos, dominando-a como matéria-prima. Não só se desvinculou da história da natureza num esforço de libertação de seus limites, mas des-historizou a natureza viva para manipulá-la e se apropriar dela. Com isso separou história e natureza em detrimento da natureza. A Modernidade só pensou a história do homem, a escatologia do homem, uma história e uma escatologia antropocêntricas e excludentes. A natureza, concebida como um palco sobre o qual se desenrola a história humana vai, assim, para o lixo da história, em última instância como material descartável.

d) Perdendo as diferenças de histórias, perde-se a "qualidade" da história como *kairós.* A Modernidade se habituou a uma percepção meramente *quantitativa* do tempo. Construiu teoria e máquinas para apropriação e funcionalização do tempo. O tempo passou a ser instrumental, órgão de construção da realidade, tempo como projeto e experimentação. Crê-se que toda experimentação é válida e garantida pela sua reversibilidade, pois é vazia de qualidades. Por isso também não representa compromisso definitivo, sempre "terá" tempo, inclusive para reverter a experiência, segundo o método científico de "ensaio e erro", sem escrúpulo. Inclusive a terrível experiência atômica de fissão nuclear, que inaugurou o tempo da possibilidade de destruição total da vida sobre a terra, portanto também do tempo humano e da vida. Assim entramos na "era nuclear" com gosto cientificamente apocalíptico, algo inimaginável antes. Ora, sem a experiência qualitativa do tempo não há nem comunhão de histórias – nada a receber e nem a ofertar – e não há escatologia – nada a esperar que venha de além do próprio tempo. E o que é produzido e experimentado no tempo jamais porta definitividade porque é vazio de qualidade, reversível, enfim descartável. A tecnologia da bomba atômica consagrou este caminho de ódio à vida e ao tempo messiânico.

e) Colonizando, esvaziando e fazendo desaparecer alteridades históricas e ecológicas, sem acolher as "qualidades" de tempos diferentes, chega-se a um paradoxo:

Por um lado, experimenta-se a solidão de um presente "turístico" – a dar voltas como curioso observador da realidade a partir de fora dela – já sem história própria, sem qualidades, portanto vazio. Por isso não se pode sequer parar nem repousar no próprio presente: não há tempo sagrado, intocável, de festa que celebre Memória ou Escatologia, não há mais tempo ao qual se consagrar, tempo de *culto*. O presente é uma "passagem", seja na forma de ação ou de feriado, de lazer, de esporte ou de turismo, mas passagem para o mero quantitativo, o tédio, a evasão e o vazio. É o pseudotempo "pós-moderno", um "presentismo" sem saída.

Por outro lado, entrega-se a sujeitos fortes, condutores que coincidem com "a História". A Modernidade, por paradoxal que pareça, é matriz e exportadora de um tipo "moderno" de ditaduras, chamem-se elas nazismo, comunismo, militarismo, mercado liberal – são todas irmãs[29]. Nessa fase da Modernidade, a ditadura do Mercado, através do liberalismo, dobrando a política, tem pretensões messiânicas universais. Só na marginalidade ou sob o peso de um capita-

---

29 Chefes de tribos ou reis, em condições pré-históricas, sabiam-se, normalmente, cabeças, mas dentro de uma ordem, de forma orgânica! Deviam seguir os ritos da natureza, deviam sacrificar aos deuses e obedecê-los. Quanto mais coincidissem com os deuses, mais sábios deviam ser; enfim tinham deveres. Já os ditadores modernos, uma vez que o poder passou pela secularização, reúnem em si uma extrema e catastrófica contradição: absorvem e submetem saber, razão, técnica e natureza a seus planos voluntaristas, pervertendo as relações orgânicas. É o incremento do dito absolutista de que "o legislador está acima da lei". Por isso podem, no final, ser ditaduras tão loucas como outras, mas de forma imensamente mais devastadora – graças à tecnologia da Modernidade, a mesma que trouxe tanto progresso, conforto e vantagens graças à primogênita da Modernidade, a ciência.

lismo sem rosto que, por seu caráter acumulador, beneficia poucos, é possível resistir, frequentemente com linguagem apocalíptica e até fundamentalista, os que aspiram por uma história diferente.

2.5.2 Escatologia ecumênica e comunhão de histórias no Sábado de todas as histórias

Para sermos justos, deveremos falar de "histórias universais" – no plural – ao menos em três sentidos:

1) História do universo cósmico e da natureza viva.

2) Histórias das diversas culturas e povos.

3) Histórias das gerações.

Cada cultura, cada geração, como o cosmos, porta consigo uma história universal, com seu passado, com seu presente e com seu futuro próprio. Só uma escatologia que respeite e reúna estas exigências pode criar uma "comunidade de histórias" harmonizadas e em paz.

A escatologia está além do "futuro como projeto histórico". O projeto histórico é atuado na projeção e na experimentação, e desta forma o futuro é extensão do presente. Mas nem o projeto nem a sua experimentação e atuação exaurem a escatologia. E, no entanto, a escatologia é a estrela para onde o projeto se lança, e a fonte solar inatingível de onde o projeto toma energia. *A escatologia não é uma história futura, mas é o futuro da história*, ou seja, futuro tanto do passado e do presente como *futuro absoluto* do futuro histórico. A escatologia e não o começo cronológico é a origem dos tempos. E não só explica, mas também "reúne" os tempos e todo ser que vive no tempo. Na origem não está o *big bang* ainda que saído de um *buraco* negro, mas está o desígnio do Sábado messiânico, tempo ungido, para o qual toda criação, desde a origem, é conduzida, no qual se inspira, e do qual toma energia: Sábado da comunhão de vida. É a partir do horizonte escatológico que se pode entender a frase-chave de Martin Heidegger, o pensador do tempo entre a Modernidade e já a Pós-modernidade: "O fenômeno primário da temporalidade originária e própria é o futuro"[30].

a) Passado e tradição – A partir do presente nós nos relacionamos com o passado de diversas formas, e aqui podemos elencar três: como estudo histórico-crítico, como investigação histórica e como relação vital.

---

30 HEIDEGGER, M. *Sein und Zeit*, n. 329.

O estudo histórico-crítico permite contextualizar a tradição no seu justo lugar, no seu passado, contextualizando-o na distância, relativizando assim a sua força e até sua eventual opressão sobre o presente. É como procede a psicoterapia, por exemplo. Mas o estudo histórico-crítico pode também captar o futuro daquele passado, o que foi sonhado, projetado e atuado como construção de futuro naquele passado, e pode assim atualizá-lo para torná-lo uma possibilidade de futuro para o presente.

O estudo histórico-crítico, ao relativizar o passado, contextualizando-o como passado, se não questionar a soberania e a onipotência do presente a partir de onde critica, torna-se um historicismo injusto e prepotente, coveiro da história. Só se justifica quando é capaz de reconhecer na tradição algo vital, a palpitação do futuro que aquele passado gestava, buscando compreender as razões dos antepassados e seus sonhos de futuro. A intenção é justa quando se tem prospectiva na retrospectiva, quando se reconhece as promessas das tradições, a inspiração de futuro que o passado ainda pode sussurrar.

Para ter prospectiva na retrospectiva é necessário enquadrar o estudo histórico-crítico na investigação histórica: não só levar o passado ao seu lugar, mas mergulhar no passado e tornar-se seu contemporâneo, seu interlocutor, perguntando para aprender suas aspirações, seus ideais e sonhos, o futuro que ainda palpita na tradição pela qual podemos comungar com os antepassados.

Finalmente, uma investigação – pergunta – histórica só acerta com o futuro dos antepassados expresso nas tradições se, ao invés do relativismo cético da mera crítica histórica, houver uma *relação vital*, cordial, sem domínio nem servilismo, mas uma relação de comunhão simpática e até compassiva com suas lutas e ideias. É isso acolher a tradição que *vem* do passado e *fazer justiça e comunhão com os mortos* na história. Assim, a história que avança é sempre também uma recuperação da história na acolhida da tradição. É Eneias que, chegando, no meio de sua vida, à Península Itálica, porta consigo o filho ao colo – futuro – e o velho pai Euclides às costas – o passado. Ou é Israel que porta os ossos de José no êxodo. "O esquecimento porta ao exílio, a lembrança apressa a redenção" (Prov. judeu).

b) Futuro e advento – Numa primeira compreensão, *"futurus"* é o ser que "se torna", que se desdobra em projeção do presente ao futuro. É projeto, programa, fluxograma, que no futuro se tornará realidade presente e depois passada, até se tornar ruína. Assim, o futuro, no fluxo do tempo, nasce do passado e do presente como projeto, e volta ao presente como realidade, em direção ao passado até perder-se. Não é novidade real, porque é futuro desde o presente, será o que de alguma forma já é.

Mas o futuro pode ser fruto do que é "venturo", do que "vem", como uma visita e uma chegada surpreendente, não planejada e imprevista, como novidade sem que esteja na história, na tradição, no projeto. É o *ad-vento*: ao vir e ao chegar ao presente, porta novidade à história, acrescenta o que não era e não é, portando a história a um futuro realmente novo. O advento do *venturus*, não do *futurus*, tem sempre um caráter transcendental, messiânico, salvador, *alteridade que vem em contracorrente da história*. De outro modo a história decairia na entropia. Por isso, para os que estão na história, é sempre "bendito o que vem!" – e não o que "será" na impenitência da mesmidade metamorfoseada. Pois não se trata de um futuro do ser que já está aí e que será, mas de um futuro constituído pelo que vem.

Deus mesmo é "venturo": o Deus vivo que é, que era e que "vem". Deus não está, pois, na evolução daquilo que se torna e que será, pois da criação originária o Criador está retirado, sem cordão umbilical, e o que temos é uma "Criação do nada" – *creatio ex nihilo*. Como no caso de Abraão, Deus não está mais propriamente nas costas, na tradição, na origem, mas na frente, no horizonte de futuro, e daí "vem ao encontro", com uma visitação e revelação, provocando então a evolução das criaturas, tornando bendito também aquilo que será, aquilo que se torna. O "que vem" possibilita a "conversão" para frente. A diferença, então, de passado e futuro, é a mesma entre "decadente" e "antecipado", entre "velho" e "novo", sob efeito do que vem, que age sobre o presente, o passado e o futuro, fazendo daquilo que está votado à decadência e à morte algo novo e vivo. Esta é a linguagem profética, que lembra o passado como memória e busca ler seus sinais para abrir a história ao que vem e assim abrir o futuro. É o anúncio do Reino de Deus que vem, segundo a pregação de Jesus. É também a linguagem paulina sobre a "nova" criatura, e a linguagem neotestamentária em geral a respeito da salvação, do Homem Novo, e por isso da vigilância Àquele que vem.

A "consciência de antecipação" é possibilitada pelo *advento*: aquele que vem porta novidade à consciência, e cria esperança, vigilância, inspiração e caminhos novos. Assim, por efeito de antecipação, o último que entra em nossa experiência é, no entanto, o primeiro em nossa esperança, possibilitando o caminho para a experiência até a escatologia. Só há ação no presente para que o futuro se torne realidade presente porque, antes da ação, o *"venturus"*, *Aquele que vem*, provoca esperança e ação. E no futuro ainda "virá" e provocará novamente esperança e novas ações. O futuro está sempre aberto ao advento, à escatologia, sem possibilidade de fechar nas horas do relógio e nos dias do calendário.

c) No horizonte escatológico, a paz de todas as histórias – Se cada povo e cultura, com sua forma religiosa, vive seu tempo, tem sua história, seu próprio passado e futuro, suas narrativas de origem e de escatologia, então há muitas "histórias universais". Ou há respeito pela pluralidade, ou a colonização produz violência e catástrofe. Mas como não decair na indiferença e na dispersão através do mero respeito e tolerância? É necessário encontrar uma comunhão que esteja além do eurocentrismo dos últimos séculos agora convertido em liberalismo econômico universalizado e sem pátria que transforma tudo em produtos de consumo, até a paisagem e os afetos. É necessário um horizonte de comunhão que também esteja além dos diversos "futuros" de cada história; portanto, um horizonte escatológico desde onde a comunhão não unidimensionalize, mas conserve e pacifique as diferenças, inclusive os diferentes futuros históricos. A comunhão na paz é o futuro escatológico de cada futuro histórico. Não é uma história futura depois de uma unificação das histórias, mas é o futuro sempre aberto das histórias, justamente *a escatologia* cujo nome próprio é a própria paz, o *shalom* messiânico que se deve desejar e dar, segundo o mandato bíblico de Jesus.

Só uma escatologia amplamente *ecumênica* poderá salvar as histórias de todos: a comunhão escatológica, no sentido mais amplo, se traduz hoje em termos de paz. A paz é a universalidade que supera particularidades cismáticas. Na paz se é convidado a passar da defesa sectária da própria identidade a uma atitude ecumênica aberta a toda criatura em que a própria identidade seja um *contributo*, uma riqueza para todos, humanos e, para além dos humanos, para todas as criaturas. Enquanto o pensamento cismático pensa a própria verdade como se fosse toda a verdade, o pensamento ecumênico pensa toda a própria verdade como contribuição aberta à verdade maior, à sabedoria e à revelação "que vem", e que normalmente vem montada num burrinho pacífico como a entrada de Jesus em Jerusalém. Mas também só um pensamento radicalmente "escatológico" pode ser realmente ecumênico, aberto, pacífico. E, por sua vez, só um pensamento amplamente ecumênico é escatológico e pacífico. A antecipação da comunhão escatológica é a convivência de diferentes histórias, que é edificação da paz – *Shalom* – bem escatológico por excelência, já sem separação entre o mundo imanente e o além transcendente, ainda que por ora permaneça a distinção – mas sem separação.

d) No panenteísmo e na pericorese divina, a reconciliação com a história da natureza – A história humana, sobretudo a Modernidade, com seus traços devastadores de antropocentrismo, de androcentrismo e patriarcalismo, precisa urgentemente se reconciliar com a história do cosmos, dos ecossistemas vivos. Precisa aprender a linguagem da ecologia e voltar a amar as criaturas superando o tratamento redutor a meras coisas e matérias disponíveis. Segundo um dos nossos teólogos ecumênicos mais amáveis, "ou a história humana e a história da natureza entram em sintonia ou a história humana encontrará seu fim irreversível na morte ecológica"[31].

Reconciliar-se com os ritmos da natureza, tanto dos ecossitemas como da própria corporeidade, significa certa humilhação para o projeto moderno de domínio, de "aquecimento" e aceleração antropocêntrica da história. Trata-se de renunciar a uma "vitória de Pirro" nesse vórtice do antropoceno, nessa era irreversível de imprevisível impacto do humano sobre o planeta. Realisticamente, não significa uma renúncia total à história como projeto, ação e progresso. Não é simplesmente uma volta à virtude estoica do agir "segundo sua natureza", que, por sua vez, estaria prefixada tornando a existência humana apenas o cumprimento de um destino, de uma "lei natural" providenciada por uma natureza impessoal. Mas a criatividade humana, a nossa natureza cuja lei substancialmente são a racionalidade e a liberdade, e portanto a capacidade de "criação de natureza", o que hoje se chama *sistema de progresso* cada vez mais complexificado, precisa se reconciliar com o *sistema de equilíbrio,* que é certamente também muito complexo. O melhor "progresso", hoje, é ir em direção ao *sistema de equilíbrio* para uma reconciliação e uma nova aliança.

A reconciliação passa antes de tudo pelo reconhecimento dos sistemas de equilíbrio, partindo deles os sistemas de progresso. É necessário saber conter-se, ou seja, saber "ficar contente", atendo-se a limites e horizontes maiores que devem ser respeitados:

a) A história da humanidade se desenvolve em positiva simbiose com o ecossistema terra. Se nossa história pretende se descolar da história da terra para criarmos o nosso paraíso, criaremos inferno na terra: o inferno é a ima-

---

31 MOLTMANN, J. Op. cit. Fritjoff Capra insiste em uma "alfabetização ecológica" que inclua humanos, animais, plantas e micro-organismos. Cf. CAPRA, F. *Alfabetização ecológica* – Educação das crianças para um mundo sustentável. São Paulo: Cultrix, 2006, p. 11, 52ss.

gem da violência e do caos, da violência como "matéria sem forma", segundo uma definição de Platão. A ecologia terrestre e exterior tem uma história, que precisa se compor com a ecologia celeste e interior para a fecundidade e o progresso em harmonia.

b) O complexo ecossistema terra se equilibra no ecossistema solar, sendo o sol o nosso maior *neguentropo*, o doador de energia por excelência, o que evita a entropia, pois sua energia é nutrição à vida no ecossistema terra. O ecossistema solar é maior do que o nosso Planeta Terra; a ele estamos entregues com confiança e gratidão, e o sol, nossa estrela, é o nosso elo de comunhão com o universo inteiro, desde o seu raio que nos banha ao amanhecer.

c) O mal-afamado antropocentrismo da história não recua para um ecocentrismo ou cosmocentrismo, nem para um biocentrismo que se fecharia tristemente nos ciclos de vida e morte. Ao contrário, na comunhão com a história humana, a natureza viva se abre, avança em direção ao seu destino em plenitude que inclui a espiritualidade, os Novos Céus e Nova Terra. Nas palavras de Teilhard de Chardin, em processo de complexidade e convergência crescente. Não basta recuperar a experiência da Terra como história da vida e o universo como criação, mesmo que seja a partir de alguma explosão originária – o *big bang*. É necessário recolocar o destino da terra e do universo, portanto a *sua escatologia* – e não só a escatologia da humanidade. Novos Céus e Nova Terra não são outro céu e outra terra, mas a transfiguração última, escatológica, espiritual, deste nosso mundo em que agora vivemos. Diante das teorias da morte do universo, seja por dispersão, seja por novo retraimento através das forças de gravidade até o grande choque – o *big crunch* –, ou seja, por uma crise violenta de absorção num imenso e poderoso *buraco negro*, a partir de onde poderia hipoteticamente haver algum outro *big bang*, o desafio da fé nos Novos Céus e Nova Terra é o mesmo da ressurreição dos mortos diante da experiência empírica da morte humana: a transfiguração do universo como do corpo humano é intervenção salvadora, é a plena ação criadora de Deus, a plena criação[32].

A teologia trinitária dispõe de duas expressões que dão conta de tudo o que viemos desdobrando até aqui: a criação e a história tem uma feliz destinação escatológica no seio divino, maternal, do Criador e Salvador – é o *panenteísmo*. É importante não confundir com "panteísmo", em que tudo seria

---

32 Como ainda veremos, esta é uma afirmação análoga à que o magistério fez repetidas vezes sobre a ressurreição da carne "que agora portamos": ou ambas são possíveis, ou ambas são míticas.

parte de Deus, numa fusão ou confusão com o divino, decaindo num monismo religioso. *Panenteísmo* indica que toda a criação, e cada criatura em sua singularidade, estão "em" Deus, assim como Deus está "em" cada criatura, no interior da criação e de cada criatura singular. Como isso se concilia com nossa imagem monoteísta e transcendente de Deus? Mas, segundo a mais firme tradição cristã, interpretando a Escritura, Deus é Trindade, e em suas relações, em sua *pericorese* – cada pessoa está para a outra, a partir da outra, com a outra, na outra – ali estamos também nós: no seio da Trindade cabe o quarto, porque para Deus o ser Trindade e o ser Amor puro e sem narcisismo significa que está voltado para além de si mesmo e de suas relações trinitárias. Em seu seio se abre um espaço, um "seio", em que somos convidados a existir nutridos no mesmo amor, acalentados eternamente neste seio divino.

Isso é grandioso demais, e, no entanto, segundo a fé cristã, tudo começa na humildade da revelação: em Jesus e no Espírito Santo. Será, portanto, necessário que nos concentremos agora na experiência cristã originária, no que tem de mais específico para anunciar e contribuir para a escatologia e para a salvação das histórias e do universo inteiro: Jesus como o *Cristo universal*, e, com Cristo, o Espírito e a revelação trinitária em que cada criatura esposa o Espírito e se torna irmão e irmã de Cristo no seio do Pai.

3
O Espírito e a esposa dizem: Vem!

Jesus confessado como Cristo, o Espírito Santo experimentado como Espírito criador e messiânico, a comunidade como lugar de experiência da comunhão dos santos, do perdão e dos laços amorosos que criam o vínculo da vida eterna: esta é a plataforma e as três colunas – cristológica, pneumatológica, eclesiológica – que são o foco deste capítulo. Adiantamos nele algumas questões da salvação individual, mas para colocar o acento na comunhão dos santos. Com esta plataforma firmada sobre estas três colunas, teremos condições de avançar na ousadia de pensar e falar com convicção a respeito do que e de quem aguardamos na esperança.

3.1 Cristo, "Pão da vida descido do céu" (Jo 6,35)

A última palavra da Escritura, que é ao mesmo tempo um grito e uma proclamação abraâmica de fé, é esta: "Vem, Senhor Jesus!" (Ap 22,20b). E logo antes, referindo-se à comunidade cristã inspirada pelo Espírito de Jesus: "O Espírito e a esposa dizem: 'Vem!' Que aquele que ouve diga também: 'Vem'!" (Ap 22,17a). Cristo em pessoa é nossa escatologia. Mas não basta esta afirmação, é necessário compreender até suas últimas consequências. Só assim não permanecemos enredados numa mitologia vazia.

Como dissemos no primeiro capítulo, para a fé cristã há um círculo hermenêutico: só se compreende bem Cristo à luz da escatologia e só se compreende bem a escatologia à luz de Cristo. Que alguém como Jesus de Nazaré, filho de uma aldeia perdida que nem mesmo constava no mapa, que falava um dialeto do interior da Palestina, possa ser declarado solenemente na Vigília Pascal que "Ele é Alfa e Ômega, Princípio e Fim, a Ele pertence o tempo e os séculos", isso extrapola a antropologia e toca a teologia especificamente cristã: aquele mesmo Jesus tão humilde é confessado como Filho de Deus vivo, por meio de quem se recebe e se chega à plenitude de vida. É a confissão de fé na humanidade e ao mesmo tempo na filiação divina de Jesus que permite, em última análise, ver Jesus como figura e caminho da escatologia, porque é o Messias, o Cristo. E Cristo sintetiza em si, como pessoa, o caminho, a verdade e a vida escatológica. Nesse sentido Cristo é pão de vida eterna, e, por isso, também de ressurreição. Todo Ele, toda sua vida, suas palavras e suas formas de presença são alimento e vitalidade para transcender da terra aos céus porque Ele, em última análise, condescendeu dos céus à terra, esposando para sempre terra e céus. A exegese bíblica enfrenta caminhos tortuosos, mas, depois de tudo, esta é a conclusão. O evangelho inteiro de João poderia ser sintetizado nisso, no encontro com Jesus como encontro com a vida eterna. Como aqui se trata de teologia, é necessário acompanhar a exegese e buscar o sentido de cada passo nesse fascinante paradoxo de humildade e grandeza.

3.1.1 Cristo, Alfa e Ômega

Em primeiro lugar, tratemos de visitar alguns princípios gerais que nos oferece o Novo Testamento para depois percorrer os grandes momentos da vida de Cristo como escatologia.

a) **Unificação** – Em Jesus como Cristo a fé cristã supera a fragmentação e a parcialidade das diversas formas de messianismo e de escatologias. No Antigo Testamento, as diferentes figuras como a do Filho de Davi ou Filho do Homem ou Cordeiro de Deus etc., trazem consigo também diferentes esperanças escatológicas. Assim, ao Filho de Davi correspondia a parcialidade de uma escatologia política. Ao Filho do Homem, a parcialidade de uma escatologia de juízo e de justiça divina sobre os povos. Ao Cordeiro de Deus, a parcialidade de uma escatologia mediante o sofrimento do inocente servo de Javé. Em Jesus como Cristo, como Messias, são unificadas num único evento em processo. Unificam-se também as afirmações sobre a escatologia: todos os acontecimentos escatológicos são integrados no processo pascal de Cristo. Em sua páscoa está também a esperança firme da páscoa de céus e terra, de toda a criação.

b) **Personificação** – Embora devamos reconhecer que ao longo da história do cristianismo houve uma redução da promessa escatológica à dimensão antropológica e à dimensão espiritual – por exemplo no célebre mandato "Salva a tua alma" –, a esperança escatológica, para a fé cristã madura, não é antropocêntrica em dois sentidos:

a) Não se centraliza na preocupação do que nos espera, do que vai nos acontecer, de como nós seremos, ou sobre uma recompensa de salvação ou punição, ou ainda sobre um lugar ou se apenas um estado de alma.

b) Não são nossos esforços, nem práticos e nem especulativos, que dão a solução última de nosso futuro escatológico.

Para ambas é necessário superar o antropocentrismo por um cristocentrismo, que porta consigo uma plena antropologia, mas que é mais do que antropologia, é ao mesmo tempo teologia.

Na descrição mesma dos "conteúdos" dos últimos acontecimentos – *éschata*, as realidades últimas – o princípio hermenêutico que os unifica e potencializa é uma pessoa, é Cristo – *éschatos*, o Último. A vida e a páscoa de Cristo – sua morte e ressurreição – são afinal critérios de leitura do que nos espera e do que nós esperamos. No Antigo Testamento, segundo a experiência e a interpretação cristã posterior, as questões da morte e do tempo final são entrevistas numa espera e numa confiança ainda sem sinais suficientes. Com a ressurreição de Jesus como Cristo, a morte e os tempos finais ganham um lugar preciso na escatologia, sem mais precisar esperar o cumprimento da totalidade dos tempos. Há, em Cristo, uma antecipação. Como ainda veremos, Ele não é somente exemplo e prefiguração do que nos vai acontecer, Ele é revelado como causa divina do que nos vai acontecer. E, segundo o punho de Paulo, não somente nós, mas "a criação inteira geme e sofre as dores de parto [...] suspirando pela redenção de nosso corpo. Pois fomos salvos em esperança" (Rm 8,22.23b).

c) Antecipação – Um dos mais fecundos resultados da teologia da história centrada em Cristo, resultado que devemos em sua tese central a Wolfhart Pannenberg, é a compreensão da ressurreição de Cristo como início da escatologia, antecipação – *pro-lepsis* – do destino de toda criatura. A ressurreição de Cristo pode ser compreendida ao mesmo tempo como fato escatológico e rigorosamente histórico, o acontecimento histórico por excelência: o acontecimento final já penetrou na história, não o passado em direção ao presente e ao futuro, mas o contrário, o futuro antecipado em direção ao presente e ao passado, e seus efeitos desencadeiam escatologia na história, ascensão da história em direção à sua escatologia. Por isso o cristão já pode, no meio do caminho, celebrar a chegada. Ainda na carne mortal pode viver a ressurreição. A vida eterna já está presente, tornando-se performativa da existência cristã na terra. Dessa novidade escatológica que já penetra a história, São Paulo tira as consequências parenéticas para o modo de viver dos cristãos: viver desde já como ressuscitados. João tem a mesma lógica: a vida eterna nos é dada pelo nosso encontro com Cristo e nossa entrega a Cristo, de tal forma que a ressurreição não é causa de vida eterna mas o contrário, a ressurreição é consequência do fato de que já estamos inseridos na vida eterna do Filho de Deus, o Messias que salva.

Diante desta fundamental afirmação de essencial relacionalidade da fé cristã relativizam-se certas questões como o "estado de defunto" e o "estado intermediário" de almas separadas de seus corpos que se decompõem até o pó na espera da ressurreição final. Voltaremos a falar dessas questões e da possibilidade de recolocar e integrar melhor as informações cristãs.

d) Norma – Em conclusão, a cristologia é a norma da escatologia: Cristo é nosso Fim pleno. Aqui se deve tomar com todas as consequências a "canonicidade" de Cristo e do Novo Testamento: cânone como medida e como critério, como discernimento de revelação e de salvação. O cânone não é medida elaborada e encerrada no "passado" que aprisionaria a novidade no antigo, mas exatamente por ser ressurreição e escatologia antecipada, é cânone escatológico, canal de "advento", de onde vem o futuro. Em relação a outras crenças, não é cânone excludente, mas é a contribuição concreta e específica para o diálogo inter-religioso, e para o diálogo interdisciplinar com as ciências, pois se trata de uma especificidade altamente significativa a partir de uma experiência e de uma linguagem.

De qualquer forma, a norma, a antecipação, a personificação da escatologia em Cristo é verdadeira se houver testemunho de sua verdade: Cristo é acreditável se, na vida de cristãos, se puder verificar os sinais de sua verdade, inclusive da promessa escatológica, do "ainda não" que esperamos e de seus sinais, ainda que sempre humildes, mas "já agora".

3.1.2 *Visão pascal da escatologia em Jesus*

Não só a morte e a ressurreição de Jesus constituem sua páscoa. Em Lucas, toda a vida de Jesus, desde o nascimento, foi um caminho, uma peregrinação, como é caminho a vida cristã dos que aderem ao "Caminho", segundo os Atos dos Apóstolos. É um caminho de ascensão para o Pai. Em João e Paulo, a encarnação mesma, incluída a tremenda paixão e crucificação, é caminho de descida para os seus, que se torna caminho com os seus à elevação e comunhão com o Pai. Este caminho, estendendo ainda mais, foi começado com a criação, e continua na história da comunidade, depois da morte e ressurreição de Jesus, até a sua Parusia e a transfiguração de toda a criação em Novos Céus e Nova Terra. Voltada para a Parusia, a comunidade de Jesus clama "Vem, Senhor Jesus!" (Ap 22,20). Páscoa e escatologia se explicam mutuamente. Essa grande narrativa precisa ser aprofundada e, para não decair em mitologia, precisa ser experimentada. Vamos por partes.

a) O "Reino de Deus" como horizonte da esperança e da missão de Jesus – *O Reino de Deus é um reino escatológico,* quando "Deus será tudo em todos" (cf. 1Cor 15,28). É o reinado do *Shalom,* de paz e de comunhão, é a plena realização da promessa. Jesus viveu seus anos terrenos sob este horizonte último, viveu sob a expectativa da vinda do Reino de Deus e ensinou a orar que "venha a nós o vosso reino!" O Reino de Deus como promessa e escatologia foi o que situou Jesus dentro da história de seu povo, de Israel e de sua esperança. Lucas e Mateus ampliam esta história para todos os povos, e João e Paulo ampliam para o universo. No primeiro século cristão, enfrentando um mundo ameaçador, os discípulos, desde os mais próximos a João e Paulo, insistiram que a fé e a esperança permanecem inabaláveis para quem olha para Cristo "Cabeça do universo e da Igreja" (cf. Ef 1,3-14), plenitude da criação (Cl 1,15-20).

Há uma verdadeira conjunção entre as histórias e o tempo de Jesus, que é interpretado como amadurecimento e "plenitude dos tempos" (cf. Gl 4,4). Portanto, segundo o Novo Testamento, a história de Jesus se enraíza inteiramente na história de Israel e dos povos, e inclusive na história da criação, como razão e coroa. Não há uma história sagrada ou da salvação paralela à história dos povos e do universo. O Reino de Deus é o que "vem" para abrir o futuro de todos os povos, do universo inteiro, e Jesus é posto entre a história e o reino que vem. Assim se compreende e se situa Ele mesmo e sua missão.

Jesus agiu e ensinou como viveu: sob o horizonte do reino que vem e em clima de esperança do reino. Sua missão foi provocada pela aproximação do reino, de tal forma que há uma ligação profunda entre a esperança firme de Jesus no reino e suas ações. Estas se tornam sinal e antecipação do reino escatológico que se aproxima e se torna presente exatamente em sua missão e pessoa. Por estes sinais – as ações de Jesus e sua mesma pessoa – o reino não só vem, mas está no meio da história.

No tempo de Jesus fervilhavam expectativas escatológicas e expressões apocalípticas. Jesus, por um lado, acalma com critérios simples os exageros apocalípticos: o reino não vem com espetáculos terrificantes. Mas, por outro lado, chama ao despertar e à vigilância para o que vem. A vigilância não é vazia, não é uma vigília insone, mas se concretiza com certos conteúdos práticos próprios do reino que vem: os administradores devem aguardar o Senhor cumprindo seu serviço e não maltratando os outros que estão na casa; o bem feito ao pequenino é já o conteúdo do juízo escatológico. O cuidado com os mais frágeis mantém vigilantes como a mãe que cuida e ao mesmo tempo aguarda a saúde de seus pequeninos. Os sinais do reino escatológico no presente são de caráter ético e não espetaculares. Esse é o ensinamento de Jesus, coerente com suas ações e sinais escatológicos, ao mesmo tempo humildes e com conteúdo de plenitude.

O Novo Testamento, incluído Jesus e as comunidades cristãs, é uma história à luz da escatologia, é uma forma de estar e atuar no mundo à luz da escatologia, aproximação e chegada do Reino de Deus. Como tal, o Novo Testamento é "canônico" na nossa relação entre história e escatologia. Em conclusão, a vida histórica de Jesus e sua missão sob a esperança da vinda do Reino de Deus são um primeiro momento necessário e prático na "norma" da escatologia cristã: vive-se a esperança firme da escatologia no seguimento prático de Cristo.

b) A cruz e a morte de Jesus como juízo profético – *A morte de* Jesus é o final violento de sua missão, com uma violência produzida pelas forças diabólicas da história humana. À primeira vista foi vivida como ruptura e fracasso de sua missão e, consequentemente, de sua esperança na vinda do reino escatológico. Foi certamente uma ruptura com a forma tradicional de experimentar a aproximação de Deus e de seu reino com poder. A cruz e a morte de Jesus revolucionam completamente a experiência de aproximação escatológica do Reino de Deus – aproximação sem entrar no antagonismo dos poderes, sem que o ser de Deus e o seu modo de reinar sejam "potência" comparável às potências do mundo. E a cruz e morte integram a esperança e a missão de Jesus numa radicalidade escatológica: dar a vida amando até o fim (cf. Jo 13,1). A cruz apresenta assim um lado negativo e outro positivo:

Em primeiro lugar, negativamente, a morte de Jesus, assim como é narrada pelos evangelhos, é um desmascaramento e uma denúncia do mal, da iniquidade que pode estar encoberta até nas instituições mais sérias e sagradas. Torna-se então um juízo e um exorcismo: "Agora é o juízo deste mundo, agora o príncipe deste mundo será jogado fora" (Jo 12,31). Se na história o mal tende a se justificar e a se encobrir de muitas maneiras, na cruz de Jesus aparece desnudado obscenamente. A narrativa da paixão e morte de Jesus não é uma narrativa de herói grego que através da tragédia traz benefícios, mas em primeiro lugar é a revelação do que há por trás do palco: não só Pilatos faz a grande cena de lavar as mãos, mas aparece Herodes, a raposa atrás da cena unindo as partes em conflito, e os chefes dos sacerdotes em conluio e campanha junto às massas. Na cruz aparece plenamente o mal como "mal". A cruz é critério para impedir qualquer legitimação do mal e para denunciá-lo profeticamente. A luta de Jesus contra o antirreino e seus exorcismos de todo tipo de mal se agudizam na cruz e na sua morte.

Em segundo lugar, agora positivamente, a morte de Jesus revela a forma de consumar a vida: dar a vida como amor. Revela, por isso, a presença e a potência de Deus, sem recorrer a analogias com os poderes pervertidos do mundo, pois o Reino de Jesus não é a mesma estrutura do reino de Pilatos. Pelo contrário, no choque dos poderes contra Jesus, seu poder é seu amor e fidelidade sem violência, como "atração" *(filia)*: "Atrairei todos a mim" (Jo 12,32). Por isso, a cruz que, para além do horror do mal absoluto, atrai como maior testemunho de amor já é glória, testemunha visível do amor definitivo de Deus e do seu real poder. A cruz integra assim o Reino de Deus, é sua forma paradoxal e derradeira de se aproximar como amor e dom de vida.

Enfim, a morte de Jesus é um juízo profético sobre a morte do cristão: a morte tem sentido se a vida for consumida no amor. A morte será então consumação do amor. A morte de Jesus é ainda profecia sobre o ódio, sobre as violências e as dores que produzem a morte em sua humilhação maior – ser morto inocentemente sob a execução de quem decreta e deseja a morte e a extinção. Por isso o martírio será o mais alto testemunho de Cristo. Quem seguir Jesus na vida segui-lo-á também na morte, no martírio. Mas na cruz se glorifica a fidelidade e a vitória do amor. É possível morrer, por pior que seja a morte, amando e dando a vida. Assim, na cruz e na morte se encontra o escatológico Reino de Deus.

c) A ressurreição e a glória de Jesus como juízo apocalíptico – Como na história da crucificação sublinhamos apenas o seu sentido escatológico, também aqui não nos detemos na exegese e na interpretação cristológica e teológica da ressurreição, mas somente no seu sentido escatológico e na sua linguagem apocalíptica.

Em primeiro lugar, a ressurreição de Jesus, finalmente reconhecida e anunciada sob a moção do Espírito Santo, é uma nova ruptura, desta vez com a morte como derrota e fim. É demonstração da fidelidade à vida e ao amor por parte de Deus, Pai de Jesus que o chama da morte e o revela como figura performativa da vida e do destino dos que seguem Jesus. É a justiça de Deus para além da justiça precária, sempre incompleta e frequentemente injusta, dos humanos, pois é justificação e glorificação da vítima e do inocente. É, afinal, um juízo definitivo, escatológico, positivo, em que se contempla a glória de Deus resplandecente na face de Cristo (cf. 2Cor 4,6).

A linguagem da ressurreição é tipicamente apocalíptica, elaborada com metáforas porque não cabe nem na linguagem do cotidiano e nem na linguagem científica. Pois, de *per si*, é o acontecimento último, para além de toda analogia histórica, que recapitula a história. É acontecimento "holístico", totalizante, da história como salvação. E, no entanto, recorrendo à lição de Pannenberg, acontecimento em *prolepsis* – em antecipação – não só como revelação da escatologia, mas como novo começo de história e da criação a partir deste acontecimento escatológico. Na ressurreição de Cristo acontece a suprema "inversão" entre causa e efeito na história: a causa está na escatologia. A partir deste acontecimento escatológico o olhar é elevado a uma condição panorâmica, se vê e se julga bem toda a história, inclusive suas contradições e fracassos. A glorificação de Cristo permite que se faça um juízo último sobre quem vence e quem perde. Assim, por causa da ressurreição de Cristo, São Paulo pode ver cumprida a profecia de Oseias, de que Deus não deixaria o justo se corromper definitivamente na morte, mas o salvaria antes do desastre sem volta (por isso ao terceiro dia! Cf. Os 6,1-6), e que dá motivo para um verdadeiro *risus paschalis*: "Onde está, ó morte, a tua vitória?" (1Cor 15,55). A morte, a grande inimiga, já não assusta, pode-se sorrir[33].

Morrer e ressuscitar para uma plena vida sem precisar mais morrer nem se enclausurar num ciclo infindo de mortes e renascimentos: o Novo Testamento afirma, nesta páscoa única, a passagem do velho ao novo ser humano, do velho ao novo tempo, do *"éon"* antigo ao novo e pleno *"éon"*. Nasce da páscoa de Cristo a concepção cristã do tempo. O tempo "velho", abolido na páscoa, é o tempo constituído pela "lei do pecado e da morte" (Rm 8,2) – os "esquemas" (*schémata*) decadentes do velho mundo, do reino deste mundo e do príncipe deste mundo. O tempo "novo", trazido pela ressurreição, é o tempo em que vigora a "Lei do Espírito da vida em Cristo Jesus" (Rm 8,2), tempo da nova

---

33 *Risus paschalis* é o nome que foi consagrado por um aparente estranho costume, no final da Idade Média e começos da Idade Moderna, de contar piadas sobre a morte ou até mesmo fazer alguma encenação graciosa sobre o corpo na manhã da Páscoa em plena celebração festiva, de tal forma que a comunidade toda deveria ter a licença e até ser incentivada a rir na igreja no dia da Páscoa. Tal costume desapareceu quando se tornou inconveniente por decair em exageros e polêmicas. Cf. SUSIN, L.C. O riso pascal. *Família cristã*, vol. 65, 1999, p. 44-45. São Paulo.

existência cristã, tempo da graça, da reconciliação, da liberdade, da comunhão sem impedimentos, da hospitalidade sem muros, onde não há grego ou judeu, homem em antagonismo com a mulher, mas somente irmãos e irmãs (cf. Gl 3,28). A comunidade em que a fraternidade e a vida no Espírito superam todas as barreiras e se tornam universais, verdadeiramente católicas, será o sinal da vida nova e do tempo novo estendido universalmente, como vida escatológica, realização do Reino de Deus.

O apocalipse do Novo Testamento se diferencia de todo outro apocalipse neste ponto específico: já no *interior* do velho tempo e dos velhos sistemas de pecado e morte, começou o novo tempo, e o futuro escatológico pode já ser vivido em sinais claros. Os "restos" do velho tempo estão aí apenas testemunhando que são algo "já velho", já passado. Estes restos são como que – tomando emprestado o conceito de Karl Rahner ao falar sobre o que resta da natureza fora da ação da graça – um *Restbegriff*: um conceito vazio e superado a ser mantido para contrastar e lembrar com mais clareza a respeito da novidade do que é novo e reina soberano. Apesar do mal, o bem já venceu. A maldade, mesmo ao tentar passar por bem, não tem a altura da bondade. A páscoa de Cristo revela tudo isso e coloca à nossa disposição a mesma experiência antecipadamente. Por ela podemos pautar nossa história, inclusive reformar o nosso passado.

A palavra-chave da dinâmica do tempo no Novo Testamento é "aproximação": o advento se tornou presença, a graça e a salvação já atuam hoje. A expressão é recorrente: "está próximo", "aproximou-se", "já está no meio de vós" etc. O presente está invadido e caracterizado não mais pelo passado, mas pelo futuro, ou seja, a ressurreição dos mortos, a redenção do corpo e o resgate da criação para a vida eterna. É necessário repetir o ensinamento joanino: nós não ressuscitaremos para então termos a vida eterna, mas, pelo contrário, nós já temos em nós o dom da vida eterna, e por isso ressuscitaremos. Há uma inversão de causa e efeito também no cristão por obra da ressurreição de Cristo e da incorporação do cristão a ela.

A forma de experimentar o tempo a partir da ressurreição e da escatologia, na fé cristã, não esvazia a seriedade do presente e nem a verdade das outras formas de constituição do tempo, mas anuncia uma novidade absoluta que é boa – evangélica – e confere uma responsabilidade definitiva, na liberdade diante da graça e na atuação presente a partir do futuro trazido ao presente.

d) "Vem, Senhor Jesus" – Parusia e juízo de Jesus – No capítulo 6 trataremos com mais extensão e profundidade de um dos elementos-chave da doutrina tradicional dos Novíssimos: o Juízo. Então vamos retomar a chave cristológica de interpretação para superar fantasias míticas e concentrar o juízo no que mais importa: o juiz. O cristão está voltado para o último capítulo da cristologia, que ainda não aconteceu em sua totalidade. Esse capítulo se chama Parusia de Cristo, a sua vinda em plenitude de glória. Com Ele é que devem ser pensados os demais elementos do juízo divino, da unidade entre juízo "particular", a justiça a cada criatura, e o juízo "universal", de todos juntos, de comparecimento e com-aparecimento – parusia – de todos a todos.

A crença em um juízo divino sobre vivos e mortos, sobre a história e a criação, é antiga como a humanidade. No entanto só será cristã se for pensada a partir de Jesus de Nazaré, seus juízos e seus critérios. A narrativa da ascensão, e os títulos que derivam deste campo semântico, como arrebatamento, transfiguração, exaltação, glorificação, e sobretudo senhorio – pois, como já nos referimos, Ele é Senhor do sábado, assim como é Primogênito e Senhor dos mortos –, se forem mantidos na conexão com seu ensinamento e ações terrenas, ajudarão a acalmar as fantasias e tornar robusta a fé tipicamente cristã no juízo divino. Trata-se de evangelizar a crença no juízo. Voltaremos ao assunto.

3.2 O Espírito e a Esposa (Ap 22,17): a comunhão dos santos no Espírito Santo

A escatologia cristã é corretamente compreendida se houver nela a relação essencial entre pneumatologia e eclesiologia com cristologia. Como vimos em Rm 8,2, a contraposição da lei do espírito não é a lei da matéria ou do corpo ou da física, mas a lei do pecado e da morte. Em outras palavras: o contrário do espírito não é a matéria, mas a morte. Sem espírito não há vida. Sem a vida que é o Espírito Santo, o próprio Cristo se torna um herói mítico e a sua escatologia um desejo fantasiado que não pode ser passado aos seus seguidores, pois o desejo em si não cria a realidade desejada, como bem observava o agnóstico cientista Carl Sagan. Mas para além de Sagan, para quem porta uma experiência do Espírito, trata-se do contrário: a realidade experimentada, ainda que somente vislumbrada ou ligeiramente saboreada, é que suscita o desejo.

O Espírito também é quem supera a dicotomia e as tensões ou até conflitos abertos entre indivíduo e comunidade. O Espírito é não só a união dos membros da comunidade, da Igreja, mas é criador, já agora, da comunidade escatológica que professamos na terceira parte do Credo, junto ao perdão e à ressurreição: a comunhão dos santos, dita também de outra forma: a santificação em comunhão.

O Espírito, com o Pai, está na origem da ressurreição de Jesus e de sua filiação divina. É o que Paulo confessa solenemente ao começar a sua carta aos romanos apresentando-se como apóstolo do Evangelho de Deus, "que diz respeito a seu Filho, nascido da estirpe de Davi segundo a carne, estabelecido Filho de Deus com poder por sua ressurreição dos mortos segundo o Espírito de santidade" (Rm 1,3-4a). O Espírito santifica não separando do corpo, mas separando o corpo da morte. Santidade é sinônimo de vida.

O esquecimento da pneumatologia nos tratados tradicionais de escatologia é causa de distorções muito graves: a ação escatológica de Cristo se torna uma mitologia de herói grego. Paralelamente se perde a dimensão comunitária da escatologia – a comunhão dos santos – embora tenha sempre resistido na profissão do Credo da Igreja e como experiência de comunhão na forma de invocação e a intercessão. No entanto, ficaram apenas efeitos fragmentados e sem profundidade teológica[34].

3.2.1 Espírito Santo, "primícia" e "penhor" da santidade e da glória

Uma breve introdução de teologia trinitária convém aqui. O Espírito é digno de ser reconhecido e de receber "a mesma adoração e a mesma glória" do Pai e do Filho: assim é proclamada a ortodoxa fé da Igreja no Espírito. Então, em primeiro lugar é necessário o pressuposto da igual importância entre cristologia e pneumatologia, que reconheça a igualdade não só das pessoas divinas, mas também da importância da ação na história, cada pessoa segundo o que lhe é próprio. É verdade que foi somente o Filho que se encarnou e fez história: Jesus é o Messias e é o Filho. Mas o Espírito possibilita o Filho ser Cristo, possibilita Jesus cumprir seu messianismo. O Espírito é "Espírito messiânico", empenhado na mesma e única obra trinitária de criação, de redenção e de santificação. O Espírito não porta uma espiritualização abstrata, é Espírito de encarnação. O Espírito fecunda os tempos e o ventre de Maria, porta Jesus pelo deserto, impulsiona sua missão, é o poder de suas ações, sustenta a entrega da paixão, potencializa a vida nova na ressurreição: no Espírito Jesus é Cristo. Assim, antes mesmo de confessarmos que Ele é o Espírito de Cristo, é necessário confessar o contrário, que Jesus é o "Cristo do Espírito".

Em segundo lugar, o Espírito fecunda e possibilita a Igreja nascente, fazendo-a crescer, superar barreiras e se universalizar. É a fonte da superação de

---

34 Sobre os problemas aqui assinalados, sobretudo observações críticas a respeito da lacuna pneumatológica e eclesiológica da escatologia, cf. BORDONI, M. & CIOLA, N. *Gesù nostra speranza* – Saggio di escatologia. Bolonha: EDB, 1991.

Babel por Pentecostes, das cidades de Caim pela Cidade Santa, Nova Jerusalém. Enfim, a história é história de Cristo porque o Espírito faz germinar as sementes do Verbo, suscita adesão e incorpora à comunidade de Cristo, cria a Una, Santa, Católica e Apostólica assembleia dos santos.

Assim, o Espírito, na típica experiência cristã, não retira da história terrena para espiritualizar, não "desencarna", como já sublinhamos. Ao contrário, fecunda a história, engaja, compromete, provoca o testemunho coerente até o martírio, até a morte. É Espírito de encarnação, e age na imanência da história, abrindo-a e levando-a à transcendência que apenas vislumbramos por humildes sinais. Resistir nas perseguições, comparecer a tribunais e ser martirizados pela fé e pelo Reino de Deus, estes são sinais poderosos ao modo de Cristo.

Assim o Espírito salva a história de seu fechamento na imanência e na decadência, abrindo-a continuamente a partir de dentro da sua imanência à transcendência, resgatando-a de si mesma para dimensioná-la como caminho para a escatologia. Por isso o Espírito, dentro da história, é "Primícia" (*aparchén*) e "Penhor" (*arrabón*), ou seja, uma antecipação e uma garantia, caução ou prenda adiantando o dom pleno: "Fostes selados (marcados) pelo Espírito da promessa, o Espírito Santo, que é o penhor da nossa herança" (Ef 1,13b-14a). Assim, nos labirintos da existência histórica, se pode ter a antecipação e a certeza da glória futura prometida. São Paulo, que aplica a Cristo ressuscitado pela potência do Espírito a analogia da "Primícia" – primeiro fruto da terra recolhido e oferecido no templo – da mesma forma se alegra com a comunidade que goza das "Primícias" do Espírito, tornando-se ela mesma uma Primícia do Reino de Deus. É esta *Primícia,* começo de uma colheita, que faz desejar o resgate de nossos corpos mortais (cf. Rm 8,23), pois aquilo que começa no Espírito encontra sua plenitude no corpo glorificado, na salvação da matéria.

O Espírito, derramado em toda carne que se abre à santificação, é a Pessoa que faz de todas as pessoas uma só pessoa, constituindo assim a maravilha da "pessoa comunitária". Não começa e nem se reduz a aspectos institucionais e jurídicos, mas é antes uma experiência viva: O Espírito in-habita as pessoas, constitui teologicamente as pessoas, torna-se uma imanência teológica – *intimior intimo meo,* segundo Agostinho: alteridade mais íntima do que a minha intimidade – para incorporar num único corpo, o Corpo comunitário, universal, de Cristo. Não é correto, pois, pensar a in-habitação de modo individualista, como se o Espírito habitasse cada um em separado num misticismo fechado. Habita cada pessoa exatamente enquanto a insere na pessoa total de Cristo, cujo corpo são todas as criaturas que pertencem à história de Cristo. Será desta forma que poderemos pensar corretamente a ressurreição dos mortos: como incorporação ao Corpo de Cristo, operada pelo Espírito que "santifica", ou seja, "separa" da decadência e da corrupção através desta incorporação a Cristo.

A "santificação", que em teologia trinitária é dita como "apropriada" ao Espírito "Santo" – santificação exercida pelo Espírito Santo –, foi chamada, na tradição teológica da Igreja, de "graça santificante", como também graça ou vida sobrenatural, participação na natureza divina, enfim divinização. Houve o problema de perda da dimensão histórica e mundano-cósmica desta "santificação". Hoje se prefere termos adequados à antropologia das relações históricas, pessoais e de comunhão: o Espírito nos torna irmãos, discípulos e amigos de Cristo, filhos e filhas de Deus. O Espírito conduz à verdade plena e à glória, à plena manifestação de nossa vocação, do que verdadeiramente somos (cf. Jo 16,13). É ele mesmo a luz da glória na qual todas as criaturas com Cristo glorificam o Pai: "Na escatologia é também o Espírito Santo que age: glorifica o Pai com o louvor que sai da boca de toda criatura libertada pelo senhorio de Cristo. O Pai é quem recebe: do Filho recebe o reino, do Espírito recebe a glória"[35].

É o Espírito como "Primícia" que possibilita viver antecipadamente a novidade escatológica nas relações comunitárias. No Novo Testamento, o anúncio da história de Cristo ressuscitado é seguido por um gesto corporal de inserção em Cristo, que é o batismo, e pela exortação a viver a nova vida, a ser criaturas novas, ou seja, a viver espiritualmente, segundo o Espírito. O batismo, portanto, mais do que sinal de cura e conversão, de renúncia ao pecado – o que não deixa de ter a sua verdade – é positivamente, graças ao Espírito – a inserção e antecipação da vida nova e começo da glória na incorporação ao Corpo comunitário de Cristo. Não é autêntica uma vida cristã que não seja também uma vida aberta e inserida em comunidade. E este sinal se torna profético, embora difícil, nesse tempo de exacerbado individualismo até mesmo religioso.

3.2.2 A comunhão dos santos: sua altura, profundidade e extensão

Convém, em primeiro lugar, distinguir, na linguagem corrente, entre evocação e invocação. É uma questão de definição de termos e de clareza conceitual. A evocação dos espíritos foi por diversas vezes repreendida pela experiência da Igreja, como pela própria Escritura[36]. Pois, em seu acento ritual ou simbólico, é uma forma de manipulação e de exploração, uma violação da alte-

---

35 MOLTMANN, J. *Trínità e Regno di Dio* – La dottrina su Dio. Bréscia: Queriniana, 1983, p. 106.
36 Cf., p. ex., no AT: Dt 18,10-14; Ex 22,17; Lv 19,31; 20,6.27; 1Sam 28,3-25; 1Cr 10,13-14. Para o NT, cf.: At 13,6-12; 16,16-18; 19,11-20.

ridade. Se já é violência manipular os vivos, mais ainda é manipular os mortos como se eles estivessem à nossa disposição. Portanto trai uma vontade de domínio do sagrado, do que está no âmbito intocável e indisponível – características do sagrado – e se torna uma violação da alteridade sagrada dos mortos[37].

No entanto, a invocação e a intercessão estão fortemente enraizadas na tradição cristã e consagradas pelo culto. Aqui vale de modo particular o princípio *"Lex orandi, lex credendi"*: O que nos ensina o longo e arraigado costume de invocar e pedir intercessão? Contra o purismo, sobretudo contra a tendência de negar mediação aos santos por uma compreensão reducionista e excludente da mediação de Cristo, a Igreja, por um lado, tem sua profissão de fé na única intercessão e mediação de Cristo, mas, por outro lado, compreende que essa mesma intercessão e mediação de Cristo não é excludente e mesquinha, é inclusiva e generosa, gera participação orgânica para todo o Corpo de Cristo. Por isso é participada pelos santos, por todos na comunhão com todos, e até mesmo por todas as criaturas, segundo a única e indivisível bondade do Criador[38].

A invocação e a intercessão se fundamentam na experiência eclesial da comunhão dos santos. Do ponto de vista antropológico mantêm a liberdade e a gratuidade devidas ao respeito para com a alteridade sagrada. Ainda do ponto de vista antropológico, a redução da escatologia a um evento individual, sem o nexo intrínseco com a relação de comunhão, e a cultura moderna do

---

37 Para um exame das declarações do magistério, cf. DS 2823-2825; 3642. Em 1856 e em 1917, diante do espiritismo que ressurgia com traços de racionalidade moderna, o magistério se caracterizou por declarações sóbrias e bem precisas. O próprio Concílio Vaticano II, ao receber pressões de muitos participantes preocupados com o crescimento da teoria da reencarnação e da evocação dos espíritos, só aludiu a isso de forma muito indireta, em meia frase: "Uma vez terminado *o único percurso* de nossa vida terrena..." (LG 49). Nos trabalhos do Concílio Vaticano II, a um pedido de esclarecimento de alguns bispos, uma comissão especial definiu assim a "evocação dos espíritos": "qualquer método com o qual se procura provocar com técnicas humanas uma comunicação sensível com os espíritos ou almas para obter notícias e ajudas diversas" (Doc. sobre problemas atuais de escatologia, da Comissão Teológica Internacional, n. 7.2) A "evocação", no entanto, é um fenômeno mais amplo do que se imagina, tem uma estrutura de busca de poder através do saber, não é apenas manipulação ritual. Há "evocações" diretas a Deus, tentativas de manipulação e violação também de ordem intelectual e doutrinária, de ordem jurídica e institucional etc. como exorbitância de saber ou de poder, atribuindo-se direitos divinos ao que na verdade pode ser muito humano, autoatribuição de poder em nome de Deus.

38 Assim, no contexto da intercessão de Maria, o Concílio Vaticano II esclarece: "A Bem-aventurada Virgem Maria é invocada na Igreja sob os títulos de Advogada, Auxiliadora, Protetora, Medianeira. Isso, porém, se entende de tal modo que nada derrogue e nada acrescente à dignidade e eficácia de Cristo, o único mediador. Com efeito, nenhuma criatura jamais pode ser colocada no mesmo plano com o Verbo encarnado e Redentor. Mas como o sacerdócio de Cristo é participado de vários modos, seja pelos ministros seja pelo povo fiel, e como a indivisa bondade de Deus é realmente difundida nas criaturas de modos diversos, assim também a única mediação do Redentor não exclui, mas suscita nas criaturas uma variegada cooperação que participa de uma única fonte" (LG 62).

indivíduo, recalcaram a sensibilidade pela comunhão dos santos. E nesse ponto, como em outros, o esquecimento favorece o reaparecimento em forma de heresia e exagero, como é o caso da evocação. A verdade e a vivência da comunhão dos santos, vivida nas relações cotidianas de uma comunidade de carne e osso, podem corrigir as especulações espiritualistas sem cometer violação dos mortos, exatamente por serem queridos e amados. Pelo contrário, trata-se de uma forma profunda de comunicação na mais pura graça e gratuidade, e uma forma de comunhão que é já consolação junto com o devido respeito[39].

a) Comunhão dos santos – Eclesiologia e escatologia na *Lumen Gentium* – O Concílio Vaticano II explicitou as afirmações da fé cristã com caráter escatológico sobretudo em dois documentos, *Lumen Gentium* e *Gaudium et Spes*. Como no caso da mariologia, recusou-se a elaborar um documento à parte, para integrar a escatologia à comunidade (LG), à criação e à história (GS)[40].

O Concílio, com seu critério de volta às fontes das Escrituras e do ensinamento patrístico, recupera a dimensão comunitária e eclesial da escatologia e a dimensão escatológica da comunidade e da Igreja. No esquema *De Ecclesia* que precedeu a *Lumen Gentium* esta perspectiva escatológica não estava ainda presente. Na *Lumen Gentium,* porém, o cap. VII se chama "índole escatológica da Igreja peregrinante e sua união com a Igreja celeste". Finalmente o cap. VIII, sobre Maria, acentua a personificação e a configuração escatológica humana em Maria: Maria é a figura antecipada da condição escatológica da Igreja e da humanidade. Mas no conjunto do documento, já o cap. V começa por tratar da vocação universal à santidade, passando pelo cap. VI, em que os religiosos são vistos como um "sacramento da escatologia" – testemunhas do reino definitivo.

A coerência interna do documento faz concluir que a eclesiologia, a comunidade cristã, é o *lugar* da escatologia assim como a fé cristã a compreende, mas também que a escatologia é o *horizonte* no qual se compreende a eclesio-

---

39 Em tempos de luto, quando a dor e o vazio da perda das relações cotidianas inclinam para a depressão, a tentação de recorrer a fórmulas de evocação pode se tornar grande, e de fato é o que acontece sobretudo diante de desaparecimentos de jovens ou repentinos. Santo Agostinho, em suas *Confissões,* lembra que o repentino desaparecimento de seu grande amigo de adolescência o fez perder até a vontade de viver, e o que era alegria se converteu em dor e aborrecimento, "os meus olhos indagavam-no por toda parte, e não me era restituído. [...] e ninguém me avisava: 'ali vem ele!', como quando voltava ao encontrar-se ausente" (*Confissões* IV, 7-11).

40 João XXIII tinha convocado o Concílio para ser uma renovação pastoral da Igreja. Mas no discurso de abertura da segunda sessão, no ano seguinte, o novo papa, Paulo VI, deixou claro que para isso o Concílio precisava considerar e apresentar de forma renovada e atualizada a teologia da Igreja Católica nos seus diversos documentos. Por isso não há tratados sistemáticos de teologia, eles estão lá onde há necessidade de sustentação da renovação e ação pastoral da Igreja.

logia, a autêntica comunidade cristã, peregrina e cidadã de uma cidade que ainda está por vir.

Da mesma forma, na orientação global do documento *Gaudium et Spes*, ao tratar das realidades terrestres, da dignidade das pessoas e comunidades, da atividade humana, da cultura, da economia e da política, o Concílio mantém continuamente uma tensão entre a autonomia e a responsabilidade por um lado, e por outro a destinação última, escatológica, da história do mundo. Assim, em conclusão, lembra que é preciso ao mesmo tempo "construir o mundo e levá-lo ao seu Fim, na esperança de que sejamos recebidos na paz e na felicidade suprema, na pátria que brilha com a glória do Senhor" (GS 93).

b) Comunhão dos santos: fonte bíblica – Na Escritura, cada indivíduo é visto como membro de um povo, de um corpo. Não se trata de uma grosseira visão coletivista sem rostos e nomes individuais. Mas a Escritura testemunha um estágio ainda tribal, de clãs com nomes de um ancestral, como é o caso emblemático das doze tribos de Israel. A matriz tribal da sociedade contém uma verdade humana que se perdeu com o individualismo moderno e que os antropólogos correram para se reapropriar. Mas, evidentemente, as condições sociais, seus contextos, não permitem uma fórmula única de vida em sociedade. É importante, no entanto, observar que a exacerbação do individualismo, em que o indivíduo se põe acima da comunidade, é algo extremamente recente e não está enraizado por toda parte. A incorporação em uma comunidade, que foi chamada de "personalidade corporativa" ou, ultimamente, em termos já trinitários, de "Pessoa comunitária" ligada à experiência do Espírito – que é a Pessoa que faz de muitas pessoas uma Pessoa comunitária – é um dos elementos mais originais também do Novo Testamento.

Os autores do Novo Testamento, sobretudo Paulo, são conhecedores da sabedoria religiosa grega, e sabem da salvação da alma individual que domina a espiritualidade de cunho mistérico e gnóstico. E insistem exatamente na diferença da forma de salvação cristã: a salvação corporal e corporativa, em que a comunidade é ao mesmo tempo sujeito e conteúdo escatológico: A comunidade é quem salva (sujeito). E a comunidade é que é salva (conteúdo).

No Antigo Testamento, a promessa e a esperança pertencem a um povo, ainda quando é de caráter intra-histórico, como prosperidade, terra, posteridade, paz social, vida longa. Após o exílio, até mesmo a ressurreição é sempre ressurreição de um povo. O indivíduo, como no caso da vida pessoal dos profetas, percebe seu destino pessoal integrado ao destino do povo. E o messias, na concepção geral do Primeiro Testamento, desenvolve uma ação de mediação e ligação entre o povo e a sua escatologia.

O Novo Testamento torna esta ligação ainda mais evidente e ampla, sobretudo ampla: a comunidade eclesial – assembleia eleita, convocada – é comunidade escatológica que nasce do evento cristológico, da páscoa de Cristo. Está assim inserida na mesma páscoa. Por isso o "sujeito" que carrega consigo a promessa e, de alguma forma já a vive antecipadamente graças à páscoa de Cristo, é a comunidade, e os indivíduos quando estão inseridos na comunidade. Mas a comunidade não é só sujeito que porta em si a promessa escatológica. É também objeto, ou seja, conteúdo da escatologia: O projeto de Deus não se reduz a Cristo na parusia, mas quer a integração glorificada de toda a humanidade e da criação, da qual a Igreja, a comunidade de Cristo, é *sacramento*, sinal e Primícia comunitária. É o que não cansam de celebrar os hinos do Novo Testamento. A salvação última de cada indivíduo está na comunidade dos redimidos.

Como conclusão, a fidelidade à Escritura exige que cada enunciado escatológico deva evidenciar Cristo no centro, mas sempre junto a Ele a Igreja, a comunidade, como sujeito e como conteúdo. Sem isso se obscurece a história de Cristo e a ação do Espírito, pois se perde o lugar sacramental da escatologia.

Os primeiros pastores e pais da Igreja, em tempos difíceis para a comunidade eclesial, insistiram nessa plataforma comunitária da salvação. Um exemplo cabal se encontra no tratado sobre a unidade da Igreja, escrito por São Cipriano, bispo de Cartago na iminência de uma grande perseguição à Igreja – na qual ele mesmo acabou sendo martirizado – e que, preocupado com deserções e buscas de subterfúgios, é contundente:

> Aquele que, afastando-se da Igreja, vai juntar-se a uma adúltera, fica privado dos bens prometidos à Igreja. Quem abandona a Igreja de Cristo não chegará aos prêmios de Cristo. Torna-se estranho, torna-se profano, torna-se inimigo. *Não pode ter Deus por Pai quem não tem a Igreja por mãe.* Como ninguém se pôde salvar fora da arca de Noé, assim *ninguém se salva fora da Igreja* (*Sobre a unidade da Igreja*, I, 6,2-3).

Cipriano ainda compara a Igreja a uma única fonte de luz com muitos raios, a uma frondosa árvore com muitos ramos, a riachos que, mesmo correndo em muitas direções, estão unidos por uma única fonte: não subsiste o raio sem a fonte de luz, nem o ramo cortado da árvore, nem o riacho sem a fonte. Ele passa assim os atributos que o Novo Testamento dava em primeiro lugar a Cristo, agora também à Igreja. De sua pena ficou o famoso axioma "fora da Igreja não há salvação", que no decorrer da história do cristianismo se tornou um fundamento jurídico para uma obrigatória pertença institucional e para falta de esperança de quem morresse sem batismo. Mas se hoje, em sintonia com a análise que o Papa Francisco faz da cultura e da civilização contemporânea, que ele intitula de "Crise do compromisso comunitário" (*Evangelii Gaudium* II) a afirmação da dimensão comunitária da salvação, de forma viva e experiencial, o retorno às origens deste axioma em São Cipriano ganha um sentido profético e pastoral: Fora de uma comunidade ou fora de relações humanas autênticas não há salvação.

c) Salvação individual – sua verdade e sua distorção – O magistério da Igreja, no entanto, afirma também claramente a escatologia individual, doutrina que tem também raízes bíblicas, no período final do Antigo Testamento e, sobretudo, no Novo Testamento. Paul Tillich, analisando a fé e a cultura no Ocidente, afirma que a preparação individual da consciência para comparecer diante do juízo do confessor, a penitência e os escrutínios individuais dos monges, o exercício do exame de consciência e a busca de méritos individuais, tudo isso, já na Idade Média, preparou o advento da individualidade moderna[41]. Outros põem mais atrás, no influxo da antropologia grega, dualista e platônica, com Pitágoras na sua origem, a obsessão pela salvação da alma individual. Havia cultos populares no Império Romano que já estavam enraizados na "salvação da alma". Autores que prestam mais atenção ao magistério da Igreja, no entanto, localizam a consagração do acento unilateral da "salvação da alma" no início do segundo milênio, nas discussões entre gregos e latinos sobre o juízo divino ao qual se deve comparecer e o estado das almas após a morte.

Os gregos acentuavam então um único juízo, o juízo final e universal. Com a morte individual, o homem permaneceria num estado de "espera", que adquiriria a qualidade de espera "purificatória", na forma como os orientais concebiam o purgatório, o que veremos adiante. Para os gregos a alma sem o corpo é uma pessoa incompleta, e a felicidade também não poderia ser completa.

Os latinos acentuavam, no entanto, a morte como entrada na situação definitiva: ou salvação imediata (*mox*) com o eventual purgatório, ou condenação imediata (*mox*). Não haveria um estado intermediário de espera. A definitividade e a imediatez acentuam um juízo particular de cada morto, acentuando também a situação de "estado intermediário" entre os dois juízos, o juízo particular de cada alma, e o juízo final e universal com a parusia de Cristo e a ressurreição dos mortos.

Essa controvérsia teológica acabou misturando política e magistério quando o Papa João XXII (1316-1334), embora francês e com sede em Avig-

---

41 Cf. TILLICH, P. *Coragem de ser*. Rio de Janeiro: Paz e Terra, 1972, p. 89s.

non, acabou se conflitando com as pretensões do reino de França. Diante de sua cúria com muitos teólogos latinos francófilos, numa série de três homilias que se fundamentaram em Ap 6,9-11 – em que se diz que as almas dos mártires esperam sob o altar até se completar o número dos mártires e o tempo final – João XXII tomou posição na controvérsia dando razão aos orientais com a intenção de impor este ensinamento no Ocidente latino. Os teólogos latinos da casa reagiram escandalizados, e o papa teria deixado uma retratação ao morrer. Tanto o ensinamento como a retratação são historicamente controversos, embora haja muita pesquisa. Sucedeu a João XXII o líder dos teólogos latinos, um monge cisterciense que tomou o nome de Bento XII. É dele a célebre bula de uma página sobre escatologia cujo nome é *"Benedictus Deus"*, de 1336, que ao mesmo tempo retoma a teologia latina em sua inteireza contrapondo-se a João XXII e os orientais, e torna esta bula uma constituição dogmática, carta magna da doutrina sobre o que acontece com os mortos, até hoje base da ortodoxia desse assunto na Igreja Católica (cf. a bula na íntegra, em anexo). Para examinar a importância desta bula na história da doutrina católica sobre escatologia basta comparar esta página com as páginas do atual Catecismo da Igreja Católica (n. 1020-1065)[42].

Bento XII tem como pressuposto o que a escolástica latina já tinha estabelecido: a eficácia da páscoa de Cristo, que já abriu as portas da salvação – "hoje estarás comigo no paraíso" (Lc 23,43b) – e isso não pode ser anulado por uma espera. Dá, assim, razão aos latinos, com uma boa fundamentação cristológica. Mas lhe falta uma base antropológica: Como é possível, segundo o nosso método, alguma experiência dessa afirmação?

A forma como a questão era discutida condicionou muito a definição. A sua linguagem extremamente jurídica deixou-a carente de perspectiva comunitária e eclesial. O destino humano se decide, em última instância, na solidão de uma escatologia individual, que acabou se acentuando e obscurecendo a forma comunitária e comunional da própria salvação individual. Houve, com o passar do tempo, verdadeira extrapolação e descontextualização do ensinamento pontifício: sem uma mediação comunitária entre a ação de Cristo e o indivíduo, houve uma obsessão sobre como evitar o inferno e abreviar o purgatório numa dramática luta solitária. Para a parusia de Cristo, com o juízo universal, há, sim, a ressurreição dos corpos, mas sem novidade para o indiví-

---

42 Esta bula é normalmente chamada apenas *Constituição Dogmática*, e não deve ser confundida com a bula de Pio IV, com o mesmo nome *Benedictus Deus*, com que, em 1564, o papa retificou os decretos e definições do Concílio de Trento.

duo, pois tudo já está decidido e resolvido na escatologia individual da alma. O corpo é um mero acréscimo sem nenhum aumento de felicidade. As relações se dão entre "almas". Acabou-se numa individualização unilateral da escatologia, escatologia "da alma".

A constituição dogmática da bula *Benedictus Deus* enfrentava também o problema do dualismo ressurgido com as afirmações dos cátaros e albigenses que desprezavam o corpo, e repete o que já estava dogmaticamente definido: que na escatologia ressuscitaremos com este corpo e esta carne, portanto como continuidade e identidade do corpo terreno. Mas isso estava reservado para a parusia de Cristo no fim dos tempos. Não havia antropologia que pudesse conciliar uma imediata escatologia da alma e a ressurreição do corpo no fim dos tempos. Ficou-se assim com duas escatologias, a individual, que é imediata e só da alma, e a escatologia universal no final dos tempos que comporta também a ressurreição do corpo. Consolida-se a concepção de um estranho intervalo, um "estado intermediário" das almas sem corpos, o que examinaremos mais adiante. O problema que está na base é a antropologia, a concepção de homem como corpo e alma.

Para compreender melhor esta delicada situação é necessário ir para trás: a antropologia tomista, retomando categorias aristotélicas e suavizando o dualismo platônico, em seu comentário ao "Sobre a alma" de Aristóteles, retorna à alma como "forma do corpo", de tal forma que a alma não subsistiria sem corpo, o que Tomás não diz até por saber bem que seria uma heresia grosseira. Mas chega a afirmar como os orientais: "A alma não é o eu". O uso das categorias aristotélicas por Santo Tomás o colocaram sob suspeita por longo tempo. Toda a escolástica, na verdade, insiste na materialidade – dos lugares, do fogo do inferno ou do purgatório, da visão bem-aventurada de Deus com "estes olhos corporais" a partir da ressurreição dos mortos. Mas não chegou a contrabalançar, num clima cultural de contradições, o peso dado à escatologia da alma individual e do estado intermediário. Pelo contrário, o próprio Santo Tomás é explícito em refutar a tese oriental da espera na incompletude e deixa em suspenso as consequências de sua definição aristotélica de alma como forma do corpo[43]. O Concílio de Lyon de 1274 confirmou a posição latina (DH 857ss.). Não é difícil compreender o escândalo dos latinos diante dos sermões de João XXII e a decisão de Bento XII, com uma constituição dogmática, de resolver de uma vez o assunto. O problema que não se resolveu mas se acentuou é de ordem antropológica. Para isso é necessário buscar inspiração antes dessa época. A concepção cristã de "pessoa" é aqui decisiva.

---

43 Cf. *De veritate*, q. 8 ad 1; *STh* I. q. 12, ad 1.

Desde o início da Igreja, a cristologia e a teologia trinitária provocaram uma compreensão de "pessoa" capaz de equilibrar e unificar as diversas e paradoxais exigências da individualidade e da comunidade, da pessoa como um "absoluto" para além de toda comunicação, e como uma "relação" que só subsiste se outros lhe dão consistência. A compreensão cristã de "pessoa" se tornou fermento de dignidade, de reconhecimento e de justiça, mesmo na forma da individualidade e da subjetividade secularizada da Modernidade.

Mesmo para o conceito cristão de pessoa, a pedra de escândalo foi a corporeidade. A cristologia criou um otimismo antropológico do corpo, bem retratado por Santo Irineu e pela fase católica de Tertuliano diante da heresia gnóstica: "A carne é o eixo da salvação" (*caro cardo salutis*) e nesse mesmo sentido "O humano é capaz de conter Deus" (*Homo capax Dei*). Mas como integrar a escatologia imediata na morte e o destino do corpo? O Concílio Vaticano II retoma a chave de interpretação com uma intuição do tipo "ovo de Colombo": retornar à dimensão relacional e comunitária, ou seja, à comunhão dos santos, como fundamento da dimensão individual, dando à concepção de corpo algo mais do que corpo físico individual. O Concílio teve as condições de renovação bíblica e patrística, bem como uma antropologia que lhe foi favorável, com dimensão relacional, histórica e corporal. Não só a filosofia, mas também as ciências humanas apontam para uma antropologia da relação e da comunidade. Este caminho ainda está aberto e ainda necessita *insights* e pesquisas. Voltaremos ao assunto ao abordarmos a fé na ressurreição dos mortos.

d) Comunhão dos santos: entre o "já" e o "ainda-não" – A Igreja é vista, no cap. VII da *Lumen Gentium*, como uma comunidade pascal, em êxodo e peregrinação. À diferença do êxodo do Antigo Testamento, que caminhava em direção a uma salvação "futura", a comunidade cristã já experimenta as primícias antecipadas da salvação. Por isso pode desde já ser sacramento, sinal e primícia do Reino de Deus, que, no entanto, permanece escatológico para além da própria Igreja. A Igreja vive, assim, uma tensão aberta à escatologia. Não é uma "sociedade perfeita", pois isso a imobilizaria e a identificaria indebitamente com o Reino de Deus, e este conceito eclesiológico pós-tridentino foi bem superado pelo Concílio Vaticano II: "A Igreja peregrina leva consigo – nos seus sacramentos e nas suas instituições – a figura deste mundo que passa e ela mesma vive entre as criaturas que gemem e sofrem como que dores de parto até o presente e aguardam a manifestação dos filhos de Deus" (LG 48). A plenitude da Igreja coincidirá com sua autossuperação sacramental e institucional, superação em direção à comunhão imediata, sem necessidade de sinais sacramentais, de todas as criaturas e dos filhos e filhas de Deus, a comunhão dos santos. Por ora, ela é sacramento e primícia da comunhão dos santos[44].

A comunhão dos santos no Reino de Deus é, em última instância, mais ampla do que a Igreja, que é seu sinal sacramental. O Reino de Deus que abraça toda a história e todas as criaturas é um modelo escatológico para o presente da Igreja. A santidade, que é a substância da comunhão dos santos, é inspiração para ampliar e amadurecer na comunhão: o futuro já influencia no presente.

Daqui decorre o critério da salvação como inserção na comunidade de salvação, na comunhão dos santos. Isso não anula a singularidade do indivíduo e da salvação individual, mas indica a direção e a forma da salvação individual: na comunhão, na comunidade. E a comunidade terrena dá condições de entender a salvação em sua integralidade, de alma e corpo. Como sinal sacramental e como realidade corporal, a comunidade eclesial que peregrina nesta terra tem já a estrutura da comunhão dos santos onde cada indivíduo é integrado à salvação.

e) Comunhão dos santos: invocação, intercessão, consolação – A *Lumen Gentium* leva às consequências da comunhão dos santos na liturgia, na evangelização, na forma de viver a peregrinação terrena. Renova amplamente a tradição do culto de veneração e de invocação. Se isso vale na relação cotidiana entre vivos, vale também na relação entre vivos e mortos. Em termos muito simples, é admiração, amizade, estímulo, confiança, mútua ajuda e socorro. O ensinamento da Igreja é claro: a veneração e a intercessão não diminuem, mas aumentam a adoração devida só a Deus e a mediação única de Cristo, como já examinamos. A invocação conserva a gratuidade da amizade e respeita os desígnios de Deus sem precisar violar com "evocação do espírito". Mas toda comunhão verdadeira inclina naturalmente à veneração e à invocação. Finalmente, é fonte de imitação e de engajamento histórico: os que já chegaram à meta escatológica não ficaram atrás de nós na nostalgia que paralisa a memória e a nossa história, mas estão à nossa frente, dando ainda sua contribuição de intercessão à nossa história ao se integrarem à mediação de intercessão fontal de Cristo, e, portanto, "reinando" na história com e ao modo de Cristo, pres-

---

44 Por isso, a clássica compreensão de comunhão dos santos como *communio sancti et sancta* – dos santos – pessoas santas ou santificadas – e das coisas santas, os sacramentos; ou *communio sanctorum et sacramentorum,* é uma compreensão reduzida, sem a riqueza da profissão escatológica que está no *Credo.*

tando seu serviço à nossa peregrinação até também nos juntarmos a eles[45]. Pois por ora nós fazemos falta à plenitude escatológica da comunhão dos santos.

Consolação e *conforto* são palavras que resumem bem a comunhão dos santos: ninguém caminha sozinho, ninguém se salva sozinho, e nem é sozinho que se vive a bem-aventurança. Sozinhos não teríamos energia para a esperança e para a ação. O com-solo é também com-forto. O que se diz do messias – que não deixaria o povo sozinho na sua fraqueza – e o que se diz do Espírito – "paráclito", ou seja, apoio, conforto, consolo, intercessor e advogado – se pode dizer de toda a comunidade que forma a comunhão dos santos: ela também é nosso paráclito, comunidade-paráclito. Por um lado é coerente com o modo de operar do Espírito Santo, que constitui a pessoa comunitária, Ele que é "Pessoa nas outras pessoas" tanto na Trindade como na Criação, e por outro lado corresponde à experiência cotidiana que está ao nosso alcance.

A solidariedade ajuda na purificação e no amadurecimento de cada pessoa, e é nesse sentido que se compreende o "sufrágio" por quem já morreu. Pois a intercessão e o conforto tem "mão dupla". Isso tem sentido no âmbito de uma comunhão e de uma solidariedade que já foi vivida antes da morte. Sem uma experiência de comunidade já aqui na peregrinação terrena, fica-se sem ponte para crer seriamente na comunhão dos santos.

Até onde se estende a comunhão dos santos? Circunscrevê-la à Igreja seria como reduzir a salvação e o Reino de Deus à Igreja. A comunhão cria laços cada vez mais duradouros onde existe amor. O impulso de cada um é de não perder a comunhão com as pessoas amadas. Isso supõe conhecimento, presença e relacionamento. É isso que se sofre como perda na morte, pois a condição corporal é fundamental para o relacionamento. A *Lumen Gentium* lembra três grandes nomes da tradição cristã – Agostinho, Tomás e Boaventura – para reafirmar que a morte não interrompe, mas, ao contrário, torna a comunhão mais lúcida e mais forte (cf. LG 49). Como entender isso?

Os mortos terminaram seu percurso terreno. Estão "além". Como nos relacionamos com eles? Da mesma forma como nos relacionamos com Deus, com Cristo: em nossa saudade e em nosso desejo, sofremos por não tê-los face a face, e, no entanto, a ausência de localização corporal os torna sempre presentes a nós, a distância faz vê-los com mais objetividade e sobretudo com mais afeto. O amor aos mortos que foram amados nessa terra não desaparece, mas é conservado e purificado na comunhão. Pode inclusive amadurecer depois

---

45 O hino que se encontra em 2Tm 2,11-13 é exemplar: "Fiel é esta palavra: se com Ele morreremos, com Ele viveremos. Se com Ele sofremos, com Ele reinaremos".

da morte, com a ajuda da objetividade e da pureza livre de interesses. Esta é uma experiência cotidiana, pois normalmente temos maiores possibilidades de compreender e de amar alguém quando já morreu.

Em conclusão, é o *amor* que estende a comunhão dos santos desbordando fronteiras inclusive da morte. Enquanto estamos peregrinando pela história terrena, os laços da comunhão dos santos também peregrinam na esperança e no amadurecimento.

Enfim, a intercessão supõe a mútua ajuda desde agora entre os que vivem nesta terra, que também não é interrompida com a morte. Não há necessidade de se fixar algum nível psíquico ou espiritual de contato ou alguma técnica de contato para tanto, pois a união da comunhão dos santos é o próprio Espírito Santo, a Pessoa que é o Amor de Deus a criar comunhão. É amor puro, que nada exige, em perfeita gratuidade. Tudo, então, entre os vivos e os mortos, acontece de modo interpessoal, como convém a pessoas: a palavra, ou seja, a oração de uns pelos outros, de uns aos outros, os gestos, os sentimentos. Assim, por exemplo, se diz no Evangelho que os céus se alegram pela conversão de um pecador. Logo, têm sentimentos pela terra, se entristecem com a desgraça, também esperam, e de maneira ativa, na intercessão, a plenitude da comunhão. Até lá, nem os céus, nem o Corpo de Cristo e nem a comunhão dos santos no Espírito estão completos. O sofrimento dos mortos pelo sofrimento daqueles que eles amam na terra é próprio do sofrimento do amor, ou seja, do amor compassivo, que não os torna infelizes. Pois a felicidade que não se solidariza com a dor do amado não é amor e nem pode ser felicidade plena. Mas o amor é capaz de manter ao mesmo tempo a felicidade e o sofrimento, ao mesmo tempo alegrar-se com os que se alegram e chorar com os que choram, numa largueza de alma que só o amor maduro entende. E o sofrimento por amor engrandece a felicidade por poder incluir nela o sofrimento do outro e já salvá-lo da desumanização que o sofrimento sem amor provoca.

Isso também é uma experiência cotidiana: cremos que Deus se entristece com o pecado e o mal no mundo, que lhe agrada o bem. Assim também dizemos dos santos e dos anjos. Assim é que nós já experimentamos a partir do cotidiano a comunhão dos santos. E na terra também se pode ajudar quem já morreu na intercessão e na continuação de seu crescimento na comunhão. É o que abordaremos no capítulo sobre o "purgatório".

Não se pode traçar os limites da comunhão dos santos: nada do que é amor, bondade, nada do que é positividade neste mundo, se perde. Exatamente porque adquire a forma e participação desta comunhão dos santos. A santidade, na mais sólida tradição cristã, não se resume em rituais e orações, ou conhecimentos especiais ou comportamentos ascéticos, mas consiste em amar: "Revesti-vos do amor, que é o vínculo da perfeição" (Cl 3,14). Nesse único mandamento de Jesus, que distingue a perfeição cristã da perfeição estética perseguida pelos gregos, está a perfeição da santidade, justamente no "vínculo", no "laço" da comunhão dos santos. Não é um vínculo jurídico, é experiencial, forte como a morte. Como há muitas interpretações a respeito do que seja amor, e de fato há muitas experiências até contraditórias sob este nome, no mandamento de Jesus há um critério para que o amor seja "cristão" e seja duradouro, santo e eterno: "Como eu vos amei, assim deveis amar-vos uns aos outros" (Jo 13,34).

Se pudéssemos aqui recorrer com certo cuidado à imagem do *karma* de que falaremos adiante no capítulo sobre o purgatório, poderíamos comparar a entrada na comunhão dos santos à formação de um "bom *karma*", ou então um harmonioso *dharma*, positivo e duradouro como o amor – que é "forte como a morte" (Ct 8,6) – com a qualidade específica e fundante de que se trata de um *Karma de comunidade*, criado pelas relações de comunhão, e não um *karma* simplesmente individual. A comunidade e a harmonia comunitária são cimentadas por um amor muito dificilmente destrutível, tornando-se ancoradouro de salvação e tranquilidade. Mesmo um amor vivido sem o conhecimento explícito de Cristo e da Igreja desenvolve esta plataforma que se chamou, na teologia patrística, de *"Forma Christi"*, posta em nós desde a criação. Pois o Pai nos criou "em Cristo", da substância e da plenitude de Cristo, segundo o prólogo do Evangelho de João.

A comunhão dos santos e a dimensão pascal comunitário-eclesial da escatologia, já bem desenvolvida e atualizada pela encíclica *Mystici Corporis Christi* de Pio XII (1943) permitiu à *Lumen Gentium* e à *Gaudium et Spes* dar indicações preciosas para uma releitura da morte, do juízo, do purgatório, dos Novos Céus e Nova Terra e até, por inversão, do inferno. É o que faremos nos próximos capítulos.

4
MORTE CRISTÃ

O cristão morre como toda criatura mortal: "Tudo o que é vivo, morre!": morrer é o outro lado do fato de se estar vivendo. Mas a fé cristã abre a possibilidade de viver o acontecimento supremo da morte dentro de uma forma tipicamente cristã de morrer. A evangelização e a pastoral cristã sobre a morte e sobre os que estão morrendo – que somos todos nós – têm um sentido especificamente cristão.

Em uma entrevista, Gabriel Garcia Márquez afirmou que a literatura só tem dois assuntos que sempre valem a pena: o amor e a morte. E acrescentou: sobretudo quando estes dois – amor e morte – se cruzam. De certa forma, também no caso cristão amor e morte se cruzaram, e justamente na cruz, com perdão da redundância. Mas não é um caso simplesmente de literatura. Aqui, evidentemente, não poderemos aprofundar todos os aspectos biológicos, antropológicos, filosóficos, psicológicos e sociológicos da morte, o que seria fascinante e interminável. Vamos nos ater à sua dimensão teológica e cristã, ainda que, seguindo o nosso método, devamos em alguns momentos lançar mão de recursos interdisciplinares.

4.1 Morte humana

Por constituição essencial, como dissemos acima, todo ser vivo é mortal, todo organismo vivo tem uma curvatura que decai na entropia até sua morte "natural". Estamos votados à morte por leis de natureza. Somos filhos da terra, do pó viemos e para o pó retornaremos. Nos seres pluricelulares, sexuados, se pode constatar inclusive uma programação de morte, uma espécie de suicídio das células somáticas programado após o cumprimento de passar a vida adiante através das células germinais[46]. Isso não significa ainda que é por causa do pecado: o homem é mortal e não há na natureza viva um "princípio de imor-

---

46 Cf. CLARK, W. *Sexo e as origens da morte* – Como a ciência explica o envelhecimento. Rio de Janeiro: Record, 2006.

talidade". A medicina é, afinal, o cuidado para estender ao máximo possível esta curvatura inelutável da finitude e da mortalidade. Por isso a medicina tem, historicamente, as mesmas origens sagradas do sacerdócio.

A morte revela nossa radical humildade. Somos "húmus" da terra, barro frágil que afinal se decompõe. É da natureza "vir do pó e voltar ao pó!" Pode-se tentar superar a morte com fórmulas exotéricas, com buscas religiosas como meras reações biológicas, ou pode-se fazer do cultivo da saúde nossa suprema religião manipulando até Deus para tanto. De fato, salvação e saúde, ambas palavras *salus* em latim, encontram parentesco entre si em quase todas as línguas, o que revela que a primeira busca de salvação está ligada à saúde física. O instinto ou a vontade de viver e de sobrevivência está em todo ser vivo, e nos animais podemos verificar com facilidade a regra de que todo ser vivo faz todo o esforço para manter-se na vida, segundo o *conatus essendi* – o esforço do dever ser – no Livro III da Ética de Spinoza.

Mas o desejo de imortalidade é mais do que instinto de sobrevivência ou esforço por manter-se no ser, e está presente só no coração humano, desejo que é uma abertura e uma contradição radical: o ser humano deseja viver para sempre e sabe-se mortal e sem possibilidade de se dar imortalidade. Não do instinto de sobrevivência, mas da abertura e desejo de imortalidade, surge o primeiro sentido religioso que caracteriza, por toda parte e por diferentes culturas e tempos, a religião. Convém lembrar a crítica de Carl Sagan: desejar não é suficiente, porém, para que a realidade exista. Mais crítico ainda foi Freud: a religião proviria justamente do desamparo radical que se revela diante da finitude, portanto da morte.

A morte humana não se reduz a um fenômeno biológico: não é um simples animal, ainda que mais complexo e inteligente, que morre, é uma *pessoa* que morre, e o acontecimento da morte atinge sua consciência, sua liberdade, além de sua vontade, ameaça a *razão* de ser da pessoa, o seu sentido ou absurdo, e sobretudo suas relações, seus amores: há uma equivalência entre perder as relações com os outros e perder-se como pessoa. A morte se aproxima através da gravidade e do desengano, e o que a pessoa "sente" nesta aproximação é que a morte está por separar das relações com os outros, está cortando as comunicações, está fragilizando para destruir com mais facilidade. A sua aproximação é uma separação como uma estranha "distinção", uma escolha, uma verdadeira "eleição": eu sou agora o seu escolhido, de uma escolha que é exclusiva e que por isso me separa, me porta para um "além" do mundo que eu conheço e que é meu mundo. É isso que faz perguntar: "Por que eu? Por que não um outro ou todos juntos?"

É uma *pessoa* que morre, e não simplesmente um ser biológico: a curvatura *pessoal* da vida não coincide com a curvatura biológica que se inclina na decadência pela entropia, pelo desgaste, pelo esquecimento, até a morte. A *pessoa* é contínua curvatura ascendente, jamais pronta para morrer. E deve morrer, ser excluída, quando está mais pronta, como pessoa, para viver. A morte, como ensinou Heidegger, é um horizonte último e total sobre a existência terrena. Por isso, na ótica da fé cristã, faz parte paradoxalmente dos acontecimentos últimos, que são ao mesmo tempo os maiores acontecimentos humanos, os "novíssimos". A morte é o primeiro deles, pois toca empiricamente, palpavelmente, o nosso cotidiano, abrindo-o para os acontecimentos maiores. Olhada, porém, com a naturalidade da fenomenologia, a partir do cotidiano terreno, a morte é em primeiro lugar um "fechamento", não uma abertura. É percebida como perda, luto de si, ou castigo e, sobretudo, mesmo no fragor valente da batalha que se chama agonia, é derrota certa e total.

a) Morte-*kénosis* – A morte humana tem um sentido de *"kénosis"*: esvaziamento, humilhação, impotência, derrota decretada apesar de toda luta. É um assalto "mortal" e um total empobrecimento e desnudamento da pessoa enquanto pessoa. É no nível pessoal e não biológico que a morte pode ser percebida com a estrutura de um castigo ou "salário do pecado" (Rm 6,23), como um mal que não deveria estar na ordem da existência humana, e mal radical porque atinge a vida humana globalmente. Se a riqueza e o sentido básico do ser humano é a vida, a morte é a falta absoluta, um absurdo apesar de toda racionalização científica em torno da biologia.

A teologia tradicional afirmava, com o esquema de natureza e graça, de estado natural e elevação sobrenatural, um dom especial concedido ao ser humano na sua criação, dom "pré-lapsário", ou seja, em estado de natureza original, antes do *lapsus*, da queda ou do pecado original, dom *"praeter-natural"* – o dom da imortalidade[47]. Esta doutrina queria afirmar que Deus não nos criou

---

47 Seriam quatro os dons *praeter-naturais*: 1) Imortalidade; 2) Integridade (sem desordem da concupiscência); 3) Impassibilidade ou proteção contra todo sofrimento; 4) Conhecimento moral infuso. Essa doutrina depende inteiramente do esquema que tem no meio a queda ou pecado original, um antes e um depois, quando esses dons ficam perdidos. Por outro lado, não haveria pecado se não houvesse conhecimento moral infuso, e os outros dons se perdem com o pecado: a natureza está em condição mortal, desordenada, ferida por sofrimentos e obscurecida moralmente, consequências do pecado original. Esse é um esquema mítico-gnóstico, que precisa ser reinterpretado.

para a morte, que este não é nosso destino original enquanto fomos criados não simplesmente seres biológicos, mas como "pessoas". Não era ainda graça "sobrenatural" porque não era ainda nossa elevação e participação na vida divina, mas era nosso estado de natureza verdadeiramente "humana". A distinção entre *praeter-natural* e *sobre-natural* podia ser simplesmente didática, mas deixava clara a convicção da fé sobre o desígnio original da natureza enquanto *humana*. Rompendo-se a relação com o doador deste preternatural, perdeu-se o estado de imortalidade na decadência *pós-lapsária*. Essa explicação teológica se apoiava em Gn 3,19, onde a morte é decorrente da transgressão. Assim também repete São Paulo em Rm 5,12: "Por um homem entrou o pecado e a morte no mundo", e finalmente a forte afirmação de Rm 6,23: "*O salário do pecado é a morte*". É nesse sentido que o Concílio de Cartago, de 418, concluía: "Quem diz que o homem morreria sem pecado, por questão de natureza, é anátema" (DH 222). Morte e mal, humanamente, são vividos como algo intrínseco um ao outro: morte é mal e mal é morte. Hoje, com os recursos hermenêuticos disponíveis, sobretudo depois da encíclica *Divino Afflante Spiritu* de Pio XII (1943), temos condições de compreender não uma cronologia do começo da humanidade, mas o sentido, o desígnio e a vocação à qual somos chamados enquanto humanos.

Como conciliar a morte "natural" e a morte como "pecado"? A primeira está naturalmente enraizada na biologia. A segunda nasce da pergunta pessoal: Por que estou condenado a perder a minha vida, o que fiz para merecer tal castigo? Mistura-se inevitavelmente a decadência biológica, que é natural, com a decadência pessoal, que é moral. Para poder separar tal mistura, a pessoa precisa de um socorro: solitária ela viveria sempre a morte como pecado. Seria como a solidão de Adão expulso das relações, sem poder receber o dom de algo que não está em suas possibilidades naturais. A morte só é resgatável a partir de fora, de outro, de um amor forte como a morte, de um "salvador".

Hoje se tornou problemático o paradigma "natural-sobrenatural" e consequentemente também "preternatural". O sentido dinâmico, processual, histórico, existencial e, sobretudo, *relacional* da antropologia, exige que se substitua este paradigma por um paradigma biblicamente e trinitariamente mais compreensível: as relações de comunhão, de comunicação. Mas resta sempre o mesmo sentido de fundo: Deus não nos criou para que a morte seja a nossa última realidade, e não queremos, por si mesma, esta suprema *kénosis,* esta aniquilação. É necessário manter uma relação sem ruptura, uma comunhão "preternatural", um amor que transcenda a natureza, em nível pessoal, que assim nos salve de viver este supremo momento sobre a terra como salário do pecado, que dê a esta *kénosis* um sentido e uma possibilidade maiores do que ela. Duns Scotus, que elaborou uma teologia da criação mais otimista centrada em Cristo, levantou a hipótese de que a morte natural faz parte da criação, e o que se acrescentou com o pecado e do qual podemos ser libertos por Cristo é a morte "amarga". Sem pecado poderíamos morrer *sine amaritudine* – sem o amargor cruel de desejar viver e ter que aceitar a aniquilação da morte. A própria resignação à morte não deixa de ser uma resignação amarga e dolorosa.

b) Morte-*doxa* – Pensadores de nosso século – por exemplo, Heidegger e Sartre – se apoiaram no evento total da morte para demonstrar que, no vazio e no nada a que ela conduz, está paradoxalmente a possibilidade da liberdade radical, da decisão com total autenticidade, de sermos nós mesmos. A condição é que cada um assume sua existência como própria e lhe dê o sentido conforme sua liberdade. A morte possibilita, então, a seriedade de nossa liberdade e de nossas decisões, enfim de nossa responsabilidade unicamente diante de nós mesmos. Ela nos torna únicos e insubstituíveis. Finalmente, a morte é nossa passagem de sujeitos a objetos, transformando nossa vida em "obra". Ela pode então ser a consagração de nossa existência terrena. Nesse sentido seria o momento de nossa máxima manifestação, de nossa "glória".

Há mortes que são verdadeiramente cumprimento e coroamento da vida, verdadeira consumação e consagração. É a morte como *doxa*, como revelação plena da vida e como glória. Mas em nível pessoal esta morte-*doxa* é muito problemática: exige um heroísmo praticamente impossível, é tentativa de poucos. Afinal, quando não há mais socorro possível que venha de uma relação a outro, socorro de alguém com amor forte como a morte, a morte nos torna covardes. Contentar-se com a "obra", mesmo a obra que fez progredir a história e que faz lembrar o morto como benfeitor, é conformar-se sempre com uma obra sem sujeito, inacabada, exposta ao esquecimento ou aos mal-entendidos da interpretação da história. Enfim, a obra não é imortalidade da pessoa. Mesmo se alguém deu seu nome a muitas terras, nos diz descaradamente o Sl 48.

c) Sofrimento: o arauto da morte – *Ultima latet*: a realidade derradeira permanece até o instante final escondida. Mas, como diz o ditado latino, a morte "lateja". Ainda que escondida, dá sinal de sua aproximação. Para Martin Heidegger, a experiência existencial de nosso inescapável laço com a morte é a consciência invadida pela angústia, uma consciência antecipada da inescapável finitude que nos constitui. Reconhecer e assumir a nossa essencial finitude, e, com ela, administrar sem mistificações a angústia, este medo sem objeto definível, essa dor que lateja, é uma questão de autenticidade: nós somos nós mesmos quando assumimos nosso *ser-para-a-morte*. A mortalidade é o que há de mais *próprio* à consciência humana, seriedade na qual cada mortal é insubstituível, é único no evento de sua morte.

Mas seu aluno e crítico judeu Emmanuel Lévinas acusa-o de criar um novo e impossível subterfúgio, o do herói impossível e trágico. Na verdade, seguindo Lévinas, o ser humano é *ser-contra-a-morte*. Mais do que a angústia, é a *agonia* que revela sem apelações. O que antecipa a consciência da aproximação da morte é batalha *agônica*, sem ângulo de proteção algum, mesmo no mais plácido leito. No entanto, ainda que seja uma batalha irrenunciável, é uma batalha perdida porque a agonia é a etapa final de um processo de sofrimentos, de passividade, de envelhecimento e perda de defesas de todo tipo. O sofrimento cava frestas e diminui reações, interpõe-se nas relações e retira à solidão. Enquanto *ultima latet*, aproximação escondida do evento ou do assalto mortal, mais do que a transformação de sujeito em objeto, o sofrimento retira o adulto e o reduz a uma indefesa criança em seus próprios braços: vai-se agora para onde não se quer, tombando nas lágrimas e no silêncio. Não há heroísmo da consciência, há uma entrega tão infantil como o nascimento. O evento da morte, como o do nascimento, se diz nas línguas clássicas em verbo passivo, não ativo. Quando finalmente *ultima latet*, se manifesta, o sofrimento fez todo o seu percurso anunciador de preparação, de tal forma que se é levado na leveza de seus braços, voa-se em suas asas, se é roubado pelo ladrão sem nenhuma resistência.

Na fenomenologia de Lévinas, a morte é "alguém", como nas grandes narrativas, inclusive bíblicas – é senhora, é ladrão, é anjo... –, mas é alguém sem palavra e por isso sem rosto, não se mostra, é "monstro". É assim que se vive a angústia de sua aproximação. Por isso ela é, de fato, a "grande inimiga", inclusive por trás de qualquer outra inimizade, seja o assassino ou o tumor, seus arautos. Mesmo na morte repentina ou no suicídio, é sempre a morte a senhora mediante a intensidade do percurso do sofrimento. Não é questão de tempo cronológico, mas de uma "relação": a morte é como alguém, tem a estrutura de uma alteridade, em que reina soberana, ainda que alguém monstruoso por não lhe faltar algo essencial para ser alguém: a palavra, a face. Velada, o que se revela como seus arautos são os sofrimentos, as dolências. Por isso só alguém com palavra e face "forte como a morte" pode atravessar o desfiladeiro cada vez mais estreito no final do qual ela espreita.

d) Morte contextualizada – Se a morte em si não se revela, seus sinais, seus arautos, estão por toda parte onde há vida. É próprio do humano, através da cultura, do ritual, da palavra, *humanizar a morte*. Aqui, ainda do ponto de vista antropológico, é importante observar que cada cultura e cada época histórica têm modos próprios de enfrentar a morte e inclusive de cultuá-la. A tradição e a comunidade oferecem às pessoas envolvidas mais de perto com a morte um modo próprio de preparação e de luto[48].

Algumas culturas acentuam o lado melancólico e trágico, outras o lado familiar e até festivo da morte. Não é nosso propósito, aqui, desenvolver uma exposição de rituais de diferentes culturas, o que seria precioso, mas exigiria um livro à parte. A morte, de qualquer forma, sob os mais diferentes rituais ou procedimentos em que é experimentada, está normalmente no âmbito sacro da existência: é sacro porque é intocável, impenetrável e porque não é inteiramente compreensível. Somente a confiança e a esperança, numa confissão de humildade, de fragilidade e de entrega, dão conta autenticamente do desenlace com os vivos e do laço com a morte. Até nossos dias, a urgência de um ritual religioso é o que tão diferentes culturas têm em relação à morte.

A forma de religião, alma de toda cultura, dá a forma da morte. Heidegger, que portava o nome do padroeiro de sua aldeia, pediu o rito cristão em sua morte. Os que não querem um ritual religioso parecem mais ser uma exceção a confirmar a regra. E mesmo assim, os discursos fúnebres, mesmo não religiosos, ganham a seriedade típica do que é sacro. A antropologia cultural, com pesquisas em culturas tradicionais as mais diversas entre si, nos diferentes continentes, enriqueceu nosso conhecimento a respeito dos rituais fúnebres complexos e sofisticados em sentido humano e religioso.

Mas é necessária uma nota a respeito da Modernidade. Assim como a ciência ocupou em grande medida o lugar da religião, a medicina nos limites da ciência assumiu para si, em grande medida, o evento da morte. A Modernidade tendeu a descontextualizar e esvaziar a morte de rituais com sentido pré-moderno, de caráter religioso e eventualmente supersticioso, na busca de uma abordagem que pudesse de alguma forma administrá-la pela ciência. E, de fato, as ciências médicas e farmacêuticas alongaram as possibilidades de viver e aumentaram a expectativa de vida, alongaram a cronologia antes da

---

48 Cf. BAYARD, J.-P. *Sentido oculto dos ritos mortuários* – Morrer é morrer? São Paulo: Paulus, 1996.

necrologia. Sobretudo derrubaram os índices de mortalidade infantil e morte por contágio – pestes, pandemias. Mas somente fanáticos poderiam crer que a ciência nos daria imortalidade.

Em ambientes secularizados, a persistência de frágeis rituais são conduzidos mais a encobrir do que a acolher e celebrar a morte. Filósofos como Hans Jonas, e teólogos como Karl Rahner e o rebelde pedagogo Ivan Illich, alertaram para a expropriação tecnocrática: houve uma "expropriação" da morte como evento pessoal, familiar e comunitário. Quem está morrendo é separado da consciência de sua condição de moribundo, da própria liberdade de viver com mais plenitude este evento tão próprio, enfim é afastado das relações que lhe dariam o último sustento terreno. É literalmente *de-solado* em função da medicação ou medicalização da morte, ainda que sob a razão de dar alguma chance de vida ou mais conforto físico. Com a hospitalização, o lugar apropriado para morrer como o de velar quem acaba de morrer não é mais o lugar familiar do cotidiano, mas lugares específicos em grande medida estranhos e excepcionais, que são abandonados assim que possível.

A "boa morte" ou a "morte doce" que se pode desejar, então, para o bem geral, de si e dos outros, é a morte rápida, indolor e sem consciência. Portanto, um modo de morrer oposto daquele em que se rezava pedindo tempo de boa preparação: "Da morte repentina, livrai-nos, Senhor!" Há, enfim, o encobrimento familiar e social, encobrimento da morte enquanto *kénosis* como se fosse um acidente, o que não tem lógica, e que, se tem algum culpado pelo acidente, é o próprio morto, que passa de vitimado pela morte a ser de alguma forma culpado – que não se cuidou suficientemente etc. Assim fica mais fácil o recalque do reconhecimento do mistério, da expressão das lágrimas, do necessário luto, velando assim a dor com a capa da vergonha e do silêncio.

Assim, temos problema sério com o luto. Em primeiro lugar, o luto de si mesmo de quem fica proibido de viver o seu momento mais profundo e mais alto de vida, o momento que precede proximamente a sua morte, a oportunidade de elaborar sua síntese de vida e dizer a sua mais completa palavra. Em segundo lugar, o luto familiar dos que tinham laços amorosos com quem partiu, proibidos de curtir a perda através dos rituais de dor e tristeza coletiva. Mas o luto, incontornável, retorna de forma patológica, como insônia, nervosismo, dores pelo corpo, fobias etc. E o luto, ao invés de ser processado pelo ritual religioso e cultural, terá necessidade de um processo psicoterapêutico frequentemente solitário.

A forma mais perigosa e alienante de encobrimento do luto é a busca da "distração", o que Pascal já chamou de *divertissement*, o entretenimento no lugar do pensamento, o consumismo como forma de abafar o desespero que há sob o ditado profético (cf. Is 22,13) observado com ironia por Paulo: "comamos e bebamos porque amanhã morreremos!" (1Cr 15,32). Ou seja, um *carpe diem* secularizado que deseja desesperadamente aproveitar tudo o que é possível do presente porque não há um amanhã. Oposto, portanto, do *carpe diem* inscrito na parede do mosteiro junto à figura da morte dançando com seus convidados – desde o papa até o camponês – e que convidava o monge a trabalhar aproveitando o tempo para meditar e orar.

É importante observar, no entanto, a resistência e o mal-estar dos que se recusam a se conformar com este modo secular de morrer. Até porque os rituais fúnebres, que lidam com o que há de mais sacro, são os mais arraigados na cultura, são por isso os mais arcaicos e de difícil mudança. Há também uma sadia reação, na área da medicina, a reduzir o processo de morrer a uma medicalização a todo custo. Desenvolveram-se ultimamente critérios eticamente razoáveis para conduzir um paciente em iminência de morte a aparelhos e ambientes isolados ou não. Enfim há a compreensão de que, quando são inúteis os aparelhos e o isolamento, o que realmente importa é a presença das pessoas amadas.

É também notável a diferença de formas culturais de vivenciar e ritualizar a morte entre as classes econômicas mais comprometidas com o triunfo da Modernidade secular e as classes populares que convivem de forma mais desprotegida com a morte no cotidiano de suas vidas. De modo geral, há hoje um grande mal-estar na cultura hegemônica do Ocidente em relação à morte humana, com uma perigosa desumanização e insensibilização. A violência inerente à morte, integrada na morte "humanizada", torna-se violência generalizada de uns em relação a outros na rapidez do esquecimento. Em busca de remédio, de *kathársis* e de *fármakon* – espécie de vítima expiatória medicinal, palavra tomada de algumas antigas cidades gregas – hoje se pode desencadear com relativa facilidade e justificação social esquadrões de morte, e morte por banalidades. Quando uma sociedade desumaniza a morte, desvaloriza também a vida e procura se salvar na morte de outros, transformando a morte do outro em espetáculo[49].

---

49 *Morrer sim, mas não assim!* diz o condenado ao seu algoz, em uma encenação medieval, no momento de colocar a cabeça no cepo, como direito à sua última palavra, um protesto. Nesse drama está o acréscimo supremo da violência e da aniquilação – *kénosis* – por morrer sob o decreto de outros, morrer porque *alguém quer a minha aniquilação e decide que eu não existirei mais*. Isso ultrapassa infinitamente, para a pessoa, saber se é culpada ou inocente, se é justo para a sociedade se livrar de

Humanizar a morte significa, antes de tudo, devolver ao ser humano a sua morte, para que ele possa se *reapropriar* da consciência, da liberdade, da decisão e das relações humanas, e assim poder celebrar amorosamente sua morte. Lacan chegou a indicar que, diante da morte, na impotência de todas as outras possibilidades, há ainda a possibilidade de *erotizar* a morte. Com isso ele entendia que a morte possibilita que se faça um derradeiro gesto de amor para com as pessoas que estão em torno, uma palavra boa, um sinal de carinho, um dom que se tornem preciosa herança no futuro das pessoas que continuarão por aqui. É uma possibilidade altamente humana que justamente a morte possibilita. Graças, de alguma forma, à morte e ao fato de que somos mortais, tudo o que fazemos na vida em relação aos outros e a nós mesmos ganha seriedade e grandeza absoluta.

Mas é o socorro da fé – nem medicina científica, nem reflexão racional, nem obras públicas – que sustenta o sentido da morte para o sujeito que passivamente se perde a si mesmo na morte. Pode-se dar muitas voltas, mas a experiência da morte de uma pessoa amada ou a aproximação da nossa própria morte nos atalha e faz chegar apressadamente ao ponto decisivo da fé ou não fé, ou ainda da *verdadeira* fé, quando até sucedâneos de fé ou uma fé fragilmente apoiada é desnudada e posta à prova[50].

4.2 Morte "no Senhor"

Uma teologia *cristã* da morte deve começar sempre pela cristologia: a morte de Jesus é *performativa* da morte *cristã*, modelo de morte e fato que se

---

um malfeitor etc. Pois não há relação entre crime, por hediondo que seja, e o *chamamento metafísico da morte com sua capacidade de aniquilamento*. É por isso que em nenhum caso é humano "matar", mas só excluir de certos aspectos da sociedade. A "legítima defesa" que pode matar é um instinto biológico e não propriamente pessoal. Mas a sociedade não é um corpo biológico: a confusão com a espontaneidade biológica que se dá na pessoa e que a desculpa por matar não é legítima na sociedade. René Girard mostrou como há mecanismos de formação de vítimas expiatórias por trás de mortes decretadas, administradas grupalmente e socialmente: uns afastam a sua morte colocando-a na morte de outros, ou seja, vive-se da vida tirada a outros, desde a servidão, como bem demonstrou Marx na "mais-valia", até a pena de morte por comportamentos contra as regras de um sistema que, na verdade, sobrevive da transferência de vidas: de trabalhos, de suor e sangue de uns para outros. As tensões, o medo, a culpa e até as preocupações são lançadas sobre uma vítima ainda que sob pretexto de um crime da vítima, que então "leva tudo embora" (cf. GIRARD, R. *O bode expiatório*. São Paulo: Paulus, 2004. • *Coisas ocultas desde a fundação do mundo*. São Paulo: Paz e Terra, 2009).

50 *Gaudium et Spes* n. 18 sintetiza admiravelmente a questão antropológica da morte: a) Temor da dissolução do ser na angústia de iminente não ser que a morte representa. b) Desejo humano que recusa o aniquilamento e se agiganta como um desejo de eternidade. c) Só uma espiritualidade que supere a longevidade e soluções intramundanas socorre esta condição humana contraditória: ser mortal, dever morrer, e, no entanto, ser aberto pelo desejo à imortalidade.

torna íntimo a todo cristão na relação com sua própria morte. A narrativa a respeito da morte de Jesus se torna inspiradora para uma morte *cristã*.

Jesus estava inserido numa tradição que integrava a morte numa radical confiança em Javé, o Deus *vivo*, e por isso *Deus dos vivos*. As grandes figuras da Escritura já mostravam a possibilidade de morrer como cumprimento de uma chamada e de uma missão, como obediência suprema e devolução do espírito, consumando assim a justiça: era a "morte do justo". Assim eram narradas as mortes dos patriarcas, dos profetas. A morte culminava a fecundidade com a passagem da bênção e da promessa às gerações seguintes, tanto na família como no povo de Israel. O justo entregava-se assim a Deus e também ao futuro na comunhão das gerações, na descendência.

A narrativa da morte de Moisés é particularmente iluminadora nos cap. 31-34 do Livro do Deuteronômio, narrativa elaborada quando a lembrança de Moisés dava autoridade a toda a existência do povo de Israel. Como no caso dos patriarcas, Moisés escolhe sucessores e os abençoa, faz escrever suas palavras finais, deixadas em testamento, culminando num cântico de memória, de louvor e de bênção que recapitula toda sua história com Israel, o passado, o presente e o futuro. Finalmente, no curto cap. 34, Moisés é chamado a subir a montanha, a contemplar a futura terra prometida à descendência do povo que ele conduziu até a fronteira, e então ali, na solidão da montanha, morre sob a Palavra de Deus, ou "conforme a palavra de Javé" (Dt 34,5). "Sob a palavra", segundo a exegese rabínica, pode significar também "sob as ordens", e "sob a boca". Por estranho que pareça, seguindo a exegese rabínica, significa também "sob o beijo" de Deus. Em última análise, Moisés expira devolvendo o seu espírito a quem deve voltar, ao Espírito divino, e então é como se a palavra, a ordem, a boca, o beijo, representassem o avesso complementar do que foi a criação humana, quando Deus "insuflou em suas narinas um hálito de vida e o homem se tornou um ser vivente" (Gn 2,7b). Agora, com este "beijo da morte", Deus toma de volta para si o espírito de vida.

Em Jesus, esta herança é extremamente personalizada e universalizada: Jesus une em si tanto a morte do justo como a morte do condenado à morte, fecundidade e solidão, patriarca e celibatário, mestre e abandonado, inocência e miséria, morte de um justo, mas morte injusta e considerada morte do blasfemo e pecador, abandonado até por Deus: Todo ser humano pode então morrer de "morte cristã", em sua companhia. Ele "desceu aos infernos" para tanto, iria professar o *Credo* cristão mais tarde.

a) Morrer conformado a Cristo – Jesus é, em primeiro lugar, modelo performativo da morte *cristã*. Também a forma cristã de morrer se antecipa e invade a vida presente, como vimos na descrição fenomenológica possível sobre a morte humana. Assim, morrer como Jesus é viver na forma de "dar a vida", na forma de missão, como Ele viveu e consumou a sua vida. Assim explicita de modo acabado a narrativa de João:

> Antes da Festa da Páscoa, sabendo Jesus que chegara a sua hora de passar deste mundo para o Pai, *tendo amado os seus que estavam no mundo, amou-os até o fim*. Durante a ceia [...] levanta-se da mesa [...] e começa a lavar os pés dos discípulos (Jo 13-12a.4a.5b).

Portanto, morrer é dar a vida até o fim. Dar a vida é servir, é fazer da vida um serviço aos outros. Essa *consumação* da vida no serviço aos outros não supõe necessariamente uma morte dramática e cruenta. Pode comportar um envelhecimento, inclusive não puramente biológico, mas em razão dos serviços cotidianos e nada espetaculares, o "cabelo branco" antecipando a velhice por causa de alguém que foi preciso cuidar, como se diz das mães que sofrem e envelhecem mais cedo pelos filhos. Trata-se, enfim, de viver no amor, nas boas obras, na fidelidade ao mandamento de Jesus, o amor fraterno sem medidas, sem fronteira, sem exclusão, que leva a uma assimetria de amar sem ser amado e perder a vida nas mãos de quem se ama pelo simples fato de perdoar. O importante, sem dramas extremos, é que os anos sejam consumidos numa missão, que traduzam concretamente o amor, o dom da vida até o fim. Que não sejam anos meramente quantitativos, sem a qualidade do dom de si. É ainda João quem garante o critério definitivo da vida mais forte do que a morte: "Nós sabemos que fomos transladados da morte para a vida porque amamos os nossos irmãos" (1Jo 3,14).

As quatro narrativas canônicas que a Igreja conservou a respeito dos últimos acontecimentos que levaram Jesus a um processo e a uma execução na cruz ocupam a parte mais detalhada em toda a narrativa da vida de Jesus. Nessas horas dramáticas cada hora, cada palavra, cada silêncio, adquirem uma força modeladora enorme. Embora aqui façamos apenas uma síntese geral, convém considerar que cada texto narra de acordo com o sentido mais abrangente do texto. Por isso Marcos é o mais trágico e João é o mais profundamente sereno: em Marcos, Jesus cai por terra em oração no horto, banha-se de suor com sangue e clama ao Pai esmagado pelo cálice a beber. Em João são os que vêm prendê-lo que caem diante de sua própria serene e firme identificação – "sou eu". No interrogatório prévio do sinédrio e sobretudo no processo oficial montado pelos romanos, segundo Marcos Jesus vai mergulhando em intrigante silêncio.

Mas em João, o que Jesus diz é julgamento de seus juízes. Enfim, em Marcos se narra que Jesus morreu após um grande grito pela justiça divina, por *Elohim*. Em João, Jesus distribui a herança última entre mãe e discípulo e dá soberanamente a ordem para que a morte venha e o leve: "sabendo Jesus que tudo estava consumado [...] tomou o vinagre e disse: 'Está consumado!' E inclinando a cabeça, passou adiante o espírito" (Jo 19,28a.30b). Segundo João, na morte Jesus faz acontecer Pentecostes, passa adiante – *paradídomi*, em grego – o seu espírito, a sua vida divina. Ele é soberano em todo o processo e no acontecimento mesmo da morte, transformada em Pentecostes. Mas em Marcos Ele é o profeta e o messias incompreendido e injustiçado que jaz dolorosamente impotente diante dos que detêm o poder. Importante é que em todos os textos se revela que o que as instituições fizeram foi uma injustiça, e a tentativa de torná-lo culpado e merecedor da morte fracassa aos olhos do leitor dos quatro textos, clarificando-se que ali esteve um inocente vitimado e executado injustamente por interesses poderosos e sagrados. Não há narrativas mais fortes e esclarecedoras do que estas na literatura, ainda que sejam simples, curtas e populares, de fácil entendimento. Mateus segue de perto a narrativa de Marcos, desenvolvendo-o mais, e Lucas tem novidade: segundo Lucas, a morte de Jesus é o final coerente de um caminho que, desde o nascimento, não teve um lugar adequado neste mundo, mas fez bem a todos e morreu como o justo. Ele é o exemplo da boa morte, da morte do justo que inclusive perdoa seus assassinos. Ele é o mártir, a grande testemunha do Reino de Deus. Ele vira tudo ao avesso, como fez ao longo da vida: dá esperança ao Pedro desesperado depois de traí-lo, consola as mulheres que vieram consolá-lo, dá esperança de salvação ao malfeitor que morre com Ele, pede ao Pai que perdoe seus executores porque não "sabem o que fazem" (Lc 23,34a), e finalmente, mais do que Moisés na montanha, toma a iniciativa de devolver seu espírito, sua vida, ao seu doador de vida: "'Pai, em tuas mãos entrego o meu espírito'. Dizendo isso, expirou" (Lc 23,46). Ele é, então, não só exemplo do inocente e do justo que tudo perdoa e cuida até o fim dos outros, é também o ser humano que ensina a "expirar".

O primeiro cristão a seguir passo por passo este final narrado no Evangelho de Lucas foi o diácono Estêvão, a ficar com a longa narrativa que o mesmo Lucas faz nos Atos dos Apóstolos, cap. 6 e 7. Os cristãos viram no martírio, desde cedo, uma situação extrema de conformação a Cristo: dar a vida até o fim. Agostinho, no final de um período de muitas perseguições e martírio de cristãos por todo o império, ainda precisava distinguir o martírio cristão da virtude trágica do estoico, que consistia no suicídio quando já não houvesse mais qualidade de vida. Segundo a lição de Agostinho, o estoico se retira da vida e o seu suicídio, para além de um julgamento moral, tem a estrutura de um ato covarde. Entanto o cristão ama a vida com todos os seus valores, inclusive corporais porque o corpo está destinado à gloria, e exatamente por tais valores ele "dá a vida", tem a estrutura de um generoso testemunho. Esta diferença estrutural é fundamental em nosso tempo de consumismo, de qualidade ou perda de qualidade de vida, de individualismo exacerbado. A disponibilidade a dar a vida, inclusive com sofrimentos eventualmente extremos – até a morte na fidelidade ao amor e à verdade –, é o horizonte do cotidiano cristão. Enfim, o seguimento de Jesus é um programa e uma forma de vida e, por isso mesmo, é um programa *de morte*[51].

O batismo e a fé ligada ao batismo, no Novo Testamento, são o sinal e a consciência deste modo de viver e de morrer incorporado a Cristo. Pela fé, pelo batismo e depois pela Eucaristia, a vida eterna já está antecipada em sinais aquém da morte, transformando de modo radical o sentido da morte, exorcizando seu aspecto de inimiga da vida e de oposição e destruição da vida, para integrar uma nova relação: páscoa para mais vida, passamento, ou, como se costumou dizer e celebrar desde o primeiro milênio, trata-se de um *transitus,* trânsito e nascimento último no Reino de Deus. Ao invés de ser simplesmente *ser-para-a-morte*, essa forma de morrer que tem fenomenologicamente muito do nascimento – angústia, dor, sangue, perda – se é cada vez mais *ser-para-a-nascividade.*

Os textos tardios do Primeiro Testamento e do período intertestamentário já alimentavam uma esperança para além da morte, inclusive através da ressurreição, mas a morte como tal não se integrava ainda como evento positivo. No caso do cristão, a morte já é integrada desde o batismo como passagem para vida nova e ressuscitada. Como Cristo, não se sofre simplesmente o passar da vida, o envelhecimento e a morte, mas se acolhe antecipadamente este processo e seu final como possibilidade de dar a vida e de consumar uma obra de amor. A morte é, então, acolhida com consciência, com liberdade e com positividade em todo o decorrer da vida cristã. A sua violência mesma, sem servir de justificação como um meio, ganha sentido: ninguém tira a vida, nem mesmo os assassinos, mas a morte constitui paradoxalmente ocasião e "poder" de dar

---

51 Como corolário, entre outras consequências, se pode concluir que: por aquilo pelo qual se está vivendo também se está morrendo. Por isso, inversamente, se sabe da qualidade daquilo pelo que se vive se também vale a pena morrer por aquilo. Ou melhor: só vale a pena viver por aquilo que vale a pena morrer. Afinal, viver e morrer são dois lados da mesma moeda, da mesma realidade.

a vida com consequência, responsabilidade e seriedade, tornando-a supremo serviço, como o bom pastor que dá a vida pelo seu rebanho (cf. Jo 10,17)[52].

Cristo retira da morte, assim, o terror biológico e egocêntrico que saturaria a vida numa pré-ocupação já derrotada, libertando a vida e a preocupação para um projeto de viver e de morrer para outros. É uma forma "eucarística" de viver e de morrer. A Eucaristia, "pão da vida", alimenta com vida eterna. E por isso transforma a vida em "eucaristia" eterna, de tal forma que a morte mesma é integrada nessa vida eucarística: somos incorporados à ação de graças eterna em Deus e somos dados neste mundo como pão de vida, oferecendo vida e morte pelo mundo, como Cristo. Isso significa "seguir" Cristo, o pão da vida, segundo João. É um amor radical, que pode causar perplexidade e escândalo. Por isso, depois do discurso sobre a sua carne e o seu sangue como pão da vida, "muitos discípulos voltaram atrás e não andavam mais com Ele" (Jo 6,66).

Finalmente, do ponto de vista da fé cristã, morrer é "morrer com Cristo", e a morte integra o desejo de "estar com Cristo". Não se trata de um desejo perverso porque não é evasão nem afastamento dos outros, mas nova forma de comunhão. Foi o que desejou intensamente São Paulo (cf. Fl 1,21-24). São Francisco de Assis, graças ao grito de Cristo na cruz, morreu cantando e tornando os seus últimos momentos uma verdadeira liturgia de imitação de Cristo. Santa Teresa d'Ávila, seguida por São João da Cruz, é o caso mais explícito de "desejo de morrer" para finalmente viver plenamente[53]. A partir de um ponto de vista psiquiátrico o desejo de morrer é um grave problema a ser socorrido, mas não é o caso de Santa Teresa: a morte se mantém dentro da categoria interpessoal da amizade e não da solidão. Ela está "revestida de Cristo" e de sua páscoa. Quem morre se encontra finalmente com o Senhor.

---

52 O Brasil teve um exemplo relativamente recente (2005) impressionante no assassinato da Ir. Dorothy Stang, missionária e "anjo da Amazônia", que sabia estar em perigo de ser eliminada pelos grileiros e permaneceu firme junto ao povo de seu projeto de convivência e subsistência dos povos do Pará com a floresta. Seus últimos dias e sua morte seguem passo a passo a consumação do bom pastor descrito por Lucas e João. Já o Rio Grande do Sul conserva a preciosa memória de Sepé Tiaraju – "São Sepé" – líder guarani da Missão de São Miguel, que, em vista da defesa da vida dos sete povos das Missões, decidiu liderar a guerra guaranítica contra a união dos impérios coloniais de Portugal e Espanha. Sua morte em campo de batalha foi o começo do fim trágico daqueles povos, mas ele permanece com a auréola da ressureição na memória do povo, na certeza de que ele olha desde o céu no Cruzeiro do Sul. É uma narrativa histórico-mítica com um fundo de martírio e santidade cristã. Em alguns aspectos, a narrativa o aproxima de Santa Joana d'Arc e de São Luís IX.
53 Cf. no anexo III seu mais célebre poema *Vivo sin vivir en mí* ou também *Muero porque no muero*, com tradução. Pode ser acessado no YouTube na voz de Nydia Caro com composição e orquestração de Joakin Bello, no consagrado CD *De amores luminosos*.

b) Morrer no seio da comunhão dos santos pelo poder do Espírito Santo – Depois de focarmos a primeira chave de leitura para uma morte cristã, ou seja, o próprio Cristo, portanto a cristologia, convém passarmos a outra muito sensível: a chave eclesiológica, comunitária. Tudo o que acontece ao cristão é acontecimento comunitário, eclesial. Assim, na morte de um membro da comunidade eclesial é a Igreja mesma que faz sua páscoa, seu trânsito para o reino e para Cristo. O cristão morre com Cristo e para Cristo, mas na Igreja e como Igreja. Com esta chave de leitura precisamos integrar necessariamente a outra, mais discreta e mais decisiva, a chave pneumatológica: o Espírito Santo é a "fonte da vida" na hora da morte.

A morte não é, necessariamente, um acontecimento solitário. A aproximação e a participação no acontecimento da morte de outros, porém, não é simplesmente uma questão pastoral de assistência e de humanização ou mesmo de amadurecimento psicológico e humanitário. É um envolvimento ontológico e transcendental, é metafísica comunitária: todos morremos um pouco com quem morre, todos *passamos* no *passamento* de outros. É mais fácil descrever tal experiência na morte das pessoas que amamos. Mas em termos eclesiológicos é a participação teologal, fundada na graça e na fé, que transcendem nossos afetos, a nos fazer participar na morte uns dos outros. Podemos fazer a experiência de morrer-com-a-comunidade.

A morte, na ótica cristã, não é somente o que há de mais próprio e individual de tal forma que, sob certos aspectos, significa solidão suprema e insubstituível. A comunhão de destino e de fé, ou seja, a comunhão dos santos, atravessa a espessura de seres individuais e terrestres para uma comunhão cujo princípio é o Espírito e cujo lugar é o Corpo de Cristo. Daqui decorre uma solidariedade transcendental em que se pode viver não só a própria morte, mas a morte uns dos outros numa comunhão indestrutível. Podemos socorrer uns aos outros tornando-nos uma medicina transcendental, que sustenta o moribundo com um amor tão forte como a morte.

O lugar da morte cristã é a comunidade. Esse acontecimento comunitário sublinha os aspectos femininos e maternos da Igreja, da comunidade eclesial em seu cotidiano pastoral e da comunhão dos santos que é sua alma: não se morre para se retornar ao seio da terra, como em muitos rituais antropocósmicos, mas vive-se, morre-se e ressuscita-se pascalmente *no seio da comunhão dos santos* como nascimento para o Corpo de Cristo e para a glória trinitária plenamente manifesta. A comunhão dos santos supõe, porém, um mínimo de experiência comunitária, eclesial. Lembrando nosso precioso critério metodológico: nada se pode dizer de transcendental que não tenha aqui e agora alguma possibilidade de experiência. Assim, a comunidade terrestre é o chão a partir de onde se vive a comunhão dos santos. É bem verdade que também neste ponto não se pode estabelecer os confins da comunidade no confim da instituição eclesiástica, mas é muito difícil falar de comunhão dos santos para quem projeta sua vida centrada em si mesmo, sem um mínimo de engajamento em comunidade com alguma estabilidade. Cai-se numa linguagem vazia, sem possibilidade de verificação em sinal algum. Isso vale para todos, para o candidato à morte e para os outros que nessa hora suprema desejam ajudá-lo ou buscar consolo. Aqui está um dos atentados cruéis do individualismo da Modernidade: cada um fica só com a morte, cada um fica só com seu luto.

A comunhão dos santos inclui uma responsabilidade eminente: somos responsáveis pela morte uns dos outros, somos "pastores" e "guardiães" dos outros em sua morte. Somente Caim e os filhos de Caim se recusam a cuidar da vida do outro exposto à morte. O fundamento da ética é o cuidado pela vida exatamente porque estamos circundados de mortais. Essa ética seria insuportável – ser suporte da morte e da vida de outros – se o princípio da comunhão dos santos não fosse o próprio Espírito Santo. A experiência da in-habitação do Espírito Santo é sempre uma experiência de vida mais forte do que a morte. Como já mencionamos no capítulo anterior, o Espírito santifica, ou seja, etimologicamente "separa" não do corpo, mas da morte, além de separar das estruturas caducas da "lei", das estruturas deste mundo que passa, e do pecado. Vale como modelo o que Paulo diz do Espírito em relação a Cristo, "estabelecido Filho de Deus com poder por sua ressurreição dos mortos, segundo o Espírito de santidade" (Rm 1,4). Aqui, como já dissemos, "santidade" equivale a "separação da morte". Nele reside o dom da ressurreição, da vida nova, vida última e "ultimada", ou seja, plenificada.

Retomemos, a esta altura, a teologia do Espírito Santo: é Pessoa nas pessoas, Pessoa comunitária que distingue, une porque é Amor, princípio de atração, de *ágape*, de *filia* e *eros*, atração de união, de amizade e de fecundidade. Assim, a comunhão dos santos se estende também a toda criatura, tanto quanto a vida. Deus é o amigo de toda vida: "Senhor, amante da vida! Todos portam teu espírito incorruptível!" (Sb 11,26; 12,1). A dor da perda das relações concretas que alegram a vida, como a beleza do mundo, o mistério da face humana, os ideais sonhados e jamais atingidos, é superada por esta experiência do Espírito que introduz a uma nova forma de relação com tudo o que se ama, antecipando o segredo das criaturas, os Novos Céus e Nova Terra. A vida eterna não é uma vida desnudada de conteúdos criaturais, mas é sua plenitude na comunhão onde finalmente cada criatura e cada face poderá expandir-se e saciar-se no amor de uns pelos outros. De outra forma não seria sequer desejável.

As relações de amor e de vida supõem presença dos amantes, ou seja, *face a face* e *palavra*. Em termos cristãos, isso é *oração*. Somente a oração é capaz de constituir o ambiente da passagem da morte, tanto para quem morre como para a comunidade que participa deste trânsito. Também aqui, a oração não é só uma questão de assistência pastoral, mas é constitutiva da comunhão dos santos e o exercício das relações pessoais "fortes como a morte". A oração conserva toda a sua validade na oração pelos mortos, na intercessão e na invocação, por esta mesma razão de comunhão dos santos. A oração é presença de uns junto aos outros, é *face a face* mais forte do que os limites do espaço e do tempo, do aqui e do além, porque no Espírito a união espiritual é mais profunda e mais forte do que a união psicológica ou física. Na oração, na experiência do Espírito que unifica, é também resgatada e solidificada a união em todas as dimensões. Por isso orar ou não orar fazem diferença, já nesta vida e sobretudo na morte, para a entrada na comunhão dos santos. É como se os mortos sem oração ficassem em defasagem, em débito, e na esperança de que alguém, na comunhão dos santos, interceda e os introduza na mesma comunhão. Falaremos disso no capítulo sobre o purgatório.

4.3 Morte como evento de decisão última e como juízo

O que vamos examinar agora é uma convicção teológica decorrente da fé e possibilitada pela antropologia contemporânea com séria base na Escritura e na Tradição eclesial. Até hoje, porém, o magistério oficial da Igreja não disse palavra sobre isso de forma mais clara. O texto da Congregação para a Doutrina da Fé de 1979 e o estudo da subcomissão encarregada de aprofundar o tema por parte da Comissão Teológica Internacional, em seu documento de 1990, distanciam-se da teoria sobre a ressurreição na morte, que examinaremos no próximo capítulo, mas lembram que a Igreja não faz nenhum juízo de condenação a respeito de quem quer que seja na história da humanidade. Isso seria, além de uma extrapolação, uma violência. É tradição da Igreja, ao contrário, afirmar a possibilidade de decisão, de "arrependimento" até o "último momento" e, portanto, de conversão e salvação, inclusive do maior pecador na hora da morte. Os acontecimentos últimos, na verdade, se entrelaçam num único grande acontecimento em processo. Se aqui examinamos separadamente, é por questão didática, por limites de exposição.

Falar de uma decisão é falar também de um julgamento. E, neste caso, de um juízo último sobre a pessoa. Como se pode compreender que isto aconteça com a morte? Olhando para aquém da morte, Sartre dizia da morte que é a "objetivação" do sujeito, pois o que resta são suas obras, e o sujeito equivale então à obra deixada ao julgamento de outros. Este é o julgamento feito pelos sobreviventes, pela história que continua. E apesar de ser uma verdade para "aquém" da morte, é cheia de mal-entendidos, de incompletude e de injustiça. O julgamento da história e dos que nela sobrevivem aos mortos é sempre insuficiente.

Quanto ao julgamento de Deus, se for visto em analogia com o julgamento intra-histórico, cometeria a mesma injustiça, o que seria um absurdo. Pois mesmo que Deus conheça e interprete corretamente o percurso da vida, seria um Deus que, em frequentes casos, "pegaria de surpresa", que pareceria espreitar justamente momentos maus para "agarrar" com a morte que paralisa qualquer processo e tempo de "pôr-se em ordem" para um juízo. Então seria um Deus perverso, que joga com a condenação, contrário ao Evangelho. Uma das razões da teoria reencarnacionista é exatamente a incompletude do processo, mesmo de quem não tem morte repentina, e que precisa de mais chance para se aperfeiçoar. Mas a fé cristã professa claramente "um único percurso terreno" (LG 48). A morte é, segundo a mesma *Lumen Gentium,* um evento com caráter definitivo, de responsabilidade definitiva e infinita. Não é demais? A antropologia contemporânea sobre a liberdade pode nos ajudar a esclarecer tal responsabilidade.

Convém, antes do mais, porém, fazer uma distinção entre o que se chama hoje morte clínica e morte metafísica.

a) Morte clínica – A morte, clinicamente observável, relaciona-se ao sistema biológico e às relações vitais com este mundo. É um corte com o aquém, que se pode reconhecer no âmbito mesmo do aquém, da vida biológica e da história. Os sobreviventes observam e constatam a morte clínica de alguém que parte deste mundo. Os fenômenos que então acontecem são, por um lado, de afastamento, e por outro lado de aproximação e vizinhança da morte metafisicamente. Sobretudo, como já analisamos, o sofrimento, a dolência, ou seja, a doença, faz um "trabalho de batedor", abrindo as frestas por onde a morte metafisicamente chega.

Segundo a medicina e a concepção de "vivente" de cada época, segundo os paradigmas antropológicos de cada época, a morte clínica já se situou na parada da respiração, na parada do coração ou na parada do cérebro. A vida ou morte pela respiração faz parte do paradigma da vida e do corpo como relação orgânica ao ambiente: é uma visão ecológica e relacional da vida e da morte, e quando se rompe esta relação há morte clínica. O coração é a máquina central do organismo, onde a vida e o corpo são questões motoras, máquina ajustada e em funcionamento. Parada a bomba central, neste paradigma mecânico da vida, há morte clínica. O cérebro, ultimamente, ganhou a primazia paradigmática da vida por ser a sede central dos comandos: trata-se de um paradigma cibernético da vida, e a perda dos comandos é morte clínica. A morte clínica é tudo isso, na verdade, mas a constatação sempre fica baseada em fenômenos que estão aquém da morte enquanto evento metafísico. Por isso a medicina aprendeu a reverter muitos casos, primeiro em relação à respiração, depois ao coração, e agora luta com a reversão da morte cerebral.

A primeira observação sobre a aproximação da morte está no processo já descrito e analisado acima, de submissão, através de alguma forma de sofrimento e de crescimento de passividade e de entrega e falência biológica. Não só a energia e os órgãos, mas a consciência declina, mesmo que o cérebro não esteja ainda diretamente atingido. No caso de reversão, a consciência pode de fato retornar, carregada de ricas experiências psíquicas de aproximação da morte metafísica. Mas a morte clínica, inteiramente passiva, é só vizinhança e aproximação, não é ainda a morte como tal. Pode-se "voltar" com sensações de atravessar túneis em direção à luz etc., mas estas são experiências de "quase" morte, não é ainda a morte metafísica. Desta, até por redundância, não se volta.

b) Morte metafísica – A morte é o acontecimento metafísico por excelência. Não se trata então simplesmente de um corpo biológico, mas de uma pessoa que, passada pela morte, vai além da condição física deste mundo – meta-física – e não retorna jamais. É preciso insistir por clareza: se houvesse retorno não teria havido morte. Por "morte" se entende exatamente esta passagem definitiva, para sempre, sem retorno possível. Um "milagre" poderia superar um estado de morte clínica, como seria milagre a superação de doenças irreversíveis, mas aqui, na morte metafísica, não há mais milagre possível. A única forma de superar a morte metafísica – agora segundo a fé – é ir adiante, à ressurreição escatológica, que não é um retorno e não tem sinais empíricos. O próprio Cristo, com a ressurreição, não faz um retorno, mas se revela na glória que superou a morte, e seus sinais não são empíricos, são teologais ou, usando uma terminologia antiga e persistente, sinais "sobrenaturais", revelações na palavra e na fé. Ele morreu "de uma vez por todas", e todos nós morremos assim.

Do ponto de vista antropológico, retomando aqui oportunamente o que dissemos mais acima, mesmo na Escritura a morte metafísica, que está além de um mero fim biológico, embora aconteça em conjunto com o fim biológico, tem a estrutura enigmática de uma *alteridade*, como tendo *personalidade*, como *"alguém" e não simplesmente algo que ocorre biologicamente*. Nisso reside sobretudo o *Mysterium mortis*: é como *alguém* que se aproxima, uma senhora que visita, que toma soberanamente e leva inelutavelmente para o absolutamente desconhecido inclusive da consciência. É alteridade porque não é algo, é *inapropriável*. É inexato dizer "minha" morte, pois é a morte que se apropria de mim, eu é que sou propriamente dela nesse momento supremo: ela é "minha senhora".

"Ultima latet", como já insistimos: *a morte lateja escondida*, mas ela mesma fará o salto mortal conservando-se em seu mistério, visita sem palavra e sem rosto. A morte pratica um roubo metafísico. Até aqui vimos anteriormente.

Agora a novidade. Por esta estrutura de alteridade vazia, sem palavra e sem rosto, que seria sempre a aparição do horror em estado puro, no entanto, a morte se torna ocasião de um supremo encontro pessoal. Tudo o que descrevemos fenomenologicamente acima pode passar da antropologia à teologia: a morte, com o desfalecimento biológico, *descondiciona* a consciência e a liberdade, possibilitando um ato conclusivo de síntese e de cumprimento da vida terrena. Tanto a consciência como a liberdade, na morte, não devem ser pensadas analogicamente com as mesmas nos processos sempre parciais e incompletos da vida terrena. É um instante qualitativamente diferente por ser exatamente "conclusão". A conclusão exige síntese, com uma consciência e uma liberdade que lhe correspondam. A vida terrena, intra-histórica, enquanto processo, não permite uma consciência e uma liberdade que elaborem uma conclusão absoluta, inteira e justa. A definitividade da morte, com a responsabilidade infinita que lhe corresponde exatamente por ser definitiva, como é proclamada pela fé cristã, exige que seja o evento que possibilite um ato absoluto de consciência e liberdade, um "ato puro" a respeito de nós mesmos, como Deus é o "ato puro" enquanto ser como tal.

A maior objeção contra esta tese teológica é de que uma liberdade e uma opção final, inteiramente descondicionada do processo anterior, qualitativamente diferente das decisões tomadas dentro dos processos históricos, esvaziaria a seriedade do empenho terrestre e, pior ainda, seria uma bela ficção. Tornar-se-ia como o antigo e perigoso costume de deixar o batismo para o momento da morte. Ora, exatamente enquanto *conclusivo* e *sintético*, o ato final de decisão na morte supõe os processos. É importante insistir que a razão da tese sobre a decisão última na morte é a exigência de uma liberdade que possa dizer sua palavra definitiva e eterna de forma autêntica, sem parcialidades e sombras que condicionariam, o que cada decisão histórica não tem ainda possibilidade de fazer. A Igreja mesma lembra que, enquanto vivemos no mundo, não está selada nossa sorte eterna. É sempre possível, no instante da morte, "no último momento", uma decisão e uma conversão que contradiga até o conjunto da vida terrena. Mas é bem verdade, a favor das objeções feitas, que não se trata de uma decisão isolada, pois o conjunto das decisões ao longo dos processos históricos da vida vai de fato também condicionando e preparando a decisão última. Essa relação entre decisões históricas e decisão na morte, porém, devem ser pensadas de modo inteiramente personalizado:

a) Os condicionamentos que pesaram sobre a pessoa *apesar* dela não podem pesar na decisão definitiva sobre ela e em sua liberdade para que uma decisão seja inteiramente livre e autêntica.

b) E, pelo contrário, os condicionamentos que dependeram realmente das decisões livres da própria pessoa, que ela realmente quis em sua soberana autonomia, deverão, com razão, condicionar a decisão conclusiva.

c) Mas mesmo os condicionamentos livremente e autenticamente postos, conforme o afirmado acima, não condicionam a ponto de não permitir que a última decisão aconteça com a morte, até contra tudo o que decidiu verdadeiramente antes, pois de outra forma haveria uma contradição: uma situação definitiva antes da morte.

Ora, sabemos que neste mundo estamos sempre em processos históricos que condicionam a nossa liberdade. Se o juízo último depende só das decisões tomadas dentro dos condicionamentos terrenos, então a morte seria simplesmente uma paralisação mecânica do processo apesar de nós, não uma conclusão. Mesmo que fosse tomado em conta o conjunto e a direção das decisões em processo, Deus julgaria com um ato final, conclusivo e sintético o que para nós foi só paralisação em pleno caminho. Além de não ser justo para Deus – que em muitas situações pareceria arrancar de surpresa da vida ao invés de querer a salvação – é injusto também para o ser humano, pois não poderia fazer sobre si o que Deus faria: uma decisão plena de sua vida. Assim, a contingência frequentemente até banal do momento da morte biológica, clínica – acidentes, precipitação etc. – põe em risco de total incompreensão a imagem da salvação, o desígnio de Deus e até a imagem do próprio Deus segundo o Evangelho. A morte não só seria um trauma e um mistério horrível, mas Deus mesmo seria perverso ao armar ciladas com a morte humana. E a teologia cristã se perderia num fundamentalismo carente de contato com a realidade antropológica.

Uma objeção que ainda cabe e que bate em nosso método de possibilidade de experimentação humilde no aquém a respeito do que se diz do além seria a impossibilidade de qualquer sinal de verificação de uma decisão que já não faz parte do processo histórico e, mais, não faz parte ainda da vida eterna. Haveria um "entretempo" que soa de modo mítico, cosmologicamente representado nas "viagens" entre o aqui e o além, ou os três dias, a semana etc. em que se vaga no meio de um trajeto. Ora, a morte metafísica, de *per si*, é esta passagem que não cabe no tempo do relógio, não cabe em cronologia, como a morte clínica. No entanto, precisamente por já não ser processo nem tempo cronológico, pode ser um evento de síntese conclusiva.

A favor desta tese, utilizando nosso método de verificação empírica em doses limitadas daquilo que afirmamos sem poder controlar empiricamente até o final, há indícios narrados pela psicoterapia e pelo acompanhamento pastoral de que mesmo no decorrer do processo da vida as decisões que tendem a acontecer tanto nos primórdios como no ocaso de nossas vidas têm qualidade diferente das decisões que se toma no meio dos compromissos com a vida. Na velhice ou na aproximação da morte, pelo simples fato de se estar "despedindo", mesmo com sofrimento, há mais distância e liberdade para ter visões e se tomar decisões mais globais, desapegadas, puras, inteiras. Por isso o que não se renunciava ou não se perdoava antes, agora tem mais chance de acontecer. No caso dos inícios da vida, quando ainda criança, sem ainda estar comprometido com os conteúdos históricos que irão marcar e pesar na bagagem das considerações para se tomar decisões, se está ainda distanciado, mais leve, menos apegado. Por isso as crianças se reconciliam e passam a página com mais facilidade. Em conclusão, o que se observa é que em ambas as pontas há uma estrutura de vida que inclina a decisões maiores, embora no começo sejam leves e no final sejam cheias de gravidade e até de sofrimento, mas mais globais, substanciosas, fecundas e decisivas. É até onde podemos observar.

Mas por quais razões se deveria estender a decisão radicalmente à morte e crer numa síntese e numa decisão conclusiva e definitiva? É aqui que a teologia, sem contradizer a antropologia, deixando-a na hipótese da probabilidade, tem a autoridade da fé para ir além: teologicamente, a estrutura de alteridade da morte, vazia e muda, é justamente a estrutura que possibilita o encontro com quem tem *face* e *palavra*, e então *"ultima patet"* – aparece – como um encontro, um *face a face*. A morte metafísica é o encontro com o Senhor dos vivos e dos mortos, pois a Ele pertence também a morte. A morte é uma estrutura formal que não é mais senhora, é serva do Senhor dos vivos e dos mortos. Ele é que está presente não só no processo, mas também na sua síntese conclusiva: Quer vivamos, quer morramos, pertencemos ao Senhor (cf. Rm 6,8). Quem passa pela morte, segundo a fé cristã, encontra-se com o seu salvador, o Cristo "Senhor". Aqui se revela em plenitude o senhorio do salvador. A pessoa de Cristo, como Senhor e Juiz dos vivos e dos mortos, apresenta-se sintetizando não em primeiro lugar a divindade, mas a humanidade, toda relação humana, toda terrenidade, identificado com os pequeninos deste mundo, a partir da fragilidade, senhorio que emerge do rosto dos pobres, não do rosto de reis e senhores deste mundo. A síntese final é feita diante dele, desencadeada por este supremo encontro com Ele, numa estrutura dialógica e finalmente livre.

Assim também se apresentam a Ele os que morrem sem batismo, sem Igreja, sem qualquer recurso histórico. Um "limbo", que correspondia a uma antropologia dualista entre sobrenatural-sacramental e natural-pagão, atenta contra a unidade do desígnio criador e salvador de Deus. Ao contrário, a afirmação da descida de Jesus ao Hades, à mansão dos mortos (1Pd 3,19) significa exatamente seu encontro com os que morrem sem ter conhecido o Senhor da vida e da morte. Todos se decidem diante dele e de sua humanidade identificada escandalosamente e surpreendentemente com os pequeninos.

A morte tem, assim, a estrutura de um encontro com o Senhor. Torna-se uma revelação e um juízo, verdadeira *"morte-doxa"*, ou seja, lugar de plena manifestação. Da parte de Deus se mantém nela a oportunidade para todos aderirem à salvação e ao Reino de Deus. Mas de forma personalizada, como face a face, com consciência e liberdade, com adesão de amor. Por isso, adormecido o processo, a consciência e a liberdade são libertadas para a palavra final, que é proferida dialogicamente: Como na tradicional interpretação da prova aos anjos, o Senhor se apresenta com toda a extensão de sua realidade, mas a palavra de adesão ou exclusão, de maravilha ou escândalo, de comunhão ou rebeldia, é própria dos chamados ao encontro. A condenação não provém de Deus, pois seu desígnio é de salvação e de glorificação de toda criatura. A condenação pode provir da definitiva recusa e autoexclusão, para o que se exige plena consciência e liberdade, possibilidade que examinaremos no último capítulo deste livro. A adesão definitiva a Deus não irá suprimir, mas tornará imortais a consciência e a liberdade conclusiva, e, o mais importante, reunirá na comunhão dos filhos e filhas de Deus, enfim em seu reino. Deus e nós somos dignos do dito de Santo Agostinho: "Deus, que te criou sem ti, não te salvará sem ti!" O criador está antes do consentimento da liberdade, mas o salvador não põe a corda no pescoço, preserva e dá condições à plena decisão a respeito do que é pleno.

O mesmo Santo Agostinho, ao falar da graça, estende a compreensão da "graça da perseverança final" a este evento final e definitivo. A morte, para o cristão, é desterrificada e desmonstrualizada, tornando-se graça e desejo de encontro, desejo de dizer finalmente a palavra suprema de adesão que une para sempre no amor. Sem aberração, como observamos a respeito de Santa Teresa d'Ávila e de São Francisco de Assis, a morte permite desejar e cantar. Ela nos porta, então, não como senhora que domina, que humilha, derrota e atira ao nada, mas como serva do Senhor, como "anjo", que apresenta ao Senhor. De grande inimiga, se torna serva e amiga. Quem passa pela morte encontra Cristo, que entrou pelas portas da vida terrena e veio à luz no nascimento, percorreu o caminho da existência terrena, atravessou as portas da morte para ser Senhor que ilumina a morte. Ele é irmão e amigo dos que morrem (cf. Hb 2,11).

A morte está integrada na relação com o Senhor. A "boa morte" é "morrer no Senhor", sob seu chamado. Na liberdade e na consciência, na livre-adesão, nos assiste o Espírito Santo, Penhor e Primícia da vida nova, que sustenta na "entrega do espírito", inclusive como quem socorre a fraqueza do nosso espírito, clamando conosco ao Pai, tornando as dores de morte dores de parto, dando não o poder e a coragem de dominar, mas de "aguentar", que é o poder maior na hora decisiva. Em última análise, o Espírito Santo é a graça da perseverança final. Enfim, a morte tem uma estrutura trinitária para a fé cristã: Morrer face a face com Cristo, no seio do seu Espírito, para a comunhão com o Pai. Esta comunhão trinitária, finalmente, se estende à comunhão criatural: morrer no seio da comunidade humana e das criaturas da terra que choram e esperam, sustentando, mas ao mesmo tempo morrendo um pouco em cada morte na esperança da transfiguração final de Novos Céus e Nova Terra. É uma linguagem especificamente cristã que não contraria a linguagem antropológica, mas lhe dá conteúdos cristãos transcendentais. Há milhares de testemunhas que chegaram inclusive ao martírio e mostram que esta morte cristã é possível e desejável.

Com a morte como encontro e como decisão e juízo se articulam, como em um mesmo processo, a ressurreição dos mortos, a redenção do corpo – ou, para dizer mais especificamente, da carne –, o juízo universal, que examinaremos nos próximos capítulos.

5
O JUÍZO DO JUSTO JUIZ

Morte, juízo, perdão e remissão, ressurreição, vida eterna – não são acontecimentos estanques ou sucessivos, e devem ser sempre pensados num único evento em processo a partir das chaves cristãs de leitura. Mas para um mínimo de clareza didática precisamos "decompor" os aspectos em abordagens diversas. Este capítulo trata do juízo, que fascinou as artes plásticas e a música, o teatro e, claro, a pregação religiosa. O juízo está continuamente presente também em nosso cotidiano, nas sociedades, atravessando todas as instituições. Aqui abordamos primeiro sua exigência de ordem antropológica, depois de ordem política e social, depois algumas de suas expressões culturais e religiosas para finalmente nos atermos à interpretação bíblica e especificamente cristã. Em última instância, importa-nos, como cristãos, o que é mesmo o juízo de Cristo, do Espírito, do Criador e da sua misericórdia que levanta o sol e derrama a chuva sobre bons e maus, segundo o Sermão da Montanha.

5.1 Justiça, uma exigência humana

Um mundo sem justiça não seria um *mundus*, que, em latim, significa espaço bem ordenado. Sem justiça, só teríamos um espaço imundo, corrupto, caótico, e violento, sem possibilidade de vicejar vida realmente humana. Sem justiça não haveria cosmos, que, em grego, significa um espaço em boa forma, bem estruturado, esteticamente organizado e ecologicamente harmonioso.

A justiça é alicerce e viga mestra para a existência de uma sociedade humana. Entre os primeiros sinais de passagem dos hominídeos à condição propriamente humana estão, ao lado do cuidado para com os mortos, os sinais de providência quanto à justiça entre os membros de um grupo, a obediência a leis básicas de sua organização, e, consequentemente, punições diversas às transgressões. A desordem não pode ser permitida, porque é o começo do caos. Em consequência, não há sociedade, não há cultura humana que não tenha, desde os primórdios, a necessidade de estabelecer regras de justiça com suas consequências. O equilíbrio e a ordem devem ser restabelecidos com equidade, com medida justa, toda vez que a ordem é ferida e se introduz o desequilíbrio.

a) As raízes sacras da justiça – São nossas conhecidas as leis de Hamurabi, da antiga Mesopotâmia, pela sua repercussão no texto bíblico. No entanto, as pesquisas em antropologia cultural trazem muita informação a respeito de costumes e leis que estruturam a convivência humana em todas as latitudes do planeta. René Girard teve o mérito de nos revelar os porões de tal processo, pois não é dado magicamente. Segundo sua teoria do desejo mimético e do sacrifício expiatório que rege a ordem, a lei ganha sacralidade pela história de sangue que está na sua base. O sangue expiatório, normalmente tomado de inocentes úteis, emerge da realidade dura da violência dos desejos e sua ambiguidade de atração e rivalidade que produzem conflagração contagiosa. O sangue expiatório é o paroxismo da violência concentrada que absorve e aplaca toda violência. A partir dele, de seu derramamento e reconhecimento como sacrifício, se consagra a ordem com interditos e mandatos sacros. A sua história se torna narrativa mítica e ritual eficaz. A vítima expiatória sustenta a ordem e a justiça com raízes lançadas no além, no mundo dos deuses. Seguindo a teoria de Girard, a violência desencadeada na terra é lançada mediante a vítima expiatória nos céus, e desde então os céus governam com mão de ferro e doses de violência sagrada o que se passa na terra. Assim se explica a existência de deuses que governam, criam, decidem, julgam a partir do alto ou das profundezas. Retratam e "resolvem" exemplarmente em suas *theomaquias*, em lutas de deuses, em dramas teocósmicos que superam de longe nossas cabeças, as nossas próprias lutas e dramas[54].

Em última análise, a justiça aqui na terra, segundo esta antropologia, tem uma correspondência mítica nos céus, que não apenas espelha, mas corrige, assegura, administra a justiça terrena. A justiça precisa se assegurar com este ar de sacralidade: o poder judiciário alcança e coloca raízes no intocável, no tremendo e fascinante, perigoso e desejável, o seu braço divino e messiânico. Um vestígio de tal ordem está no crucifixo posto na sala do tribunal do poder judiciário, apesar de todas as discussões a respeito da laicidade da sociedade. O poder da justiça é o mais sacro dos poderes.

---

54 A bibliografia de René Girard e os estudos de antropologia girardiana se tornaram abundantes. No Brasil, cf., p. ex., a biblioteca girardiana da Editora É Realizações, São Paulo.

b) Os juízos da história e o juízo sobre a história – Contar com o tempo para que brilhe a verdade é uma atitude sábia: o que frequentemente é confuso e ambíguo, com a distância do tempo e do calor da hora se revela na calma e na objetividade. Mas nem sempre é assim. O tempo pode também apagar a nitidez e os detalhes dos fatos, pode encobrir com novos fatos e interpretações, ou pode simplesmente deixar cair no rio do esquecimento. E o que é esquecido está morto, não existe. Esta era, na mitologia do inferno, a condição trágica dos mortos: deviam passar pelo rio do esquecimento – o Rio Lethes – onde suas memórias eram lavadas. Enfim, na história o que temos são interpretações mais do que a crueza dos fatos, ainda que não sejamos tão radicais como Nietzsche – "não há fatos, só há versões". Por isso é inútil esperar que a história faça justiça, pois ela não é contada pelas vítimas que se foram e não deixaram sequer testemunhos. A história é dos sobreviventes, dos que venceram, dos que podem e sabem mais, dos que impõem a sua versão. Como já vimos, a História com maiúscula, sujeito sem rosto, é uma máscara dos vencedores. Ela não pode ser a palavra final de justiça por sua estrutural incapacidade de ser ela mesma inteiramente justa. Disso decorre o clamor por uma justiça sobre a história, capaz de julgar a história e fazer justiça aos que a história não faz. Uma justiça sobre a história está representada nos juízos universais, e justiça a cada pessoa, que a história não dá conta de fazer justiça, está representada no que a tradição cristã chamou de juízo particular.

Antes, porém, de adentrarmos a tradição cristã a respeito do juízo, tanto em seu aspecto universal como em seu aspecto pessoal ou particular, é útil examinarmos algumas imagens e linguagens de juízo em sociedades do entorno bíblico, pois a tradição bíblica e cristã lhes toma emprestadas dando-lhes a sua própria versão.

A balança e o livro são duas figuras de juízo que melhor conhecemos. A primeira pode ser encontrada no antigo Egito, mas provavelmente tenha raízes entre os fenícios e no Mediterrâneo em geral, com a necessidade de encontrar medida justa no comércio. A justiça teria, então, a mesma origem da matemática, ciência das medidas. Mas é mais complexa: na balança da justiça a divindade que reina sobre vivos e mortos, que é pai e juiz ao mesmo tempo – Osíris, no caso egípcio – pesa na balança as almas dos mortos, colocando no outro prato o peso de suas obras. Se as almas e suas obras não tiverem peso adequado não serão reconhecidas como filhas de Osíris e de Ísis, não serão chamadas de Hórus, o que equivale a uma "morte segunda".

A balança da justiça está ainda hoje diante de alguns tribunais, operada por uma divindade com olhos vendados para que a subjetividade de quem julga não interfira na objetividade da justiça. É a justiça teoricamente igual para todos, sem isenção. Mas um juiz sem olhos para os que não pesam na história, para os que não tiveram oportunidade igual porque ela lhes foi negada, acabaria numa falsa matemática. Como ao mesmo tempo ter a isenção dos olhos vendados e ter olhos para os que ninguém viu ao longo de uma história de injustiças? É um desafio inclusive para o Estado moderno a combinação da justiça retributiva – *unicuique suum*, a cada um o que é seu – e a justiça social que considera os desequilíbrios e intervém em socorro dos mais pobres.

O livro é outra figura da justiça que perdura no texto bíblico desde os livros do Pentateuco até o último livro, o Apocalipse. Para entender bem esta figura, é necessário lembrar que os livros não eram escritos no papel que conhecemos. O pergaminho da Ásia Menor, feito de pele de animal, é praticamente posterior à Escritura do Primeiro Testamento. O papiro do Egito, mais antigo, era frágil, embora tivesse a vantagem de ser flexível e se transformar em um rolo. Escritos de maior valor, porém, estavam lavrados em tábuas de pedra. Na verdade é só remontando ao início da escrita, à Mesopotâmia, à escrita cuneiforme em pedra e tijolo que podemos entender bem a qualidade principal da palavra escrita: a permanência e a fidelidade do registro. O que é escrito permanece para sempre, porque está escrito na pedra. Por isso se costuma datar o começo da história em coincidência com o começo do registro escrito, o documento que pode ser acessado. Hoje, por um lado, temos a valorização da oralidade, da tradição e da memória oral. E, por outro lado, o livro digital pode ser volátil, pode inclusive ser mais facilmente modificado, diminuindo a percepção de permanência e fidelidade. Mas a declaração de Pilatos, na qual sabemos que não pode modificar a sentença sobre a cabeça de Jesus na cruz e atender assim o pedido dos chefes judeus, é que "o que escrevi está escrito!" (Jo 19,22). Costuma-se afirmar que as Constituições de um povo são "lei pétrea". A metáfora do livro está associada à incisão definitiva e permanente na pedra.

A Escritura é percorrida por diferentes livros: o livro da Lei, o livro da história com suas páginas seladas e fechadas em relação ao futuro, o livro da vida, que se confunde com o livro da história, o livro em que estão compiladas todas as ações humanas, boas e más. Deixemos aqui de lado o livro da Lei. O livro selado, livro da história que somente se abre e pode ser lido e inclusive antecipado e interpretado corretamente pelo senhor e juiz da história, o "Filho do Homem", domina boa parte do apocalipse de Daniel até o Apocalipse do

Novo Testamento, uma releitura da história a partir de Jesus[55]. Já o livro que compila as ações humanas boas e más é o livro para o juízo[56], e reaparece no hino *Dies Irae*, sequência das missas de réquiem em memória dos mortos. Em Ap 20,12 há uma distinção entre este livro de juízo, que, como em Daniel, está no plural, e "outro livro", o livro da vida, em que estão inscritos os nomes dos salvos: justiça e salvação, justiça e vida têm a mesma importância em fidelidade última e indestrutível.

5.2 O vingador, o defensor, o Filho do Homem

A vingança é a forma mais lógica da justiça retributiva, e a Escritura se refere com frequência a esta forma de retribuição. Há uma figura que pode nos parecer estranha, e que remonta aos tempos dos clãs da região: a instituição do "vingador do sangue" (*Goèl*), que, em caso de homicídio, é o encarregado de matar o homicida (cf. Nm 35,19). *Goèl*, etimologicamente, tem a ver com povo (*Go*) e com Deus (*El*), significa que se trata de um mandato divino de defesa do povo que foi vitimado. A vingança é, assim, um mandato sacro e obrigatório. A designação para ser o vingador do sangue recai sobre o parente mais próximo da vítima (cf. Gn 4,15; 9,6; Dt 19,12; 2Sm 14,11). Por extensão, o *Goèl* deve também defender os direitos dos mais fracos de seu clã, especialmente no caso de injustiça em relação às terras da família (cf. Lv 25,23-25). Não é uma característica bíblica, mas de ordem antropológica, que pode ser encontrada em outras culturas, algumas persistindo até nossos dias, e isso nos leva a refletir sobre a crua sinceridade da vingança como um direito que subsiste até no substrato dos nossos sistemas judiciários por mais sofisticados que sejam.

Segundo a cultura guarani, a vingança é a máquina que põe o mundo em marcha ordenada. Na verdade, é o retorno do equilíbrio entre as partes, o que se pode verificar também na reivindicação, inclusive salarial. É também o resgate da honra quando foi ferida ou roubada. Em algumas aldeias da Indonésia a pessoa desonrada mesmo injustamente deve desaparecer de sua comunidade porque a honra é seu ser social, e somente depois de vingada a sua honra poderá fazer seu retorno. Em *Crônica de uma morte anunciada*, Gabriel García Marquez narra a necessidade trágica de dois irmãos deverem matar seu grande

---

55 Cf. Dn 7,10; 9,2; 12,1ss.; Ap 5 (todo o capítulo, com abertura de cada selo e com os passos de interpretação e juízo da história).

56 Cf. Jr 17,1; Ml 3,16; Sl 40,8; 56,9; Lc 10,20; Ap 20,12. A figura do juízo a partir do livro permaneceu no imaginário popular até nossos dias. É o caso do *Auto da compadecida*, de Ariano Suassuna, que devolve a satanás a função que lhe compete nos livros de Jó e de Zacarias, o de ser o acusador como uma espécie de promotor da justiça na corte celeste, servindo-se do livro. Cf. Jo 1,6; 2,1; Zc 3,1.

amigo por ele ter desonrado a irmã deles. Da mesma forma o filme brasileiro *Abril despedaçado* retoma uma lei de vingança ordenada que subsiste em algumas regiões do Mediterrâneo, e contextualiza o filme em fato de extermínio de dois clãs familiares no interior do sertão por essa mesma lógica progressiva.

É que a vingança porta consigo um paradoxo insolúvel: ela pretende vingar uma violação, e deve, portanto, também violar. Por isso, para uma vingança ser completa não é suficiente dente por dente, pois somente no segundo dente começa a violação para além da retribuição. O que provoca nova vingança e violação em escalada, num círculo que se amplia e contagia. A famosa lei do talião, do dente por dente, é, na verdade, o estabelecimento de uma "meia vingança" e interdito de buscar uma vingança completa porque isso coloca em risco de contágio toda a coletividade. É a partir disso que se aperfeiçoa o judiciário moderno: não basta o direito do sangue, é necessário o direito da comunidade não ser contagiada pela vingança. Por isso o Estado retira o direito de vingança das mãos das vítimas e transfere o processo de vingança para si em nome de toda a coletividade.

Em Israel há uma clara transferência da vingança, ou melhor, da figura mesma do *Go'el*, do vingador do sangue, para o próprio Deus. Ele assume o papel de vingador, de defensor e protetor da justiça (cf. Is 41,14; Jr 50,34; Sl 19,15). Chamando a si a vingança, Deus retira do meio do povo o risco de contágio e crescimento da violência. O sangue que clama vingança pode assim se acalmar porque está nas mãos do melhor vingador. Se for necessário, Deus promete ser mais vingador do que a lógica da justiça retributiva pede. Mas também volta atrás e renuncia a vingança, de tal forma que se trata de uma intervenção pedagógica de superação da necessidade de vingança para que a piedade, a compaixão e a misericórdia sejam a nova forma de estabelecer a ordem e dar futuro a quem, pela vingança, não teria futuro. Nesse sentido, a misericórdia é mais justa do que a vingança, apesar de romper a lógica objetiva.

Mediadores da justiça de vingança, da defesa e proteção ou de promoção de paz são designados por Deus, às vezes em experiências místicas e outras vezes através da indicação de líderes ou do povo. É o caso de Moisés, de Samuel, dos "juízes" de Israel em geral, depois do próprio rei e dos profetas. A justiça deve ser administrada por juízes sábios, que caem em desgraça quando se corrompem, como o caso emblemático dos juízes de Susana em Dn 13. Até que o povo de Israel subsistiu, mesmo dividido em dois estados, era possível uma política realista da justiça, sabia-se quais engrenagens da máquina social deviam ser concertadas. Quando, porém, ambos os estados foram arrastados ao exílio, já sem autonomia, os profetas se tornaram "apocalítpticos", e o ungido para cumprir a justiça como *Goel* deveria encarar todas as nações, julgar e ordenar todos os povos. Só um "Filho do Homem" vindo entre nuvens diretamente do céu, revestido de glória e poder, daria conta do tamanho do juízo sobre os povos (cf. Dn 7,13-14). A expressão "Filho do Homem" é eminentemente judiciária.

A esperança na vinda do Filho do Homem é um amadurecimento da esperança messiânica, que se articula em três aspectos: a realização dos bens desejados, ou seja, a Paz (*Shalom*) como fim, a Justiça e o Direito como meios; a inauguração de um tempo qualitativamente diferente, caracterizado pelo sábado jubilar; a mediação do Filho do Homem como messias portador desses bens e inaugurador desse tempo. Ele seria Consolador do povo de Israel e luz para as demais nações, o que se vê bem retratado nos cânticos do Dêutero-Isaías.

O Filho do Homem é, portanto, uma figura primeiramente escatológica, um *Goel* universal dos últimos tempos, que mediante um juízo global, um tribunal divino secretariado por anjos, segundo o belo imaginário apocalíptico, iria implantar o reinado de Deus.

5.3 Jesus, Filho do Homem

Há algo de escandaloso na identificação de Jesus de Nazaré, filho de Maria e pregador ambulante entre os camponeses da Galileia, com a grandiosa figura do Filho do Homem que se poderia esperar segundo as Escrituras apocalípticas. Essa identificação não ocorreu rapidamente e sem equívocos. Mas as narrativas sinóticas insistem na atribuição deste predicado a Jesus, e o Novo Testamento, em seu conjunto, cita até 88 vezes esta expressão referindo-se a Jesus. Levando-se em conta que a expressão não tem nenhum contexto helênico, como é o caso de "Senhor" e "Salvador" que também são encontrados em espaços helênicos, a expressão Filho do Homem tem um sentido relevante nas origens do Novo Testamento.

Segundo o cuidadoso estudo exegético de Günther Bornkamm, o predicado "Filho do Homem" mantém nos evangelhos sinóticos uma tensão entre o horizonte escatológico em que a vinda do Filho do Homem realizaria a profecia de Daniel, e o momento presente de Jesus, em que Ele atua como quem inaugura a seu modo peculiar esta realização em seus gestos e palavras[57]. O próprio Jesus ora fala no Filho do Homem "que virá" e ora aponta para o que faz como sendo ações do Filho do Homem. Portanto, há nos evangelhos um "já

---

57 Cf. BORNKAMM, G. *Jesus de Nazaré*. Petrópolis: Vozes, 1976.

agora" e um "ainda não" do Filho do Homem. Para entender melhor o Filho do Homem já presente em Jesus, deve-se, no entanto, situá-lo em primeiro lugar na luz do Filho do Homem que virá.

Em termos de vinda escatológica do Filho do Homem, são justamente as exortações à vigilância de caráter apocalíptico que precedem as narrativas da paixão e crucificação de Jesus as mais notáveis. Em Marcos, Jesus está praticamente citando Daniel: "E verão o Filho do Homem vindo entre nuvens com grande poder e glória. Então Ele enviará os anjos e reunirá os eleitos, dos quatro ventos, da extremidade da terra à extremidade do céu" (Mc 13,26-27; cf. Mt 16,27-28; Lc 21,27; 36). As exortações com imagens apocalípticas convocam à vigilância (cf. Mt 24,37-44), a erguer a cabeça em direção à libertação (cf. Lc 21,28), mantendo-se em postura de quem tem esperança. É evangelho, boa notícia: haverá um futuro diferente e bom.

Ainda como vinda escatológica, a narrativa a respeito do solene julgamento presidido pelo Filho do Homem que está em Mt 25,31-46 é o que há de mais impactante, inclusive na história do cristianismo, da espiritualidade e da arte cristã, do envolvimento ético com os "pequeninos", o desenvolvimento das obras de misericórdia. Voltaremos a nos referir de forma sistemática a esta perícope logo adiante.

A vinda escatológica do Filho do Homem, à qual Jesus sempre se refere como a alguém no futuro, tem, no entanto, uma contrapartida no presente, como dissemos acima: Jesus se identifica com o Filho do Homem em momentos escandalosos para as expectativas de um messianismo de poder e de glória. Comparando-se a João, o batista que faz penitência no deserto, Jesus mesmo se diz Filho do Homem que come e bebe, se confraterniza na boa convivência e amizade até com pecadores (Mt 11,18-19). Para justificar a transgressão da lei em tempo de fome, Jesus não apela apenas para a misericórdia mais alta do que sacrifícios, mas para a sua presente autoridade maior do que o templo, pois "o Filho do Homem é Senhor do sábado" (cf. Mt 12,1-8).

O texto que aclara definitivamente o modo surpreendente e ao mesmo tempo escandaloso de realizar no presente o juízo do Filho do Homem, dependendo da recepção dos interlocutores, é a narrativa da cura de um paralítico logo no começo do Evangelho de Marcos (cf. Mc 2,1-12). Nesse tempo, doença e pecado eram considerados duas faces da mesma moeda, e Jesus, vendo a fé do paralítico, toma a iniciativa de perdoar os seus pecados, o que provoca uma reação nos letrados escribas: "Por que está falando assim? Ele blasfema! Quem pode perdoar pecados a não ser o Deus único?" Jesus retruca: "É mais fácil dizer ao paralítico: os teus pecados estão perdoados, ou dizer: Levanta-te, toma o teu leito e anda? Pois bem, para que saibais que o Filho do Homem tem poder de perdoar pecados na terra, eu te ordeno – disse ao paralítico – levanta-te, toma o teu leito e vai para casa. O paralítico levantou-se e foi carregando seu leito, e todos exclamavam: "Nunca vimos coisa igual!" De fato, eles viram no aqui e agora a atuação do Filho do Homem, do seu surpreendente juízo: o perdão. O *Goˀel*, vingador e defensor do seu povo, oferece ao seu povo o juízo do perdão, que é um renascimento, uma remissão para uma vida nova, para chance nova. Esta é a forma mais alta de vingar, de abrir caminho na paralisia e na decadência, e abrir um futuro novo.

Convém aprofundar este ponto, porque na parte escatológica do Credo, com a confissão de que "Ele virá julgar os vivos e os mortos", há também a fé na "remissão dos pecados" junto à ressurreição dos mortos. O perdão é, primeiramente, uma forma de juízo. Não haveria perdão se não houvesse reconhecimento de que há algo de errado, de culpa e de extravio. O perdão não é reconhecimento de inocência, como acontece algumas vezes com o próprio Jesus. Só há perdão onde houve erro e culpa. Mas perdoar é a decisão de não considerar mais o passado e abrir um futuro novo, por isso é ocasião de expiação e de renascimento, de remissão. O perdão salva e *ab-solve* das amarras das consequências quem, pela lógica, devia ser condenado. Aqui está a forma de juízo inaugurada por Jesus, cuja intenção João afirma reiteradamente, primeiro no diálogo noturno com Nicodemos, o membro do Sinédrio: "Deus não enviou o seu Filho ao mundo para condenar o mundo, mas para que o mundo seja salvo por Ele" (Jo 3,17). O "mundo", nos textos joaninos, é um "sistema de pecado e violência", é sistema de ódio, é o reino de Pilatos e dos que entregam o justo à morte. Mas Deus, ainda assim, ama o mundo e, pelo perdão, dá chance ao mundo. O Filho de Deus até suspende o julgamento para não condenar, na proclamação aberta junto ao templo: "Se alguém ouvir minhas palavras e não as guardar, eu não o julgo, porque não vim para julgar o mundo, mas para salvar o mundo. O que me rejeita e não acolhe as minhas palavras tem seu juiz: a palavra que proferi é que julgará no último dia" (Jo 12,47-48). Voltando à explicação a Nicodemos, revela que o julgamento é consequência da decisão do próprio julgado:

> Este é o julgamento: a luz veio ao mundo, mas os homens preferiram as trevas à luz, porque suas ações eram más, pois quem faz o mal odeia a luz e não se aproxima da luz, para que suas obras não sejam descobertas. Mas quem age segundo a verdade aproxima-se da luz, para que se manifeste que suas obras são feitas em Deus (Jo 3,19-21).

Portanto o juízo do Filho do Homem, voltando aos sinóticos, é só perdão, é oferecer ocasião de expiação para o que errou. Assim como é reconhecimento de inocência e reabilitação para a vítima, o que se pode verificar sobretudo nas narrativas de inversão no texto de Lucas: entre o pobre Lázaro e o rico, entre o fariseu e a mulher com fama de pecadora, entre os dois filhos do pai pródigo, entre o fariseu e o publicano, entre os homens do templo e o samaritano etc. A conexão entre o juízo escatológico do Filho do Homem e os gestos e palavras de Jesus identificando-se ao Filho do Homem, é o juízo de salvação. O método é o perdão. O juízo de condenação não provém dele nem de Deus, provém da recusa claramente consciente expressa na recusa da luz e do claro sinal da salvação.

Há ainda um terceiro grupo de textos em torno do "Filho do Homem" que revela o lugar mais radical do juízo divino: a cruz. Ela é consequência de um caminho terreno deste "estranho" Filho do Homem despojado de glória: "as raposas têm tocas e os pássaros, ninhos; mas o Filho do Homem não tem onde reclinar a cabeça" (Lc 9,58). Na avaliação da missão em meio à crise da Galileia, Jesus termina ensinando "que era necessário que o Filho do Homem sofresse muito, e fosse rejeitado [...] fosse morto" (Mc 8,31), e, diante da perplexidade, conclui: "aquele que se envergonhar de mim e de minhas palavras, também o Filho do Homem se envergonhará dele quando vier na glória do seu Pai com os santos anjos" (Mc 8,38). Enfim, não resta dúvida: trata-se de aceitar e seguir o juízo do Filho do Homem que passa pela cruz, pela aniquilação de vítima inocente, do próprio *Goel* cuja vingança, consolação e conforto será estar na condição radicalmente solidária de vítima, suportar a dor do mundo e assim salvar. É o avesso do juízo da história triunfante, dos poderes e das medidas deste mundo. A cruz é o juízo cristão mais profundo, que julga também os tribunais em que é posta.

5.4 O outro Paráclito: a advocacia do Espírito

Ainda que a forma do Filho do Homem em Jesus seja admirável em sua humildade e pureza humana e divina, ela poderia soar como figura heroica ao estilo do panteão egípcio ou da mitologia grega com seus heróis de feitos extraordinários e impossíveis. A cristologia voa para a mitologia se não há nela uma eficaz pneumatologia: o Espírito Santo é o "outro Paráclito", segundo a promessa que está nas palavras de despedida de Jesus em João: "Rogarei ao Pai e Ele vos dará outro Paráclito para que convosco permaneça para sempre, o Espírito da Verdade" (Jo 14,16-17a). Entre os diversos predicados e funções que traduzem a figura do *Goel* em grego está a que costumamos atribuir com justiça ao Espírito Santo: *Pará-clito*, aquele que se põe ao lado ou junto para ser a voz de defesa, o protetor, o consolador, ou, na forma romana bem conhecida da época, mas também nossa bem conhecida, Advogado[58].

O Espírito é, em primeiro lugar, inclusive conforme a ordem dos dons do Espírito Santo na tradição teológica, Espírito da sabedoria e da verdade, e sua primeira ação de advogado é a instrução a respeito da verdade necessária para um juízo justo e para a verdade que liberta: "O Advogado, o Espírito Santo, que o Pai enviará em meu nome, é que vos ensinará tudo e vos recordará tudo o que eu vos disse" (Jo 14,26). Ele é também "testemunha" permanente nos tempos que virão daquilo que Jesus operou (cf. Jo 15,26). Ele levará à plenitude até o final dos tempos o conhecimento e a obra do primeiro consolador e confortador, que é o próprio Jesus em sua condição terrena e, portanto, em tempo finito:

> Quando vier o Espírito da Verdade, Ele vos conduzirá à verdade plena, pois não falará de si mesmo, mas dirá tudo o que tiver ouvido e vos anunciará as coisas futuras. Ele me glorificará porque receberá o que é meu e vos anunciará (Jo 16,13-14).

Os evangelhos sinóticos, como João, são textos elaborados quando já há um tempo de experiência do caminho cristão, palmilhado inclusive com perseguição e martírio, e todos lembram as palavras de Jesus: "Por causa de mim sereis conduzidos à presença de governadores e de reis, para dar testemunho perante eles e perante as nações. Quando vos entregarem, não fiqueis preocupados em saber como ou o que haveis de falar. Naquele momento vos será indicado o que deveis falar, porque não sereis vós que falareis, mas o Espírito de vosso Pai é que falará em vós" (Mt 10,19; cf. Lc 12,11-12; 21,12-19; Mc 13,9-13). Que o Espírito divino fale pela boca de seus profetas, desde Moisés, é uma tradição bíblica firme (cf. Ex 4,10-12; Jr 1,6-10). O Novo Testamento identifica esta experiência do Espírito com o *Goèl*, advogado dos inocentes e das vítimas nos juízos deste mundo.

Munidos da sabedoria e da verdade, não há mais necessidade de temor de juízo algum. Pode-se dizer isso diante do "juízo divino"? Por sua operação de colocar tudo às claras não se deveria temer? Quando estivermos não em situação de vítimas inocentes no tribunal, mas sentados no banco dos réus do tribunal divino, é Ele ainda nosso advogado? João nos esclarece sobre este ponto crucial. Em primeiro lugar lembra as palavras de Jesus de que o "príncipe deste mundo", que organiza escondido a acusação de vítimas expiatórias para manter o sistema sob seu controle, foi desmascarado e vencido, e já não há

---

58 A "edição pastoral" da Bíblia, da Editora Paulus, traduziu a palavra "Paráclito", em todos os versículos em que aparece, simplesmente por "Advogado".

mais quem acuse, satã perdeu sua função: "É de vosso interesse que eu parta, pois se eu não for, o Paráclito não virá a vós. Quando eu for, enviá-lo-ei a vós. E, vindo, ele arguirá (desmascarará) o mundo [...] a respeito do julgamento (da condenação), porque o príncipe deste mundo está julgado (é que está condenado) (Jo 16,7-8.11)[59]. Em Lucas a palavra de Jesus dá um esclarecimento pontual: "Eu vi satanás cair do céu como um relâmpago!" (Lc 10,18). Assim, em primeiro lugar, o Espírito exorciza todo poder demoníaco deste mundo que tenta se revestir de julgamento divino. O que tem pretensão de sentenciar em nome de um juízo divino é, na verdade, demoníaco e deve ser desmascarado. Esta função de desmascarar e desmistificar o que se eleva à máscara de sagrado é típica do Espírito da verdade que liberta e não deixa espaço a juízos de ficção que seriam, na verdade, projeção eficaz de juízos deste mundo, como apontaram alguns críticos do cristianismo.

O cantor do *Dies irae*, porém, se interroga com angústia: Quem dentre tão limitados mortais pode estar seguro diante do tribunal divino que tudo sabe?[60] É o mesmo João, em sua primeira carta, quem esclarece também este ponto: "Filhinhos, não amemos de palavras nem de língua, mas por ações e em verdade. Nisto reconhecemos que somos da verdade, e diante dele tranquilizaremos o nosso coração se o nosso coração nos acusa, porque Deus é maior que o nosso coração e conhece todas as coisas" (1Jo 3,18-20). E, para coroar esta absoluta confiança em Deus e curar qualquer religião de angústia, João tem outra pérola:

> Deus é Amor: aquele que permanece no amor, permanece em Deus e Deus permanece nele. Nisto consiste a perfeição do amor em nós: que tenhamos plena confiança no dia do Julgamento, porque tal como Ele é também somos nós neste mundo. Não há temor no amor; mas o perfeito amor lança fora o temor, porque o temor implica um castigo, e o que teme não é perfeito no amor. Quanto a nós, amemos, porque Ele nos amou primeiro (1Jo 16b-19).

Com o que Paulo pensava e ensinava a respeito do Espírito "advogado" podemos concluir esta parte. Suas abundantes referências ao Espírito Santo e seus dons têm um ponto alto em Rm 8. Essa página é uma síntese de pneu-

---

59 A tradução da Bíblia na "edição pastoral" ajuda a compreender melhor esta afirmação decisiva, e vale colocar aqui inteira: "Quando o Advogado vier, Ele vai *desmascarar* o mundo, mostrando quem é pecador, quem é o Justo e quem é o condenado. Quem é pecador? Aqueles que não acreditaram em mim. Quem é o Justo? Sou eu [que digo a verdade]. Mas vocês não me verão mais, porque eu vou para o Pai. *Quem é o condenado? É o príncipe deste mundo, que já foi condenado*" (Jo 16,8-11).
60 *"O Juiz, pois, quando se sentar / Tudo o que está escondido aparecerá / Nada impune permanecerá // O que então direi, eu que sou miserável? / A qual protetor rogarei? / Quando até o justo estará inseguro?* (Estrofes 6 e 7). Na sequência, porém, Ele busca uma resposta verdadeiramente evangélica e confiante (cf. anexo I).

matologia do Novo Testamento. Paulo começa instruindo os seus futuros interlocutores judeus a respeito da superação do regime da Lei pelo regime do Espírito – e da graça, dos dons do Espírito. É o Espírito, e não os sistemas de leis, quem socorre a nossa fraqueza. O Espírito mesmo, habitando em nós, intercede – portanto advoga – por nós, capacitando-nos a invocar Deus como nosso Pai (cf. Rm 8,26). E vale aqui um parágrafo inteiro:

> Todos os que são conduzidos pelo Espírito de Deus são filhos de Deus. Com efeito, não recebestes um espírito de escravos, para recair no temor, mas recebestes um espírito de filhos adotivos, pelo qual clamamos: *Abba!* Pai! O próprio Espírito se une ao nosso espírito para testemunhar que somos filhos de Deus. E se somos filhos, somos também herdeiros; herdeiros de Deus e co-herdeiros de Cristo, pois sofremos com Ele para também com Ele sermos glorificados (Rm 8,14-17).

5. 5 "Vem, Senhor Jesus!" – A *Parusia* do Juiz

É clássico o ensinamento encenado na escola rabínica: a criança pergunta se o messias já veio. Então o rabino toma a criança pela mão, leva à janela para que olhe o mundo lá fora. E conclui depois: "portanto, não veio ainda!" É que a vinda messiânica deve transformar este mundo em um mundo de Paz (*Shalom*), onde o Direito e a Justiça lhe deem o sabor de Reino de Deus. Mas, olhando o mundo, deve-se concluir que este tempo não chegou ainda. Na tradição cristã, evidentemente, confessamos que o Messias veio, que começou a vir. Mas certa redução do reino à Igreja ou à alma, em termos práticos, deixou-o no passado ou na alma sem história.

Toda diminuição da consciência coletiva permite que uma verdade ressurja de forma mais marcante em algum ponto, em algum visionário e seu grupo. É importante compreender o surgimento do movimento adventista, ligado à expectativa de vinda de Cristo como à recuperação do Sábado, o tempo da escatologia. De forma ainda mais complexa e americanizada, os Mórmons – os Santos dos Últimos Dias – lembram o dever da fé cristã de se lançar para frente, para um tempo de plenitude antecipado no Sábado. Na história do cristianismo ocidental talvez Joaquim de Fiore (†1202) tenha sido o teórico da teologia da história que mais tenha influenciado periódicos entusiasmos, embora ele tenha se referido mais ao Espírito Santo do que a Cristo como futuro da história. Segundo as idades da história traçadas por Joaquim de Fiore, depois da era do Pai e da família, inaugurada por Adão e tendo Abraão no seu ápice, veio a idade do Filho e da instituição, inaugurada por Osias e tendo Jesus no seu ápice. E finalmente a idade sem declínio do Espírito, começada com Bento (Joaquim era monge!) e estando em seus dias às vésperas de uma plenitude sem fim. Dessa forma a história se superaria em direção a uma plenitude espiritual.

Os franciscanos do século seguinte, alguns pregadores da reforma do século XVI e a filosofia da história e do espírito de Hegel, os primeiros de forma religiosa e o segundo já em forma política, atestam bem esta busca por um capítulo da história que seja ao mesmo tempo sua grande conclusão, que ainda está em aberto. Nas utopias dos séculos XVI-XVII, de Thomas Morus a Campanella na Europa, e dos franciscanos e jesuítas nas missões do Novo Mundo, ecos de Joaquim de Fiore e de um milenarismo teimoso, mesmo quando vê o mundo em duas cidades como Agostinho ou segundo o dualismo cátaro no século XIII, sonha-se com um mundo novo até no século do socialismo e do mercado global, o que obriga a examinar melhor uma escatologia não só das pessoas individualmente, mas da história e do mundo.

Do ponto de vista da fé cristã, como já vimos nos três primeiros capítulos, Cristo é o centro e o horizonte último não só hermenêutico da história, mas também ontológico, real como o próprio mundo. No entanto, esta centralidade e este horizonte último só são captáveis e experimentáveis mediante a interpretação. A *parusia* e a grande revelação escatológica narrada em Mt 25 compõem a interpretação e apontam para uma realidade que ainda não aconteceu inteiramente, que ainda virá. O último capítulo da história de Cristo com o mundo e, portanto, da cristologia, ainda não está escrito.

a) Parusia, ou Epifania ou também O Dia do Senhor – Em primeiro lugar, a etimologia: *Para-ousia*, recorrendo ao modo heideggeriano de falar, é *ser-aí*, num sentido mais amplo do que o *ser-aí* do *Da-sein*. Parusia é a manifestação de todo ser em sua autenticidade, em sua verdade mais profunda e mais completa. Por isso é palavra aparentada com *Epi-fania*, o que se manifesta a partir de cima, embora depois se aplique para a experiência de aparecimento de Cristo exatamente pelo avesso, na humildade do menino reconhecido pelos sábios do Oriente. Parusia, na área de cultura helênica, tinha dois sentidos práticos, um teológico e outro político, em torno dos senhores – os *Kyrioi* –, fossem eles senhores por serem deuses ou senhores por serem soberanos. Teologicamente, tratava-se da manifestação da divindade no dia de sua celebração, em seu templo, esculpido no frontispício e sobretudo encenado em suas narrativas de glória. Parusia era manifestação gloriosa da divindade. Politicamente o mesmo se aplicava aos reis e senhores que, em festas especiais ou em visitas pelo reino, apareciam com todos os ornamentos e brilhos, de preferência em seus tronos elevados sobre a população. Nesses acontecimentos, nessas aparições, de deuses ou de reis, as populações recebiam benefícios e faziam festa. Esse é o contexto do uso cultural, religioso e político, da palavra.

Compreende-se que desde cedo, já na primeira geração, no entusiasmo das primeiras comunidades cristãs, o paradoxo de aplicar para um filho de Nazaré, que falava um dialeto do interior, tais expressões,- parusia, epifania, arrebatamento, exaltação, glorificação, entronização celeste – não diminuíam, mas aumentavam e contagiavam pela boa surpresa. Era de alguma forma a confissão dogmática posterior dos concílios gregos, dita na forma de predicados e atributos que convinham a pessoas grandes e importantes, incluída a divindade, mas a um "Deus ao alcance da mão", na condição de uma surpreendente humanidade. Nesse sentido o que se chamou de "Parusia", reservada para o "Último Dia" e o que acabou se chamando "Epifania" para interpretar o que narra Mateus com a vinda dos sábios do Oriente para adorar o recém-nascido se aclaram mutuamente. São "lugares teológicos" de manifestação autêntica de como Deus se aproxima e se apresenta, e sobretudo de como e a partir de onde Deus julga e salva, dois verbos inseparáveis.

Associado a estas expressões está também "O Dia de Javé", ou melhor, "O Dia do Senhor". É o tempo da manifestação incontornável de Deus, pois isso não depende da vontade de quem é surpreendido por sua aproximação e intervenção. O Dia do Senhor será eficaz, não deixará que se continue a chamar de bem o que é mal, será um tempo de introdução da ordem segundo o desígnio divino para suas criaturas. Por isso, para quem tem interesse em que o mundo não seja como Deus quer, será um dia para lá de incômodo, será um tempo terrível. No Evangelho de Lucas e nos Atos, este Dia do Senhor se torna um "Hoje" paradoxal: "Hoje nasceu para vocês um Salvador" (Lc 2,11), diz o anjo aos pastores atônitos por anunciar um menino envolto em faixas nascido em seu próprio campo. É Jesus quem mais pronuncia o "Hoje", declarando ao pecador hospedeiro que "hoje entrou a salvação nesta casa" (Lc 19,9), ou ainda ao malfeitor que morre com Ele, "hoje estarás comigo no paraíso" (Lc 23,43). O povo reconhece, diante dos gestos e palavras de Jesus, que "hoje vimos coisas extraordinárias" (Lc 5,26). Jesus tinha começado sua missão declarando na sinagoga de Nazaré: "Hoje se cumpriu esta Escritura que acabastes de ouvir" (Lc 4,21). Assim, o Dia do Senhor se torna para o Novo Testamento surpreendente, às vezes escandaloso, antecipado em condição humana, mas em tensão intrínseca e fecunda com o Dia escatológico, "Dia de Nosso Senhor Jesus Cristo" (1Cr 1,8; cf. Rm 2,16; 1Cr 3,13; 2Cr 1,14; 1Ts 5,2; 2Ts 2,2; 1Cr 5,5; Fl 1,10; 2,16 etc.). Este "Dia" com letra maiúscula se refere ao tempo da intervenção escatológica, intervenção "última", de consumação, uma releitura das expectativas do apocalipse do Antigo Testamento a partir de Jesus e de sua inauguração terrena, a mesma que aconteceu com a expressão Filho do Homem.

Como mais tarde compreenderam as artes plásticas, esse dia é de claridade, de luz, ou seja, de glória, de transparência e autenticidade, pois finalmente se verá à luz da glória de Jesus a verdade de todas as coisas. Quando as expectativas da vinda do Dia do Senhor começaram a ter que se alongar, a segunda carta de Pedro interpreta o tempo alongado como paciência e misericórdia de Deus para que mais gente tenha chance de participar da salvação (cf. 2Pd 3,8-10).

Cada vez mais, na Igreja, foi se ritualizando a esperança no Último Dia, o Dia da vinda gloriosa do Senhor. Sua antecipação na experiência do Sábado, e a própria teologia do Sábado, foi se localizando no primeiro dia como dia da ressurreição, começo do Sábado, agora absorvido no *Dies Domini*, o Domingo, e ritualizado na Eucaristia dominical em que se proclama a esperança em sua vinda.

b) A segunda vinda, ou vinda plena – O próprio Jesus, a ficar com a literalidade de Lucas, diante do clamor e da espera de justiça, faz a intrigante pergunta: "Mas quando o Filho do Homem voltar, encontrará a fé sobre a terra?" (Lc 18,8). Já examinamos esta tensão entre o presente e a vinda escatológica do Filho do Homem: é o próprio Jesus, e Ele afirma que virá. A volta ou segunda vinda não era novidade. Também Elias, o pai dos profetas, tinha sido arrebatado por Deus em seu "carro de fogo" (cf. 2Rs 2,11ss.)[61], e era esperado em uma segunda vinda. Henoc, modelo de patriarca que "andava com Deus" também tinha sido arrebatado (Gn 5,24). No tempo de Jesus havia também a crença numa "assunção de Moisés", a quem toda a Lei está unida, e não faltava esperança de que ele também voltaria para que a Lei chegasse à sua perfeição. Já Elias era esperado para que exercesse até o fim a condição de profeta escatológico. Não era o caso de Davi, mas dele se esperava um "Filho de Davi", assim como se esperava um "Filho do Homem". A conclusão: estas figuras tinham desencadeado um grande processo que, de certa forma, ficou inacabado, e sua nova vinda, mesmo que fosse "seu espírito"[62] ou seu descendente, iria levar a

---

61 Em hebraico, "carro de fogo" como lugar divino é *merkavah*, glória ascendente; enquanto *shekinah* é a glória descendente, que baixa sobre a tenda (*shekina*) do povo. Segundo João, quando o Verbo se fez "carne" e habitou entre nós, encarna a *shekinah*; Na ascensão, segundo Lucas, ele é arrebatado, mas não num carro de fogo, e sim na mesma nuvem que simboliza a *shekinah*. É uma diferença notável.

62 É o caso da interpretação de Lucas, em que o anjo profetiza a Zacarias, que seria pai de João Batista: "Ele [João Batista] caminhará à sua frente, com o espírito e o poder de Elias" (Lc 1,17a; cf. Mt 17,10-13; Lc 9,30).

termo o que foi começado, seria uma vinda qualitativamente diferente porque seria de "acabamento", portanto uma vinda para o juízo e a salvação escatológica, não uma mera volta para repetir um percurso terreno.

O que se crê e se anuncia, então, não é uma volta ou segunda vinda ao modo da vinda histórica que o Novo Testamento narra, mas vinda em plenitude escatológica, para cumprir o último ato de salvação, não último em termos numéricos e sim em termos qualitativos, o "Último", ou seja, o que consuma e porta à plenitude da glória[63].

5. 6 O juízo próprio de Jesus

O critério para crer em um juízo, para o cristão, é o próprio Jesus: Ele é o nosso juiz. Este atributo e função não podem ser separados do senhorio, da soberania: ele é o nosso *Kyrios*. É mais consagrado o atributo de "Senhor" do que o de "Juiz", e, de alguma forma, este se inclui naquele. Mas como entender que Jesus é Senhor e Juiz de uma história marcada por tanta contradição, violência e decadência humana? Como encontrar sinais do seu juízo? É ainda na forma das narrativas evangélicas que encontramos seu processo de juiz escatológico. É um processo narrado, sobretudo, a partir da cruz. Enquanto o processo histórico de Jesus, processo de humilhação e de perseverança, de sofrimento, de fidelidade e solidariedade, culmina na cruz e na morte, o processo escatológico irrompe desde a glória de Jesus junto do Pai para dentro da história, ao encontro do processo histórico: nele é o próprio Deus "que vem". Com a ressurreição, ascensão e pentecostes – que devem ser pensados como um único processo escatológico – a parusia e o juízo de Jesus irrompem a partir de seu final em direção à história em dores de parto, orientando e salvando a história. Por uma questão puramente didática, vamos acompanhar por partes:

a) Pela ressurreição (*anástasis*, justificação da vítima inocente) e ascensão (ou "assunção", arrebatamento ou elevação ou ainda reconhecimento de legitimidade e herança, por obra do Pai no Espírito – *analepsis*), Jesus deixa o espaço e o caminho histórico para a comunidade de seus discípulos continuarem a mesma missão, e exerce seu senhorio a partir da "direita do Pai": intercede junto ao Pai como advogado – *Goèl* – que conhece em sua carne

---

63 No coração da Eucaristia, a proclamação da vinda integra a Páscoa, morte e ressurreição, como seu cumprimento. Seria desejável uma explicitação menos ambígua possível, como, p. ex., "enquanto esperamos sua plena vinda", ou "Vinde, Senhor Jesus, na plenitude da glória".

nossa condição e não se envergonha de nos chamar de irmãos[64], e administra a história enviando, com o Pai, o Espírito Santo. O Espírito é derramado sobre os que são chamados a pertencer a Cristo, rompendo ecumenicamente toda barreira e criando sinais escatológicos na decadência da história. Sem violentar a liberdade e as responsabilidades históricas, Jesus exerce sua soberania ainda como "servo" da história, servindo o Espírito da verdade que liberta aos que se dispõem a entrar na nova ordem da história, ordem guiada pela novidade escatológica da ressurreição.

b) Jesus se torna "forma" ou "figura" e "causa exemplar" da escatologia: sua vida, morte e ressurreição se tornam "canônicas". Ele é conteúdo escatológico, promessa realizada, Reino de Deus em pessoa. "Ele é a nossa Paz" (Ef 2,14). Os sinais escatológicos são tão humanos e humildes como foi Jesus. Mas também tão transparentes de divindade como foi Jesus.

c) "Parusia" então não é apenas plenitude de revelação de Jesus, mas plena revelação do todo ser, da criação, de céus e terra, da história, da humanidade. Mas é, sobretudo, parusia de Cristo, e o encontro – comparecimento ou coaparecimento – de toda realidade em autenticidade e verdade com Cristo. Assim, na plenitude da vinda de Cristo se reúne a plenitude da criação e da história: é a manifestação, o desvelamento e consequentemente o juízo universal.

d) O julgamento não provém da divindade, mas da humanidade: "O Pai a ninguém julga, mas confiou ao Filho todo julgamento [...] assim como o Pai tem a vida em si mesmo, também concedeu ao Filho ter a vida em si mesmo e lhe deu o poder de julgar, porque é o Filho do Homem" (Jo 5,22.26-27). É que o Filho tem cânones, medidas e critérios para o julgamento, já declarados em sua vida terrena, ou seja, o que Ele mesmo fez e viveu como Filho do Homem quando proferiu juízo ao perdoar, que veio para servir e chamar a servir os pequeninos (cf. Mt 25 – *elachístoi*, os que foram diminuídos, esmagados, humilhados). Portanto, é a humanidade de Jesus, o Filho, tão identificada com a humanidade ameaçada de todo tipo de morte dos pequeninos a ponto de não ser reconhecido em soberania tanto por quem serviu como por quem recusou, e não propriamente a sua divindade ou a divindade de Deus a julgar. O juízo de

---

64 "Tanto o Santificador quanto os santificados formam um só todo, razão por que não se envergonha de os chamar irmãos" (Hb 2,11).

Deus vem dos pequeninos, de sua humanidade, vem "de baixo", e não de cima, vem da humildade humana de Jesus na pele nos pequeninos e não do rei de tremenda majestade divina (*Rex tremendae majestatis*), como mais tarde sugere o nosso célebre hino *Dies irae*.

e) O juízo, mais do que a morte, se antecipa e invade a história, não para infectá-la e paralisá-la na angústia ou esvaziá-la de sentido, mas para "ungi-la" de responsabilidade. Já hoje sabemos como seremos julgados, já hoje as nossas atitudes para com os pequeninos operam para o julgamento. E temos ainda tempo: Deus antecipa o começo do julgamento como revelação de misericórdia e apelo de conversão, pois não quer a morte do pecador, mas que tenha tempo de se converter para que viva. A comunidade do Novo Testamento teve a tentação de "fechar o tempo" por uma espera imediata da parusia. Mas logo aprendeu que este é o tempo da paciência de Deus, da prática da justiça, e tempo de missão no mundo, o "entretempo da Igreja".

f) Ao revelar antecipadamente os critérios de juízo, as relações com os pequeninos, o juiz dá tempo para que, fazendo justiça aos pequeninos, nos coloquemos não num banco de réus, mas ao lado do juiz na obra de ordenar o mundo, torná-lo mais justo, um mundo de verdade e liberdade. Ou seja, podemos nos tornar com o Senhor também juízes do mundo, pois ao juiz o que interessa é que o mundo seja salvo, não simplesmente operar um ato judiciário de aprovação ou reprovação.

g) O juiz é "amigo" dos julgados, interessado em sua salvação, e não um perverso observador do pior momento para surpreendê-los. A morte pode surpreender e levar ao juízo, mas nele se encontra aquele que não se envergonha de nos chamar de irmãos (cf. Hb 2,11) e sabe de que argila somos feitos. Ele é o irmão Primogênito, responsável por seus irmãos junto do Pai, e, segundo uma afirmação repetida várias vezes em João, não quer que nenhum dos que o Pai lhe deu se perca (cf. Jo 6,39; 10,28; 17,12; 18,9). Por isso os que foram maltratados e maljulgados pela história, a grande massa das vítimas e dos abortados da história, clamam por Ele e veem nele seu verdadeiro defensor, advogado e juiz (cf. Ap 6,9-11).

h) Por ser uma parusia e um julgamento *universais*, de caráter "total" e "final", a vinda "Última" deverá "ultimar", e não permanecerá no regime do testemunho da fé e dos sinais humildes como a ressurreição de Jesus e a ação do Espírito na história. A parusia é qualitativamente diferente enquanto todos os humanos, absolutamente todos, se medirão com *a medida de* Jesus. O "metro" de julgamento é salvação para os que portam a "forma" de Cristo a partir dos que foram inocentemente esmagados pela história. E será metro de exclusão e condenação para os que recusam a forma de Cristo e pisam seus irmãos excluindo-os da história. Fundamentalmente Jesus é o esperado. Mas, porque é o amigo das vítimas, será temido por aqueles que não temeram pela fragilidade de seus irmãos na história. Não podemos ser, porém, maniqueístas nem podemos separar joio e trigo no meio da história: todos precisam de misericórdia e de purificação enquanto há tempo. Nós nos preparamos para a vinda de Jesus e para o encontro definitivo com nosso juiz através de um processo de conversão à mesma justiça.

i) O juízo culmina na "entrega" de todas as coisas que o Filho fará ao Pai, na oferta eterna em que Deus será "tudo em todos" (1Cor 15,24-28). A parusia se cumpre, assim, na positividade da comunhão em que o Pai preenche e supera toda esperança e inclusive a sua própria esperança, pois o Pai espera na paciência, como ensina 2Pd 3,8-10, e acolhe finalmente nas relações com o Filho todas as criaturas glorificadas em Novos Céus e Nova Terra. O juízo não é, então, um ajuste de contas por um Deus vindicativo, mas é o momento de plena integração na comunhão divina. É um momento da plena expansão da alegria de Deus em suas criaturas.

A descrição acima, numa ordem lógica, possa soar com excesso de saber, com sabor de gnose, ela se apoia não só no texto, o que daria em fundamentalismo, mas em sinais que antecipam e permitem experimentar já agora o que ainda não é dado por inteiro. Estes sinais não podem se reduzir a uma espiritualidade puramente interior ou se encerrar numa linguagem religiosa, mas se manifestam na responsabilidade pela justiça aos pequeninos, inclusive em âmbito secular, como reconhece o ensinamento da Igreja na *Gaudium et Spes*[65]. O juízo não decorre de um livro de contabilidade de ações individuais, mas da inserção em processos históricos e relações humanas que têm os pequeninos como centro e critério. Os pequeninos asseguram a pureza da assimetria e a

---

65 Esp. n. 39: "A esperança de uma nova terra, longe de atenuar, antes deve impulsionar a solicitude pelo aperfeiçoamento desta terra".

irreciprocidade próprias de um amor amadurecido. E "no entardecer da vida seremos julgados pelo Amor" (São João da Cruz).

a) Um juízo particular e um juízo universal? Ou dois aspectos e dois momentos do único juízo? – O Catecismo da Igreja Católica e grande parte dos manuais de escatologia na área católica, seguindo a linguagem tradicional do magistério, expõem o nosso assunto na forma de dois juízos: o juízo particular e o juízo universal. O Credo Niceno-constantinopolitano, que expressa de forma sintética a ortodoxia da fé, reza apenas que Cristo "virá novamente em glória para julgar vivos e mortos", sem outra menção. O consagrado poema *Dies irae*, que pautou a estrutura do tratado sobre os novíssimos na tradição católica por séculos, também se refere inicialmente a um Juízo universal, ainda que nele cada indivíduo seja examinado diante do livro e sentenciado individualmente. Mas seu uso na liturgia aconteceu normalmente em missas de exéquias e comemorações de defuntos, ou seja, na morte de indivíduos, quando se tinha em mente não o juízo universal, mas o juízo particular da pessoa pela qual se celebrava. A pergunta é, então: O que dizem as Escrituras?

A responsabilidade de quem deve interpretar é, em primeiro lugar, perguntar pelas boas razões que levaram a uma determinada forma de ensinamento, embora tenha também o compromisso de fazer um estudo crítico, cujo primeiro critério seja verificar o contexto e o sentido, a história e as fontes, para só então apresentar sistematicamente uma forma satisfatória para o contexto dos interlocutores. É o que pretendemos fazer aqui.

Pode-se começar constatando um paralelo entre a emergência da individualidade, da subjetividade e suas responsabilidades, e a emergência do juízo "particular", individualizado e com a morte de cada pessoa. Em tempos modernos o acento na individualidade é tão grande que o mais obscurecido não é o juízo particular, mas o juízo universal. Saltando para os primeiros textos proféticos a respeito de um juízo divino, constata-se o contrário: juízo de Israel ou das nações, não dos indivíduos. E quando se referem a indivíduos, são normalmente os reis, os responsáveis pelo povo, ou grupos, classes, que estão levando o povo à ruína. É bem verdade que as responsabilidades individuais já emergem no Primeiro Testamento, mas de forma ainda muito secundária[66]. As discussões entre a teologia grega e a teologia latina sobre o que acontece com os

---

66 É comum a referência ao cap. 18 de Ezequiel, que começa contestando o provérbio "Os pais comeram uvas verdes e os dentes dos filhos ficaram embotados" (Ez 18,1). Nesse capítulo as consequências dos atos são de cada indivíduo. No capítulo seguinte, porém, voltam os juízos coletivos com suas consequentes retribuições.

mortos até o dia do juízo universal no final dos tempos estão justamente entre esses dois extremos[67].

Retomando brevemente o que abordamos no quarto capítulo, sobre a salvação individual, suas razões e distorções, há razões de caráter cristológico com ilustrações no Novo Testamento: os mortos são salvos pela ação eficaz do Salvador desde que sua páscoa abriu as portas da salvação, que é sempre *mox*, imediata. Essa fundamentação latina é precária enquanto condiciona a eficácia à cronologia da morte e ressurreição de Jesus, mas tem peso diante da argumentação oriental que, por sua vez, submetia a salvação à espera no sono da morte até o final dos tempos para o juízo universal, uma cronologia ainda mais precária, mas que tem suas ilustrações bíblicas empatando com a teologia latina. Onde ficamos? Na verdade, é justamente na dimensão antropológica, pouco considerada pelos manuais, com honrosa exceção de grandes nomes da teologia, como Agostinho e Tomás, que podemos ver com mais clareza as razões de ambas as partes.

Assim, o juízo universal atende a exigência de justiça em termos coletivos, históricos, comunitários, estruturais. É o comparecimento não só diante do supremo juiz, mas também comparecimento de todos diante de todos, juízo sobre a história, diante da instância divina que tem condições de convocar ao comparecimento e de julgar a história e seus atores. É o juízo de desvelamento de todos os recônditos escondidos da história e seus atores, a revelação do que foi causado em segredo e então será publicado sobre os telhados, o que somente um juízo apocalíptico no final da história e com poder divino tem condições de tornar possível. Trata-se de exigência ética do que há de mais elementar, a justiça, e se não há filosofia que consiga pensar, a teologia deve dar conta, pois se a injustiça tivesse a última palavra então não haveria um Deus justo. Aqui, no entanto, é necessário lembrar o método – poder experimentar já agora o que ainda não aconteceu – para não confundir desejo ou exigência com realidade. A resposta está, por exemplo, em Mt 25: o juízo do final dos tempos está antecipado na história e já está acontecendo diante dos pequeninos.

O juízo particular e sua abordagem junto ao momento privilegiado da morte vem ao encontro da singularidade de cada pessoa. O estado adormecido das almas, o "sono" da morte em que os mortos descansam e esperam o comparecimento no final dos tempos, teve grande peso na história do cristianis-

---

67 Cf. cap. 3.2.2.c.

mo – por exemplo, no cuidado dos cemitérios, cuja etimologia está justamente ligada a "dormitório" –, mas não atende inteiramente a exigência de respeito à dignidade da pessoa em sua singularidade e mistério. Além disso, talvez o mais importante é a insubstituível responsabilidade de cada um por si enquanto sujeito de seus atos e suas consequências: não há necessidade de uma espera fictícia para seu comparecimento e seu desvelamento diante do juiz. Pelo contrário, ainda que a alma separada do corpo tenha sido considerada uma condição humana incompleta enquanto pessoa, o que examinaremos no capítulo oitavo, a justiça para com a singularidade é que, uma vez morto, a melhor resposta antropológica é o juízo imediato – *mox*.

Portanto há boas razões para os dois lados da questão: enquanto pessoas únicas, em sua singularidade insubstituível e mistério único, exige-se o juízo "pessoal" – ao invés de particular. Enquanto membro de uma história e de uma coletividade onde tudo se dá também em relações de graça e de pecado, de amor e de injustiças, exige-se o juízo sobre a história e o mundo, a sociedade e todos os seus atores, o juízo universal. Como combinar estas duas exigências?

O que ocorreu de fato, com uma antropologia colada numa cronologia de tempos de forma inadequada, foi a separação de juízo universal e juízo particular, como sendo dois juízos. Aqui está toda a nossa observação crítica: foi o despedaçamento em dois juízos o que criou a maior dificuldade em levar a sério ora um e ora outro. Como já sublinhamos anteriormente, no Ocidente latino, com a dogmatização da bula *Benedictus Deus* de 1336, e sua simplificação em catecismos e manuais, o que importou de forma decisiva foi a salvação da alma no juízo particular, e ao juízo universal restou um epílogo sem consequências. Com isso se descolou também a importância do que é histórico e coletivo nas responsabilidades, inclusive no pecado e na salvação.

Com um sereno exame, pode-se perceber ainda outras consequências, a principal delas em termos de imagem de Deus. A divisão em dois juízos conduziu de fato a certa esquizofrenia entre cristologia, pois a Cristo está apropriada no Credo a parusia e o juízo universal no final dos tempos, e à escatologia enquanto novíssimos individuais, reduzidos a um comparecimento da alma diante de "Deus" *tout court*, eventual purgatório, céu ou inferno antes mesmo da ressurreição e juízo universal, e isso fez muito mal à espiritualidade e à evangelização, impondo um temor que distorce a imagem e a experiência de Deus e do Evangelho. O nosso juiz é Jesus de Nazaré, e compreendemos seu juízo em sua missão, em sua morte e ressurreição, que se estendem como páscoa a nós, historicamente. O juízo "particular" teve assim um grave acento reducionista em relação à Trindade: um comparecimento da alma para um juízo solitário diante de um Deus juiz sem mais o Filho do Homem que quer salvar, sem o Paráclito para advogar. Deus assume então a figura da "tremenda majestade" do *Dies irae*, sem mais ser a "fonte de piedade" da mesma estrofe. É necessário voltar, mesmo para o juízo de cada pessoa em sua singularidade, mas sempre membro do Corpo de Cristo, da comunhão dos santos, à perspectiva básica do juízo, que é universal: convocação de toda a história, operada trinitariamente, começando por Jesus de Nazaré.

b) Juízo antes da morte, na morte e depois da morte – Em conclusão, advogamos a necessidade teológica de pensar o juízo divino não como eventos estanques, sobretudo não com cronologias que até mesmo fariam sorrir a física e a cosmologia contemporâneas.

Em primeiro lugar, é necessário pensar em um evento em *processo*. Os conhecimentos de física e as ciências em geral, inclusive as ciências históricas que nos interessam mais de perto, nos ensinam que a realidade toda, para ser melhor compreendida, precisa ser pensada em termos de processos complexos, não lineares, inclusive retroativos em termos de relações causais. É assim que pensamos, no segundo capítulo, a própria história do "Deus que vem", em que o horizonte escatológico não é simplesmente fim, é início. É assim que podemos pensar também o juízo divino sobre a história e as pessoas.

• *Depois da morte* – O juízo divino, cuja sentença é sempre eficaz, coincidirá com um mundo justo e ordenado conforme o Reino de Deus, e só poderá ser escatologicamente pleno no "juízo final", na *apokathástasis* – reunião e comparecimento de todas as coisas diante de Deus, que será tudo em todos (cf. At 3,21; 1Cr 15,28). É honesto confessar com a *Gaudium et Spes*:

> Nós ignoramos o tempo da consumação da terra e da humanidade, e desconhecemos a maneira de transformação do universo. Passa certamente a figura deste mundo deformada pelo pecado, mas aprendemos que Deus prepara morada nova e nova terra. [...] O reino já está presente em mistério aqui na terra. Chegando o Senhor, ele se consumará (GS 39).

Assim se entende também os justos que já estão junto de Deus clamar pela vinda final em plena parusia, alegrar-se pelos que se convertem, interceder pelos que peregrinam: só no final da história do universo, final impossível de cronometrar e que só ao Criador e Consumador pertence, haverá para todos "a justiça e a felicidade", segundo a mesma *Gaudium et Spes*. Até então o juízo está em aberto, em processo, e ainda que ele esteja completo em cada pessoa que morreu, cada pessoa que passou pela morte continua, na comunhão dos santos, inserida e participante no processo dos outros, de alguma forma no juízo dos outros, com os quais tem laços de destino. Se cada pessoa encerrasse tudo em sua morte, os céus seriam um amontoado de autossuficiências, de felicidades egoístas e sem olhar para os riscos e dramas da terra, e já não seriam mais céus. Trata-se, pois, de uma esperança ativa e de uma paciência amorosa – típica dos santos e dos anjos, segundo a tradição – na forma de intercessão, consolo e proteção, participação na vida do Espírito Paráclito – que ainda implica os mortos e não os deixa adormecidos numa espera vazia de vida.

• *Na morte* – A doutrina a respeito do juízo particular tem o mérito de acentuar a eficácia da salvação em Cristo e a importância escatológica da própria morte, além da dignidade da morte de cada pessoa singularmente. De fato, a própria morte, como vimos, traz consigo uma estrutura de encontro e de juízo, e torna-se assim um momento privilegiado para a livre-decisão no comparecimento de cada pessoa diante do seu Criador e Salvador. Mas a pessoa continua aberta à relação com as demais criaturas, e por isso, para ela, não está "tudo resolvido" tendo salva a sua alma; ao contrário, ela se abre ao cuidado puramente altruísta, mas com a preocupação de uma mãe pelo filho, de Deus para com suas criaturas.

• *Antes da morte* – Como insistimos, o juízo, como a morte e até mais do que a morte, se antecipa na existência, não só na consciência, mas na responsabilidade e no cuidado. Já hoje temos presente o juízo escatológico operando na busca da justiça para com os pequeninos, os perdidos. Hoje não somos só julgados, mas julgamos o mundo, ou seja, sentenciamos com eficácia, colocamos o mundo na ordem à qual o mundo é chamado toda vez que praticamos a justiça.

Até onde, a partir do futuro, entra na história o juízo divino? Juízo significa, biblicamente, em primeiro lugar, sentença eficaz que coloca ordem na desordem, que instaura a justiça onde reina a injustiça, é juízo de reabilitação, de remissão. É juízo de salvação. Por isso faz parte do juízo a possibilidade de ser perdoado, de receber indulgência e indulto, desatando o passado que por nós mesmos, em nossa solidão, seria irremissível. E por isso o juízo divino atinge não só o presente, mas refaz o passado, dando inclusive a capacidade de indulgência e de perdão para a remissão do passado de outros, segundo a parábola em que o senhor espera do seu servo perdoado que também faça seu juízo de perdão e remissão (cf. Mt 18,23ss.). Essa é mais uma razão para não pensar o juízo como algo "particular", pois até o mais íntimo do juízo tem uma dimensão aberta a outros, inclusive no presente e no passado.

Ensinamentos de Jesus, em parábolas e exortações, como também de Paulo e dos demais escritos do Novo Testamento, não dissimulam o aspecto de "separação" e de retribuição, recompensa ou castigo, segundo as obras de cada um. É o aspecto temido às vezes até à obsessão, o de ser reprovado, rejeitado e condenado, um dos sentimentos mais angustiantes e destrutivos que o ser humano experimenta. O texto grego emprega às vezes, para o que traduzimos por "julgar", o verbo *krínein*, do qual deriva também a palavra *crise*. Todo juízo é crise porque não deixa a realidade como antes. Há risco e temor, inclusive porque há liberdade, e realmente a decisão livre comporta a escolha por não ser nem perdoado, nem redimido, e nem ser salvo. O verbo indica também a ação de "discernir", separando o que é duradouro do que é perecível, o que é bom do que é corruptível ou mau. Em última análise, justamente porque Deus quer salvar, ajuda a discernir, põe em crise, julga com severidade como a mãe que repreende e ameaça. Mas, afinal, põe todo o seu ser para a salvação, porque o Deus de Jesus é somente Salvador. Compreender isso é superar o temor com o amor, unir à liberdade a alegria da comunhão que só escolhe o bem, que celebra e trabalha a salvação de todos.

5.7 A *Parusia* do justo juiz em quem esperamos

É hora de concluir esta parte na forma de uma recapitulação. O método "aumentista" que utilizaremos no próximo capítulo a respeito da ressurreição dos mortos faz justiça à ressurreição de Jesus já operando no presente da história, e coloca a ressurreição dos mortos na perspectiva de um processo pascal já atuante. Mas não esvazia a parusia como evento final qualitativamente e radicalmente diferente dos processos que são vividos historicamente. O estado de "alma separada" e a escatologia "intermediária" queriam salvaguardar, além da eficácia imediata da salvação de Cristo, também a singularidade e o significado único da ressurreição dos mortos e do juízo universal na parusia de Cristo, que é escatologia, mas não mais história terrena. É sua conclusão e plenitude em Cristo, segundo os hinos do Novo Testamento. A diferença está exatamente nessa relação de plenitude última, por ser qualitativamente uma conclusão, o que supõe o processo. A diferença e a relação que existe entre as decisões como processo e a decisão conclusiva e con-globante na morte de cada pessoa, aqui se pode aplicar mais amplamente ao processo histórico e à conclusão *parusíaca*.

Os teólogos escolásticos, especialmente São Boaventura, se bateram pelo conceito de mundo como criação e não como matéria eterna, contra os averroístas aristotélicos, não só para salvaguardar a diferença entre Deus e criatura na criação, mas também para salvaguardar o "direito" de Deus de concluir a criação na parusia de Cristo. Ora, a criação e a parusia não são cientificamente verificáveis segundo o nosso conceito de ciência. Isso comportaria "estar lá" de algum modo para verificar com nossas medidas, o que supõe que deveríamos ser iguais a Deus. Entre um começo e um fim absolutos, a ciência que mede e domina os tempos fica "suspensa", o que pode dar impressão de se estar diante de uma matéria eterna, uma evolução sem começo e fim. Ir além disso, para a nossa ciência, seria extrapolação anticientífica e irracionalidade científica. São Boaventura buscou apaixonadamente um conceito de ciência como acolhimento, iluminação e adesão a uma revelação, portanto na ordem da fé e da participação pessoal, ciência que é concedida na comunhão. A ciência não se destaca de uma relação de alteridades, é fruto que amadurece a partir dessa relação. Em termos simples, a ciência provém da fé e da abertura e apoio em outro. A criação e a parusia são uma palavra de revelação que historicamente podem ser só verificáveis na adesão e na experiência de comunhão da criação. Isso não é irracional, pelo contrário, tem razoabilidade e coerência.

Para concluirmos agora nosso conhecimento a respeito do fim pleno e glorioso da criação, justamente a *parusia* de todas as coisas na parusia de Cristo, pressupomos os ensinamentos em parábolas e discursos dos evangelhos e as abundantes chamadas das cartas do Novo Testamento, especialmente o Apocalipse, e finalmente a liturgia que está nos hinos cristológicos do Novo Testamento. Aqui só buscamos a coerência da parusia em relação à história segundo o Novo Testamento.

a) A parusia, como conclusão, não pertence ao regime da história como processo e diacronia. Será a reunião de toda diacronia na sincronia. Será comparecimento e co-presença face a face de todos os tempos, ou seja, de todas as gerações e de todos os lugares. *Para-ousia* é esta plenitude em que toda realidade está presente, como um *face a face*. A criação e a história humana, que são, segundo uma expressão escolástica, *exitus a Deo*, um êxodo saído de Deus, na parusia serão pleno *reditus in Deum"*, *um retorno para Deus*. Então Deus será "tudo em todas as coisas" (1Cor 15,28). Embora este esquema tenha parentesco com a filosofia neoplatônica, tem uma referência firme ao Novo Testamento.

b) A parusia é, antes de tudo, como insistimos, *parusia de Cristo*. É o filho encarnado e ressuscitado que aparece plenamente, ou seja, em glória e não mais no regime de *kénosis* humilde e despojado em que ainda se encontra na história. Até que a história se complete, Cristo é Senhor à direita do Pai enviando o Espírito, mas sem abolir a humildade de sua presença histórica através da humanidade de seu corpo e de sua comunidade, os que na história lhe são semelhantes. Mas a parusia em glória é qualitativamente diferente, o "último serviço" é a revelação de sua glória, que consistirá na entrega de tudo ao Pai por parte do Filho. O último gesto tem o caráter de uma devolução em plenitude: o Filho entregará tudo o que o Pai lhe deu como Senhor e servidor da história, e Ele mesmo estará em parusia diante do Pai, irá viver para sempre esta parusia na filiação – é o que se pode entender de 1Cor 15,28, em que se une "entregará todas as coisas" submetidas a Ele e então Ele mesmo irá "se submeter". Ou seja, será – com a plenitude da encarnação e da criação – o "Filho" e primogênito da criação na glória do Pai.

c) Na parusia de Cristo comparecem todas as coisas *parusiamente*, ou seja: em plena transparência. É diante dele e nele – incorporado a Ele – que o universo se torna finalmente e plenamente universo, ou seja, união da diversidade, reunião do disperso, comunhão de alteridades. Não se trata de uma unidade nirvânica, mas de face a face e comunhão, sem abolir alteridades.

d) A parusia superando a história como sua conclusão é tal que nela comparecem todos, inclusive os que eventualmente decidem seu destino apartando-se de Cristo na liberdade da história e na liberdade definitiva da morte. Por isso a parusia é confessada como ressurreição geral de todos, não só dos que aderiram ao Corpo de Cristo e à comunhão dos santos. Toda a história estará sincronicamente presente. Assim como não se escapa da morte – somos *ser-para-a-morte* –, assim mais ainda somos *ser-para-a-parusia* e *ser-para-o-juízo*. A morte é o ponto-final na disposição da liberdade que pode ser *contra-o-outro,* para ser a disposição *para-o-outro* finalmente acima da liberdade *contra-o-outro.* Isso não constrange mas dilata a liberdade, pois lhe dá segurança de ser livre de cometer erros. Portanto liberdade finita como sempre, mas protegida para sempre. Este comparecimento escatológico não pertence à ordem da liberdade na história, que tem sempre uma dimensão arbitrária, mas pertence à ordem da *fidelidade* na qual se apoia a liberdade sem arbitrariedade. Esta fidelidade é mantida, em primeiro lugar por parte de Deus na criação e na encarnação: não se pode abolir o que Deus criou e nem a referência a Cristo encarnado. Tudo, mesmo os que eventualmente se excluem da comunhão, têm esta referência da comunhão de modo permanente, e a parusia é esta revelação, mesmo em quem eventualmente se revela de forma perversa, ao avesso, o que chamamos tradicionalmente de *inferno*, como ainda veremos. Diante de Cristo compareçemos todos, os que aderem e os que eventualmente recusam a salvação.

e) A parusia, por si mesma, pela sincronia e pela transparência do face a face, é julgamento. O julgamento não deve ser pensado em primeiro lugar como ato jurídico, mas como supremo fato ontológico: toda manifestação, como na linguagem comum que utiliza sentenças e lógica, é juízo e sentença com sua própria eficácia. Por isso a doutrina atual da Igreja observa que não se pode incorrer num erro já conhecido, o de que Deus ou Cristo condenam, pois na plena manifestação não há necessidade de um ato de condenação suplementar do mal e dos identificados ao mal. O mal não pode pretender se passar mais por bem ou estar sempre à altura do que é justo. O carrasco não pode triunfar para sempre sobre a vítima, e nem se igualar a ela. É diante do juiz que foi a vítima por excelência, o Cordeiro inocente e vitimado, que se mede com transparência a história humana. A verdade da manifestação se impõe por si mesma.

f) No entanto, o juízo humano tem caráter humano, messiânico e ético. Por isso se fala de "tribunal" e de juiz – juridicamente. O juiz toma a palavra e põe todos diante da palavra que julga. A transparência é, de *per si*, autojulgamento porque é possível graças ao face a face, à palavra que revela sem obscuridade o que na história pode ter ficado oculto: os pequeninos aos olhos dos grandes. Por isso é a palavra de Cristo que revela e que sentencia.

g) O juízo de Cristo, juízo messiânico, no entanto – e por isso o Pai entregou o juízo nas mãos do Filho "encarnado", humano – é juízo e sentença que coincide com a humanidade dos "pequeninos" da história, dos que foram esmagados, oprimidos, e explorados, dos que recorreram à mesa da história para poder viver e foram excluídos dela, dos abortados e dos não amados. O Messias Juiz se identifica com os pequeninos para salvar e julgar.

h) Desta forma, o juízo da parusia supera os juízos da história, pois os juízos da história são normalmente impessoais, tardios e na ausência das vítimas, sempre inacabados e por isso os juízos da história nunca são inteiramente justos. O juízo universal é um juízo que está acima da história e julga os juízos da história. É juízo do Filho do Homem que provém de Deus, mas é também juízo que tem como critério a humanidade das relações com os que estão abaixo da história, os pequeninos.

i) O juízo é esperado pelos que sofrem as injustiças da história. O juiz é *Goel*, é amigo e defensor de seus irmãos, pois também conhece o que é ser humilde, esmagado e excluído da história (cf. Ap 6,9-11). Cristo "desceu aos infernos" como solidariedade e libertação dos que padecem o inferno criado na história. É aquele que conhece até onde vai o inferno, e rompe as suas correntes, possibilitando, aos que não o conheceram e nem conheceram salvação, mas que pertencem a Ele, "subir com Ele" (cf. 1Pd 3,19).

j) Deus quer salvar e não condenar. Por isso a parusia e os critérios da sentença – a relação aos pequeninos, segundo Mt 25 – são revelados antecipadamente na história. Esta antecipação da revelação da parusia – não da parusia em si, mas da sua revelação, pois seria abolição da história e da paciência histórica de Deus – não é nem condenação e nem absolvição, mas é *responsabilização, é oportunidade*: ainda se tem tempo e liberdade para reordenar a história, para trabalhar pela justiça e pelo juízo – fazendo justiça e "julgando a causa do pobre e do infeliz" (cf. Jr 22,16). É, por isso, uma antecipação não só da revelação, mas da eficácia da parusia, o que interessa sumamente a Deus que quer a salvação de todos. Deus não irá, nesse sentido, "surpreender" com a parusia de Cristo, pois no tratamento humano, no julgamento que se faz ao pobre desinteressadamente – como no caso de Davi diante de Natã, que julgou sem saber que era ele quem estava sendo julgado – se antecipa o "material" da sentença. Assim, no curso da história está em andamento, a partir da discrição dos pequeninos, do "reverso" da história triunfante, o juízo divino. A vigilância à vinda de Cristo não está vazia de conteúdos: é uma vigilância de administradores pela casa e pelos servos da casa (cf. Mt 24,45-51). O tempo se torna ético, relação de justiça. A vigilância não é preocupação por si, mas pelo outro. Como a mãe que vigia no meio da noite pelo filho que está mal e por isso não pode dormir. A vigilância ética constitui o tempo que porta à parusia e à escatologia.

Há, portanto, uma tensão entre parusia e história, de tal forma que a parusia, com o juízo, também já se antecipa para dentro da história, a totalidade se revela no fragmento, segundo expressão de Urs von Balthasar. Esta tensão entre o "ainda não" e o "já agora" é fecunda e constitui o tempo como tempo da graça, tempo de oportunidade. A exortação, a inquietação, a certeza da parusia, devem tomar a evangélica positividade da esperança, do desejo da parusia e do estímulo à missão no mundo. O medo é uma visão distorcida de Deus, de Cristo e do juízo. A parusia faz parte do anúncio evangélico, é a derradeira boa notícia. O temor é evangélico quando anula a presunção e leva a se apoiar em Cristo, ou seja, no seu corpo, na comunhão e no amor aos pequeninos. Esta é a narrativa de um juízo paradoxal, ao mesmo tempo do alto, de Deus acima da história, e de baixo, dos pequeninos e vítimas da história. É a narrativa da fé cristã a respeito da exigência de justiça.

6
"Purgatório": amadurecer com a dor

"Purgatório" evoca dor como processo de amadurecimento. Por diversas razões, porém, esta linguagem está em crise, com o risco de se perder uma verdade que, embora não esteja explicitada no *Credo*, torna o processo pascal mais integral e mais compreensível. Trata-se do processo de purificação, ou, melhor dizendo, processo de amadurecimento e, inerente a isso, a positividade da dor inerente a este tipo de processo.

A primeira razão de incompreensão e, portanto, de rejeição, é a crise mesma do individualismo exacerbado. O purgatório, como doutrina, nasceu da confiança na mútua ajuda da intercessão, mas acabou nas malhas de um acento individualista da salvação. Onde há movimentos milenaristas, ainda que de caráter apocalíptico, por estarem normalmente conectados intrinsecamente com a renovação da dimensão social e histórica da existência terrena, não há grande consciência de um purgatório individual *post-mortem*. Embora, ironicamente, a exceção seja exatamente um texto de legitimação da intercessão pelos mortos, 2Mc 12,38-46, em que o chefe revolucionário Macabeu manda sufragar os que morreram na batalha, atitude que serve ao autor do livro para sublinhar a validade da oração pelos mortos e do sufrágio. A apologia do autor, no entanto, faz supor que era algo discutido.

Outra razão de incompreensão e rejeição é a forma moderna de encarar a dor: é sempre um mal que se deve debelar. Subjacente às lutas de emancipação da Modernidade está a luta contra toda forma de sofrimento, pois o sofrimento é o que constitui internamente a opressão e a desumanização nas mais diversas formas sociais, morais, físicas de opressão. Além disso, o purgatório seria a projeção de uma pedagogia com exigência de pureza e de esforços penitenciais que não condizem com a gratuidade da graça de Deus. Pelo princípio da *"sola gratia"* a Reforma protestante foi a primeira a colocar o purgatório sob suspeita de erro da tradição eclesiástica.

Outra dificuldade é a representação cosmológica ligada à fantasia, consagrada pela literatura e pela pregação popular. Se as exegeses liberal, histórico-crítica e existencial colocaram em crise a própria linguagem da Escritura, muito mais a linguagem da Tradição eclesial, com doutrinas povoadas de representações cosmológicas e narrativas sem hermenêutica e, portanto, soando a gnose e mito. Mas ao descartar a linguagem como subproduto de uma cultura passada, sem uma abordagem hermenêutica positiva, continua o risco de deformação e perda de uma verdade humanizadora. Ninguém, hoje, duvida que seja necessário interpretar as afirmações sobre toda a escatologia. Mas para fazê-lo corretamente é necessária uma abordagem favorável, desejosa de encontrar em primeiro lugar as "razões" das tradições. É até uma questão de honestidade na pesquisa da verdade. Portanto, qual o sentido do purgatório ao longo das épocas, e o que deve ser retido de positivo?

6.1 Formação da doutrina sobre o purgatório

Só com certo exagero se pode falar de um "nascimento do purgatório"[68] na Idade Média. Mas Jacques Le Goff demonstrou bem o quanto o purgatório foi peça-chave na economia da Cristandade, como uma espécie de "imposto de renda" metafísica. O imaginário podia ser manipulado: quando se precisava construir um hospital ou subsidiar uma batalha, se colocava mais lenha no fogo do purgatório! A doutrina mesma, porém, tem raízes mais antigas, começando pela solidariedade e pelo socorro do sufrágio – a oração pelos mortos. A oração de sufrágio – *sub-fragare,* levantar a voz em apoio a alguém – pode ser bem documentada nos escritos patrísticos[69]. São Cipriano se fundamenta em 1Cor 3,12-15 para ilustrar o *"ignis purgatorius"* na sua carta 55,20,3. Já no século III, Cipriano fazia eco à convicção das Igrejas da África, de Roma, de Jerusalém e da Síria, que lembravam seus defuntos na oração de intercessão, para que passassem bem pelo fogo purificatório. Hoje os exegetas concordam que 1Cor 3,12-15 – a provação através do fogo – não tem o sentido original de fundamentar a existência de um lugar de purgação após a morte. Mas enqua-

---

68 Cf. LE GOFF, J. *La naissance du purgatoire.* Paris: Gallimard, 1981 [*O nascimento do purgatório.* Lisboa: Estampa, 1993]. O autor faz uma pesquisa sobre o desenvolvimento das ideias, das imagens e dos comportamentos ligados à crença no purgatório e o quanto isso modelou a Idade Média, sobretudo a partir de 1200.
69 Cf. RUIZ DE LA PEÑA, J.L. *La pascua de la creación* – Escatología. Madri: BAC, 2000, p. 279-291.

dra-se numa direção mais ampla de exigência de purificação que foi adquirindo detalhes segundo a sensibilidade cultural.

Foi especialmente a teologia latina, baseada em escritos de Agostinho e de Gregório Magno, e fortemente calcada na interpretação da redenção segundo os quadros do Direito Romano, que acentuou a necessidade de penas purgatórias ou catárticas (*"poenis purgatoriis seu katharteriis"*), e nesse ambiente a doutrina se firmou. Inocêncio IV, em carta de 1254 aos gregos, e depois o II Concílio de Lyon, em 1274, consagraram a palavra "purgatório", embora normalmente se entendesse por isso um "estado" de purgação ou purificação através de uma penalidade, e não um lugar.

A importante bula *Benedictus Deus,* de Bento XII, em 1336, à qual precisamos nos referir em diferentes etapas de nosso estudo de escatologia, reforça de passagem a afirmação já consagrada. Finalmente o Concílio de Florença, em 1439, no difícil diálogo para união dos gregos à Igreja, expõe claramente a ideia ocidental de purgatório (cf. DH 1304-1306). O Concílio de Trento, diante da negação do purgatório por falta de base na Escritura por parte da Reforma protestante, repete a doutrina no decreto sobre a justificação, em 1547 (cf. DH 1580).

A doutrina tem um contexto precioso de discussões, a partir das quais podemos aprofundar o sentido e a praticidade libertadora desta doutrina. A primeira constatação é a grande revolução que aconteceu com a percepção de um "meio de campo" entre o tremendo dualismo céu e inferno, eleição e rejeição, salvação e perdição. Esta foi uma das grandes dificuldades do próprio Agostinho: para gozar a visão beatífica de Deus seria necessário ser santo como Deus, e tudo o que fosse menos que isso significava condenação ao inferno. Nenhum esforço alcançaria tal perfeição, e somente a graça poderia dar sinal de salvação. No entanto, na vida cotidiana a graça nem sempre parecia ter domínio total e o pessimismo a respeito da salvação acabou pesando justamente nos últimos anos de Agostinho. A compreensão de um processo, de gradualidade, a esperança de poder continuar de alguma forma em processo de purificação mesmo após a morte, deu uma perspectiva mais realista e mais humana ao dinamismo da salvação.

Um segundo elemento ilustrativo das discussões em torno do purgatório é o conjunto de divergências de interpretação entre orientais e latinos quanto ao processo de purificação. Os gregos acentuaram a necessidade de purificação como ato pessoal no processo ascensional e místico de união com Deus mesmo na alma adormecida na espera do Último Dia. A purificação, para os gregos, exige sofrimento *ativo* no desejo ardente de elevação e de união. Esta visão se liga à antropologia teológica própria dos gregos, que é de elevação e de divinização. Tem um sentido *prospectivo*.

Os latinos, mais atentos ao funcionamento da realidade social e jurídica, conservaram e fizeram valer uma concepção mais *penalista* da purificação. Assim se começou a fazer a diferença entre a culpa e a pena: quando é perdoada a culpa, resta a pena, a penitência. Com o perdão se está certamente absolvido da culpa e integrado à salvação, mas só a pena, uma vez cumprida, integra de fato na inocência restaurada. É que, observando a dinâmica de restauração na sociedade, mesmo após o perdão resta uma ordem objetiva, ôntica, a ser reordenada, que não acontece só com o recebimento do perdão. A conversão objetiva exige uma penitência que não é instantânea como o perdão, mas sempre um processo doloroso. Esta concepção se liga à antropologia teológica da redenção como re-humanização, resgate de uma ordem objetiva que foi desajustada. Tem um sentido *retrospectivo*. A pena vem imposta a partir da objetividade do pecado, e por isso não é tanto o sofrimento ativo do desejo de união, mas um sofrimento que vem imposto objetivamente com adequação ao delito, e por isso é mais passivo.

No imaginário do purgatório cada tendência criou sua própria cosmologia. Para os gregos, a alma deve ir atravessando um espaço em que se volta para si mesma retirando com sofrimento de si as purulências que a impedem de estar pura para a união divina. Já para os latinos, o realismo da morte impede qualquer atividade para si mesmo, a purificação deve vir de fora, de um "fogo" purificador imposto à sua passividade e no qual ele não se purifica a si mesmo, mas "é purificado" a partir de fora.

Mais tarde, o contraste com a Reforma Protestante foi mais radical: os protestantes negaram a existência do purgatório por uma razão bíblica e outra teológica: falta de base bíblica e *"sola gratia"*: somente a graça de Cristo justifica, e somente Cristo intercede, sendo suficiente sua intercessão, sem que o homem possa se transformar a si mesmo ou, em sua condição de pecador, interceder e assim mediar a graça. Pois mesmo com a graça da justificação, será sempre um "pecador justificado". O purgatório teria desencadeado uma salvação pelos próprios méritos, pelas obras, pela conquista de indulgências. Portanto, é no diálogo com a Reforma e com os orientais que podemos reencontrar o sentido positivo da questão do purgatório.

6.2 Razões de uma purificação – "*carma*" e "corpo de pecado"

Vamos adotar logo a perspectiva ecumênica da *Lumen Gentium* 48-51, que deixou o uso das palavras "purgatório" e "pena" para adotar a perspectiva mais oriental de "purificação". A necessidade de purificação – de amadurecimento – é uma questão de ordem antropológica, captável fenomenologicamente. Por isso todo sistema religioso tem uma ou outra forma de conduzir processos de purificação. É aqui que podemos enquadrar a questão das *leis de carma*, doutrina antiquíssima e ainda presente em nossos dias, que convém comparar com a nossa doutrina. Mas será necessário, no fim de tudo, ver em que a fé cristã simplesmente se adapta a uma antropologia ou em que ela cria uma nova antropologia.

Lei de *carma* não é, em si mesma, ciclo de reencarnações. Estas seriam consequência da lei do *carma*. O *carma*, originalmente, é *ação causal*, ação que provoca efeitos, e estes por sua vez serão causa de novos efeitos. Assim se conduz como uma lei da física, com efeitos imediatos e efeitos duradouros, numa progressiva e coerente solidificação. Em outras palavras, todos os atos vão tendo repercussão num círculo de causas e efeitos. Os efeitos, por sua vez, ganham estabilidade, deixam traços permanentes, formam hábitos e tendências, tornam-se, de maneira cada vez mais estável, causas de novas consequências. Vai-se assim estabelecendo um determinado "*carma*", como que uma essência objetiva que traduz uma situação determinada no processo *cármico*. Se o *carma* não está globalmente harmonizado – o que seria coincidência com os ensinamentos e modelos, o *Dharma*, que é extremamente difícil e quase impossível – em algum momento ou em algum lugar haverá choque e desequilíbrio e até desmoronamento e caos, o que obriga e dá chance de se reformular, agindo de nova forma, colocando causas novas que irão redirecionar o processo, criando aos poucos nova concatenação de causas e efeitos, com novos hábitos em direção a uma estabilidade mais harmônica, mais próxima do *Dharma*. Haverá perfeição quando o processo *cármico* terá chegado à sua superação. Antes disso, como o *carma* se mantém não só passando de uma geração a outra, mas até mesmo de uma espécie a outra numa comunhão de todos os seres vivos, haverá milhares sem conta de reencarnações. A reencarnação, além de se adequar à vivência do tempo como ciclismo e retorno – o eterno retorno de que falamos no segundo capítulo –, torna-se uma premissa necessária à perfeição do *carma* quando se observa que todos os seres morrem inacabados. Esta doutrina hindu que reaparece no espiritismo do século XIX embora de forma evolucionista e sem regressões, tem coerência e fascínio, sobretudo levando em conta as individualidades.

A lei de *carma*, por estranho que possa parecer num primeiro momento, tem algo em comum com a doutrina do purgatório, embora o que a distancie seja mais profundo, como veremos no próximo capítulo sobre ressurreição dos mortos. São Paulo recorre, porém, a uma linguagem que se aproxima da experiência de *carma* ao falar do pecado que impera no corpo, nos seus membros, mesmo contra sua vontade. Trata-se de um verdadeiro "corpo de pecado" (cf. Rm 6,6.7.24). Embora se refira ao seu aspecto negativo, há um corpo, ou seja, uma realidade objetiva, estável, dura, como *"reliqua peccati"*, resíduos endurecidos pelo pecado, que resistem às boas intenções e à boa vontade. É nesse corpo de pecado que eu não faço o bem que vejo e quero, mas acabo fazendo o mal que não quero, pois o mal está incrustado "nos meus membros", na "carne", num corpo que não posso contar sempre como disciplinado com conversão instantânea. Experimenta-se assim uma existência dilacerada, uma tensão entre "espírito e carne", ou entre "homem velho" e "homem novo", ou, na expressão de Santo Agostinho, a luta de duas vontades, como se as paixões e concupiscências se guiassem por uma vontade própria, até por uma multiplicidade de vontades contraditórias que desunem e dispersam um projeto de vida. Por isso, voltando ao contexto do capítulo sétimo da Carta aos Romanos, é necessário "crucificar a carne", o que supõe dor, cirurgias de escórias, disciplina. É aqui que se corre o risco do dualismo segundo a imagem agostiniana da alma piloto do corpo, ou a imagem platônica do cavaleiro que guia uma biga em que um cavalo é dócil e o outro é selvagem. A ascese e a penitência podem ser tão egocêntricas como é egocêntrica a multiplicidade de paixões no "corpo de pecado" que resiste a mudanças. A vida nova, no entanto, exige um processo, chame-se ele de conversão, purificação, superação ou amadurecimento.

A vida cristã é essencialmente graça, dom. Esta é uma diferença e uma especificidade fundamental. Mas desde São Paulo, passando por Agostinho e pela Reforma Protestante, foi necessário compreender corretamente, diante da vida nova gratuitamente oferecida por Deus em Cristo, o papel da liberdade e da transformação concreta operada pela graça. O Concílio de Trento, no decreto sobre a justificação, buscando equilibrar a radicalidade da *"sola gratia"* protestante, afirma *três* elementos que concorrem para a redenção: a redenção é, em primeiro lugar, de fato, a "graça" vinda de Deus por Cristo, em segundo lugar a "liberdade" que adere à graça, e em terceiro lugar o processo de transformação, que supõe obras novas consequentes, incluindo purificação e dor.

As ciências humanas, de modo especial a psicologia, observa hoje esta mesma estrutura de um ponto de vista da história pessoal e dos seus condicionamentos. Ampliou-se a observação inclusive para o corpo social e cultural. O "purgatório" pode consistir numa terapia dolorosa, numa *kathársis*, no treino de substituição de comportamentos e de atitudes, na mudança lenta e firme de hábitos, na adequação ou ajustamento mais harmonizado com o ambiente objetivo. Empregam-se com facilidade expressões secularizadas da teologia: resgatar, reconciliar etc. Enfim, trata-se de amadurecer, de tornar-se humano ou de re-humanizar uma vida desfigurada. Insiste-se no exercício da liberdade, assumindo como responsabilidade própria para que o processo tenha real sucesso.

Se a purificação acontece basicamente como graça ou como esforço próprio, se acentua mais a integração ou a renúncia, os aspectos individuais ou comunitários, é algo ainda a examinarmos. Mas em todos os casos, sem exceção, está presente o sofrimento.

6.3 Sentido humano do sofrimento purificatório e seus riscos

As imagens purificatórias são sempre dolorosas: o fogo, para os latinos – segundo uma analogia trazida pela Escritura. Ou o arrancar-se das escórias, resultantes da condição de pecado, para os orientais. É necessário perder algo, esvaziar-se para uma reforma e para tornar-se mais "castiço": com a força de um material sem misturas e impurezas. Também o "castigo" pode ter este sentido: o castigo pedagógico pode ser comparado à ação do oleiro quando o vaso de argila não se modelou em boa forma: "amassa" dolorosamente e faz voltar a forma ao caos informe inicial para retirar da massa uma nova forma, mais adequada e mais *formosa*. Por isso a Escritura mesma afirma reiteradas vezes que Deus castiga aqueles que Ele ama para o bem deles.

É necessária, no entanto, uma cuidadosa distinção para não decair numa perversão sádica e masoquista positivando o sofrimento. Por si mesmo, o sofrimento não porta nada de positivo, pois pela inércia de sua força é desumanizante, porta à decadência e à morte. O sofrimento biológico – físico e psíquico – a doença e a decadência devem ser socorridos, medicados para serem vencidos. O sofrimento social, vivido como injustiça e inocência expiatória, vivido na própria carne e por terceiros – seja guerra, exploração, abuso ou desorganização – deve ser denunciado, combatido da melhor forma. Um dos "sinais dos tempos" hoje é a tomada de consciência da desumanização do sofrimento e da pobreza. Todo sofrimento deixado a si mesmo é absurdo. Somente se estiver integrado em algo que o supere toma sentido. O próprio sofrimento de Cristo na cruz é o máximo absurdo, acúmulo de todos os sofrimentos acima enumerados. Só integrado no amor, no dom de si e na confiança no Pai é que Jesus se entregou à redenção. Mas isso não é automático e nem é moral desejar isso, sobretudo para *os outros*.

No entanto, é exatamente o sofrimento enquanto integrante de algo que o supera que aqui estamos tratando: o sofrimento que integra a purificação e a expiação. O sofrimento purificatório é humanizante se está conscientemente integrado num processo pedagógico de amadurecimento, como viemos acenando. É, então, o preço, o custo de algo que "vale a pena". Sem consciência e sem esperança, o sofrimento que poderia ser purificatório e pedagógico se torna absurdo e destrutivo. Então é necessário afirmar, sobretudo, o aspecto catalisador, teológico, do processo purificatório. Os escolásticos ocidentais diferenciam o purgatório do inferno porque no purgatório, mesmo que o "fogo" e as dores sejam tão intensos quanto o inferno, o que o torna purgatório e não inferno é a consciência da salvação que não deixa perder a esperança de superá-lo. Conforme a famosa catequese de Santa Catarina de Gênova – a santa da mística do purgatório –, seguida neste ponto por São João da Cruz, o fogo purgatório é símbolo do amor de Deus que nos abrasa, pois é o amor intenso que purifica e faz aparecer o "ouro" do amor separando-o das impurezas. Esta é uma aproximação aos orientais, para quem o sofrimento da purificação coincide com o ardor do desejo de ascender à comunhão com Deus, à nostalgia da pátria celeste. O ardor do desejo que "queima" e faz sofrer está na perspectiva da comunhão com Deus, está integrado à força do amor.

É necessário insistir no risco de funcionalizar o sofrimento, seja por uma ingenuidade apressada de quem não o experimentou até em sua irracionalidade, seja por ideologia que o encobre e se serve dele administrando o sofrimento dos outros. Não melhorou muito desmascarar a ideologia que encobria o sofrimento na terra prometendo o céu, se depois se manipulou com a ideologia que justifica o sofrimento presente prometendo uma sociedade melhor no futuro. Essa ideologia serviu e pode ainda servir para manipular os pobres e trabalhadores oprimidos por parte de sistemas sociais que justificam diante deles os sofrimentos que lhes impõem. Quanto mais profundo é um sofrimento, mais se experimenta sua estranha "gratuidade", ou seja, seu absurdo, sua falta de nexo e de sentido, de impossibilidade de explicação. Neste ponto a experiência do sofrimento e a experiência do prazer se tocam: também o prazer corre o risco de ser funcionalizado e ideologizado em vista de um fim que pode ser administrado. Projetar o prazer para o céu ou adiá-lo para o futuro em vista de projetos custosos é o mesmo gesto de funcionalização da dor. Uma promessa pedagógica de recompensa como de castigo comete a mesma injustiça. O prazer, como o sofrimento, quanto mais profundo mais revela sua gratuidade, assim como a dor revela o seu absurdo. Em termos cristãos o prazer se chama "graça". A dor não é necessariamente "desgraça". Mas, em última análise, como não se desumanizar e não se destruir no envolvimento absurdo do sofrimento? *Ora, é o amor – e a graça do amor – que humaniza o sofrimento.* Mas não o *amor ao sofrimento* e sim o *amor de quem ou daquilo pelo qual se sofre, amor que é sempre amor à vida.* As dores de parto, por exemplo, são a forma mais alta de sofrimento, dor humana que é imagem e revelação de Deus – "Deus-dor-de-parto" que está implícito na palavra "Javé" – porque coincide inteiramente com a vida, é como dizer "dor-de-vida" e "Deus-de-vida". Nesse sentido, Orígenes afirmava que na cruz de Cristo se revela, mais do que nos milagres, a grandeza da redenção, não por causa da grandeza do sofrimento em si, mas por causa da grandeza do amor que abraçou a cruz.

6.4 Solidariedade, substituição e expiação na comunhão dos santos

A doutrina sobre o purgatório, apesar da sua distorção individualista, está calcada em outra importante face da comunhão dos santos: o sofrimento redentor e purificador ganha seu devido lugar se estiver dentro de uma comunhão com Deus, com Cristo, mas também coerentemente em comunhão com os irmãos, com a comunidade, com todos aqueles por quem arde o desejo e o sofrimento de uma perfeita comunhão. A afirmação cristológica de que Cristo sofreu e morreu "por nós" se entende também em sentido eclesiológico e antropológico: o sofrimento é humano quando é solidário, sofrimento compassivo, de um pelo outro, sofrimento por socorrer sofrimento, amparando e tomando sobre si o sofrimento do outro: é *expiatório* e *substitutivo* também eclesial e antropologicamente.

Antropologicamente, não há melhor exemplo de sofrimento substitutivo do que a mãe que socorre o filho que se feriu e está a ponto de chorar: ela se antecipa em "chorar" ela mesma de tal forma que o filho pode serenar. É uma verdadeira experiência de absorção materna da dor. O sofrimento substitutivo sempre é vivido onde há amor e, consequentemente, solidariedade. Torna o amor e a solidariedade mais fortes. São Paulo nos ajuda a entender esta dinâmica comunitária através do corpo como comunhão orgânica: "Se um membro sofre, todos os membros padecem com ele. Se um membro é tratado com carinho, todos os outros se congratulam com ele" (1Cor 12,26).

Na comunhão dos santos se fundamenta o *sufrágio*. Na origem do ato de sufrágio está o apoio a alguém levantando a voz, com "fragor" – *sub-fragor* – e evolui para a votação nas eleições: sufrágio passa a ser o ato de dar o próprio voto a alguém. Mas tem um aspecto jurídico antigo na área judiciária que é: "favor de encarregar-se da pena de outro". O Direito Romano ordenava juridicamente, com objetividade, a quantidade da pena ou multa, que podia, no entanto, ser satisfeita vicariamente por outro que se encarregasse de pagá-la com a exata quantidade. Esta visão jurídica acabou influenciando exageradamente na teologia ocidental da redenção e da escatologia. Mas ela tem uma raiz na experiência antropológica anterior a qualquer ordenamento jurídico, como o caso da satisfação vicária e expiatória do Servo sofredor de Javé, o inocente e o justo substituindo o pecador e o injusto no sofrimento, e assim redimindo-o (cf. Is 53). Em termos comunitários e eclesiais, há mútua ajuda no sufrágio, na intercessão, no sofrimento do desejo de comunhão. Completar na própria carne o que falta à paixão de Cristo (cf. Cl 1,24) não é sofrimento misterioso, é um sofrimento pelos irmãos: na missão, na paciência, na oração, no ardor da busca de comunhão que animou até o extremo da paixão o próprio Cristo.

6.5 Purgatório depois da morte?

O ensinamento sobre o purgatório retirou da escatologia, como já mencionamos, uma bipolaridade e um dualismo maniqueístas, que davam numa fatalidade insuportável: *ou* céu *ou* inferno. Até os santos experimentam algum grau de indignidade diante da santidade de Deus. Por isso, sem alternativa à bipolaridade céu-inferno, não é difícil instalar-se o pavor do inferno iminente, que pode ser para si mesmo ou para as pessoas amadas. No caso dos que se consideram "eleitos" – para todos os outros. A percepção do purgatório introduziu, na nossa mistura de pecado e graça, pecado e inocência, a esperança de um "processo" justo. E este processo, mesmo que tenha se quantificado indebitamente por influência de uma antropologia demasiado jurídica, criou repercussões muito importantes "aquém": já neste mundo podemos trabalhar em nossa purificação, no amadurecimento para a vida eterna – abreviando o "purgatório" além. As repercussões foram imensas, de ordem moral, pedagógica, social, econômica e até política, segundo o já citado estudo de Jacques Le Goff. De fato, hoje não nos é difícil entender que aqui, neste mundo, pode haver benéficos processos de purgatório. A prática cristã da disciplina, da vigilância, do esforço por aperfeiçoamento, e sobretudo do exercício da solidariedade com "as almas mais abandonadas" já demonstrava que aqui se faz percurso purificatório. Mas a pedagogia do medo acabou se sobrepondo e tornando a solidariedade e o esforço gestos pouco cristãos: funcionalizou-se o amor ao próximo para evitar um purgatório de dor depois da morte, o mesmo que se acusa aos que fazem caridade ou filantropia para abreviar as suas reencarnações.

Hoje, em reação, a tendência é reduzir ao aquém e secularizar uma espécie de "purgatório" na ascese das ciências humanas e da psicoterapia. A solidariedade e o sofrimento que as relações humanas provocam podem, de fato, ser suportadas e assumidas como processo de amadurecimento: "o purgatório são os outros!" É uma realidade humana inescapável: as ambiguidades das relações humanas portam a conflitos e a situações de prova e de purificação, enfim de amadurecimento para quem assume com liberdade, disciplina e perseverança. Os psicoterapeutas que o digam. Mas seria o purgatório, então, um mero símbolo antropológico da realidade aquém projetada no além, como um espelho para que tenha eficácia aqui e agora? Tem ainda sentido falar de uma purificação *"post-mortem"*? Para uma compreensão sensata é necessário recorrer também aqui à ajuda da experiência antropológica e à comunhão e solidariedade da existência humana. Podemos falar de um processo de purificação – de "purgatório", se quisermos chamar com este nome tradicional – antes da morte, na morte e depois da morte.

a) Purgatório "antes da morte" – Se a vida humana é um processo e um arco biológico a entrar nas leis de inércia e entropia até a decadência inexorável e biologicamente dolorosa, a luta contra a decadência é luta e dor por crescer sempre. Viver é amadurecer, e amadurecer comporta sofrer. O sofrimento cresce na medida em que há esforço e luta contra a decadência. Dito isso em forma de solidariedade e não apenas como um caso individual e solitário, estamos sempre envolvidos numa comunhão de sofrimentos. A dor é inerente à vida humana sobre a terra, mas a solidariedade pode amenizar a dor: "mal comum é meia alegria". A comunhão na dor humaniza, convive com a alegria do amor e com a serenidade da esperança. Alegrar-se com os que se alegram e chorar com os que choram (cf. Rm 12,15) não são excludentes entre si, não há necessidade de defender-se das lágrimas para ser alegre. A grandeza de alma abriga simultaneamente a dor e a alegria do mundo. Só a dor e a solidariedade recusadas se tornam sofrimento sem alegria e sem esperança, inferno ao invés de purgatório.

b) Purgatório "na morte" – Este é um processo verificável fenomenologicamente, a aproximação e o evento mesmo da morte aceleram desmesuradamente o processo de amadurecimento. O acompanhamento dos que morrem pode constatar a transformação rápida, frequentemente atravessada por intenso sofrimento humano e não apenas biológico na aproximação da morte. A morte mesma é ocasião estrutural de purificação, de "colocação em ordem".

Não há necessidade de se pensar uma purificação que se sobreponha misteriosamente e se aproveite da morte: a morte mesma, por demarcar o fim da vida terrena, das concupiscências e apegos demasiado humanos, e por colocar um fim em nós mesmos enquanto *ser-no-mundo*, é morte purgatória, é uma purificação radical inescapável. A esperança cristã confessa que seremos transfigurados, que uma vez desfeito este corpo corruptível, nos é dado corpo glorioso (cf. 1Cor 15,35-37.42.52-53), mas exatamente por isso somos despojados de nossa carne terrena, única referência de nossa experiência de sermos nós mesmos. Fenomenologicamente, vamos em direção ao absolutamente desconhecido, apenas confiando em uma palavra. Como já aludimos, este despojamento que intensifica o processo de purificação na aproximação e no próprio evento da morte não pode acontecer na solidão. Ele só advém sob o olhar misericordioso de Deus e na comunhão dos santos, como obra do amor de Deus, como uma última dor de parto, compartilhado na comunhão dos santos. Em outras palavras, é um purgatório vivido nos laços de solidariedade e oração, na partilha da palavra franca e amorosa, dos sentimentos e da própria dor. Quanto mais radical é o purgatório, mais exige um amor radical para ser abraçado sem que nos ameace e destrua.

c) Purgatório "após a morte" – É disso que se trata quando, normalmente, utilizamos a palavra "purgatório". Para não decairmos numa linguagem mítica, é necessário, antes de tudo, abandonarmos a ideia de um tempo e de um lugar para o purgatório. A Igreja não se define sobre cronologia e topologia. A temporalização das indulgências, que poderia servir para estimular a piedade, no entanto, criou, entre os efeitos colaterais indesejáveis, o de se imaginar o purgatório como uma espécie de estação interplanetária, de passagem para o céu. Na topologia literária da *Divina comédia*, Dante Alighieri imaginou-o como uma montanha com graus de dificuldade para escalar, mas no alto ele pôs a porta de ingresso ao paraíso. As artes plásticas focaram os olhares de socorro e compaixão entre os que se situam no paraíso mais acima e os que pedem ajuda mais abaixo. Alguma forma de imaginário do além é inevitável e pode ser estimulante contanto que seja reconhecido como imaginário e seja bem interpretado. Ultimamente baixou sobre o assunto não só a sobriedade, mas certo silêncio, compreensível ante a dificuldade e o mal-estar da interpretação, mas também um empobrecimento da evangelização.

Em segundo lugar, é necessário compreender esta purificação após a morte dentro da prática da Igreja, que é a comunhão dos santos na intercessão e no sufrágio. Como já aludimos, os orientais, que alimentaram uma perspectiva mais ativa de purificação, admitiam um purgatório com certo perdão dos pecados, enquanto entre os latinos prevaleceu uma antropologia da morte mais realista: com a morte cessa o tempo do processo, portanto de "merecer", de ser ativo na própria salvação. E a morte coloca definitivamente no estado de salvação ou perdição. Mas, segundo a inspiração que já São Cipriano referia a 1Cor 3,12-15, pode permanecer o "corpo de pecado" a ser destruído. Segundo a tradição da moral cristã, aqui são incluídos quaisquer pecados "veniais", – "mancha" espirituais, já que praticamente ninguém é inteiramente puro e castiço. Por isso a representação do purgatório, para os latinos, é mais passiva: fica-se entregue ao fervor – fogo – do amor e da compaixão na solidariedade da comunhão dos santos.

Este aspecto *passivo* pode ser antropologicamente verificado antes da morte: frequentemente quando não somos capazes de superar nossos maus hábitos, somos submetidos e induzidos por outros, inclusive pelo sofrimento do amor de outros, ou então pelas próprias circunstâncias a sofrimentos impostos que nos arrastam a um processo de amadurecimento para além do que nossa vontade ou consciência abraçariam livremente. Nós, em última análise, mais somos amadurecidos do que amadurecemos. Por isso também, ao invés da representação mais ativa dos gregos – arrancar de si mesmo as escórias de impurezas –, os latinos consagraram a metáfora do "fogo", algo que vem de fora, ao qual se está submetido para além de nossa capacidade.

Dificilmente, porém, alguém está pronto e maduro para morrer. A morte, mais frequentemente, surpreende em pleno processo, obrigando à vertiginosa purificação final. Ou sequer dando o tempo minimamente adequado. Os reencarnacionistas resolvem o problema conforme as leis cíclicas do retorno: uma reencarnação pode ser vista de modo pessimista, como reencarceramento do espírito e até retrocesso. Esta é a visão predominante no hinduísmo tradicional. Mas pode também ser vista com otimismo, como oportunidade de uma ascensão contínua, como é o caso do espiritismo brasileiro. Mas só com "desencarnações" e novas reencarnações será possível chegar a ser "espírito de luz". Há também uma curiosa crença popular em "almas penadas", que ficariam vagueando no lugar em que a morte surpreendeu ou onde viveram até que alguém cumpra um rito ou oração de satisfação vicária para que possam se libertar do seu "corpo de pecado" que ainda as prende em lamentos. Em Roma há um pequeno "museu das almas" que se parece muito com a crença nas almas penadas a deixar sinais e pedidos de ajuda em objetos os mais improváveis. De qualquer forma, narrativas de aparecimento de almas em sofrimento pedindo ajuda foi pregação frequente na Igreja. O que dizer de tudo isso?

Na sensibilidade da fé cristã isso não condiz com a imagem de Deus, pai da salvação, da graça, da misericórdia. E, no entanto, o purgatório após a morte parece ficar próximo dessas crenças. A solução não seria reduzir a purificação ao "aquém" e à morte, pois isso também não condiz com toda a verdade: partimos incompletos de qualquer forma. A redução cristológica de centrar a purificação unicamente em Cristo não contempla uma dimensão importante da experiência, de ordem antropológica, que são os laços eficazes do amor humano. A solução da prática mais originária da Igreja é a comunhão dos santos, ou seja, a solidariedade e a expiação de uns pelos outros na mesma comunhão com Cristo e no Espírito que supera teologicamente a espessura solitariamente insuperável da morte. Dito com todas as letras: *o lugar do purgatório são os laços de comunhão mais fortes do que a morte.* Foi assim que a doutrina nasceu e se consolidou.

Há ainda detalhes que devem ser examinados. Pode o sofrimento se estender para além da morte se esta, por sua estrutura, é término de todo processo? Para entender mais facilmente, embora pareça paradoxal, comecemos com o sofrimento dos que estão "no céu". A fé cristã professa uma experiência do amor forte como a morte: a comunhão celeste é constituída de alegria e júbilo de todos os redimidos com Deus. Essa comunhão inclui a terra, as criaturas e eminentemente os irmãos. Por isso há alegria nos céus por um pecador que se converte (cf. Lc 15,7.10). Mas se alguém se extravia e anda pelo caminho da perdição? Ora, onde há amor há também dor pelo sofrimento e pela perda do amado. Então no céu, enquanto a terra geme na tribulação e não se juntar plenamente ao céu, há ainda esperança, dor e expiação pelos que correm riscos e sofrem na terra. De outro modo nem Deus e nem os que estão com Ele seriam amor. A objeção seria a falta de felicidade onde há sofrimento. Pelo contrário, o amor maduro reúne em si felicidade e sofrimento porque ambos não estão centrados no egoísmo, são felicidade e sofrimento pelo amado. É o que recomenda Paulo, que lembramos acima, em Rm 12,15, chorar e alegrar-se ao mesmo tempo é próprio da grandeza de alma de quem não recusa e nem se defende do sofrimento dos outros, mas tem alegria mais pura e sólida por isso. Assim, é necessário concluir que nem os céus, nem a comunhão dos santos, nem Cristo mesmo estão completos e sem a sombra da dor até que todos tenham chegado à plenitude da comunhão e da alegria de Novos Céus e Nova Terra.

Como se dá a expiação no purgatório da comunhão dos santos? Não se faz propriamente com sofrimento pelo outro: é o amor que se encarrega do outro, que é mais amplo do que o sofrimento, o conteúdo essencial da expiação. Este amor expiatório pode se revestir de ação, de ensinamento, de muitas formas de solicitude, e a mais alta delas é a intercessão: colocar-se entre as partes para mediar as relações rompidas ou fragilizadas. É o que faz Cristo à direita do Pai em continuidade com sua paixão terrena até a redenção plena do mundo. Ele já não sofre a morte expiatória na própria carne, mas intercede em favor dos irmãos com o sofrimento do ardor e do amor pelo qual também envia a partir do Pai o Espírito. O Espírito é o ardor, o fogo e o sofrimento do Pai e do Filho a gemer em solidariedade com o gemido de toda criatura até a plena redenção de seus corpos (cf. Rm 8,23). O sufrágio tem um sentido cristológico, pneumatológico e eclesiológico, nossas três grandes chaves de leitura da escatologia.

Nós pensamos normalmente o sufrágio ao inverso: nós, que aqui peregrinamos, intercedemos e fazemos algo em favor dos que morreram. Mas isso fica obscuro se não entendermos o sufrágio a partir de Cristo, do Espírito e da comunhão celeste, a intercessão por excelência a interceder e mediar a graça da nossa salvação. Entre uns e outros, porém, há os que estão em estado de absoluta necessidade de intercessão, os que morreram deixando um "corpo de pecado" sem poder fazer por si mesmos processos de conversão ou de "merecimento", ou seja, os "outros discípulos, passados desta vida que estão se purificando" (LG 49). Só na comunhão dos santos, no sufrágio dos irmãos, se pode entender uma purificação *post-mortem*. Por incrível que pareça, a purificação após a morte é o que mais tem demonstrado, ao longo da história da Igreja, o que seja, mesmo entre os que peregrinam na terra, a comunhão dos santos.

É necessário, porém, sair do aspecto individualista e quantitativo de aplicação de indulgências. A comunhão tem um sentido mais amplo: o amadurecimento de uns, impossibilitado individualmente pela morte, continua em aberto nos outros, nos que o amaram ou que vivem os mesmos riscos. Assim como a conversão de uns converte consigo também a outros. Agostinho, em sua reflexão sobre o culto que se deve aos mortos, conclui de forma magistral: são, sobretudo, as obras de misericórdia a melhor ajuda que podemos prestar aos mortos. Ou seja, o bem que ficou a meio caminho naqueles que morreram, continua a ser feito em comunhão com o bem praticado pelos que amam seus mortos. Uns completam em seu próprio amadurecimento aquilo que faltou aos que a morte colheu. Pode-se ter alguma verificação "já agora" de tais afirmações transcendentais?

Sim, é bem possível experimentar que o laço com nossos mortos não se rompe: o tempo pode acalmar a dor, mas não diminui em absolutamente nada a saudade daqueles que amamos e que a morte levou. E se partiram em meio a alguma incompreensão e conflito, a morte mesma dá a distância objetiva para compreender melhor depois da morte quem antes dela não conseguíamos compreender com toda justiça. Portanto, nós melhoramos nossos laços com nossos mortos. Podemos inclusive, a partir de nova compreensão, nos reconciliar, perdoar e sentir o perdão – os psicoterapeutas especializados em luto conhecem bem esta experiência em seus pacientes. Isso ficaria reduzido ao psiquismo atribulado dos que estão em luto? Aqui a teologia, intérprete da fé cristã, tem algo de peculiar a dizer, justamente o que afirmou Agostinho: nossas obras de misericórdia são o melhor sufrágio para nossos mortos, eles participam conosco, nos laços mais fortes do que a morte, de nosso amadurecimento no amor, sendo a misericórdia o amor mais gratuito, assimétrico e puro, a melhor medicina para nossas impurezas na comunhão dos santos. É assim que se entende que a o amor encobre uma multidão de pecados (cf. Pr 10,12; 1Pd 4,8) e que o amor é o vínculo da perfeição (cf. Cl 3,14). Na comunhão dos santos o amor é exercido no grau mais puro. Esse é o sentido mais alto da indulgência: a caridade de uns encobre os pecados de outros, graças ao laço que leva à perfeição.

O que dissemos aqui, do purgatório, não é redutivo mas "aumentativo": é um processo que acompanha a vida, a morte e, na comunhão dos santos, continua até que todos se reúnam na comunhão perfeita com Deus. Não é certo reduzir a indulgência a um desconto de penalização quantitativa, própria do Direito. A Igreja superou tal pastoral. Por seu lado, os símbolos, como o "fogo" e o "lugar" – logo abaixo do céu – devem ser simbolicamente interpretados como são: purificação ou amadurecimento e caminho para o Reino de Deus, já sob a força do próprio Reino de Deus. Em caso de mal-entendido, é melhor mudar por outros símbolos que conservem o significado de amadurecimento com dor e de aproximação à perfeição da comunhão. Importante é não perder o processo, que é *pascal*: a purificação é um dos aspectos da páscoa.

Todo processo de purificação começa e termina sempre com Cristo e com o Espírito, na graça da comunhão trinitária. Cristo, sem pecados pessoais, segundo o dogma cristológico, mas solidário com a humanidade pecadora, suportou a dor do pecado, foi feito pecado por nós (cf. 2Cr 5,21), e intercede por nós para que sejamos justos. Dando-nos o Espírito, que geme em nosso sofrimento e em nossa esperança (cf. Rm 8,23), socorre nossos esforços e não deixa se perderem nossas lágrimas. Sem Cristo e sem o Espírito, sem a comunhão dos santos, tudo ficaria por nossa conta individualmente, em nosso hercúleo trabalho de autoperfeição. Então teriam razão os reencarnacionistas: precisaríamos infinitas reencarnações, com risco de regredir. A purificação é graça do Espírito e páscoa de Cristo. Ela pode ser verificada entre nós, quando há real comunhão, amor que se encarrega de vivos e mortos. Yves Congar, o grande teólogo do Concílio Vaticano II, escreveu: "Se o dogma do purgatório tem algum sentido [...] é, sobretudo, um sentido social: implica que as almas não cumprem seu destino de maneira solitária, mas enlaçadas a todo o Corpo de Cristo, ajudadas pelos sufrágios dos fiéis e dos santos"[70]. A doutrina do purgatório não é uma invenção medieval, é consequência da experiência da comunhão dos santos, da comunhão trinitária, da graça que acontece na intercessão inclusiva em Cristo e na misericórdia. Foi assim que Santa Mônica, quando desabafou com o bispo Santo Ambrósio todo seu sofrimento e suas orações pelo filho Santo Agostinho, teve esta consolação: "Vai em paz, que não pode se perder um filho de tantas lágrimas!" (*Confissões*, III, 12,21).

---

70 Apud ibid., p. 291.

7
RESSURREIÇÃO DA CARNE: "FACE A FACE"

É difícil encontrar um nome adequado e completo à vida em comunhão com Deus, e cada nome evoca um aspecto aproximativo, alguns inclusive metafóricos: "Vida eterna", "Reino de Deus", "Reino dos Céus", "Novos Céus e Nova Terra", vida e comunhão para a qual se acede plenamente na ressurreição dos mortos ou, mais paradoxal ainda, na "ressurreição da carne". Essa confissão da fé cristã, enquanto professa o horizonte escatológico não a partir do mais alto e mais espiritual, mas a partir do mais frágil e mortal – a *carne* – é, por isso mesmo, a profissão de fé mais completa e também a mais "escandalosa", e a teologia cristã deve saber interpretar, sem contornar a estranheza da expressão, com todas as consequências.

7.1 Imortalidade, reencarnação ou ressurreição

Uma definição de termos e uma distinção se impõem logo de começo. A imortalidade é um anseio religioso transcendental presente em toda humanidade, a mais universal das constatações antropológicas, e exceções só confirmam a regra geral. Não se trata, simplesmente, de uma tradição dualista "grega". É uma indicação de abertura transcendental de todo humano em todas as culturas e em todas as histórias. Também não é exclusividade da Modernidade ocidental o fato de que pequenas elites tenham se esforçado por contentar-se com a finitude. Tal conclusão decorre normalmente da falta de evidências a respeito de possibilidade de vida para além da morte. E, de fato, o que podemos constatar é que a imortalidade não é constitutiva da natureza humana. Somos criaturas, somos mortais. Para ser imortal seria necessário ter sido eternamente, portanto ser deuses. *Desejamos a imortalidade, mas somos mortais*: nessa contradição nasce a tentativa dualista.

O dualismo consiste numa diferenciação tal de matéria e espírito, em nosso caso, mas especificamente, de corpo e alma, que poderiam até ser separados. O corpo, então, é multiplicidade, composição, limitação, decadência, princípio de mortalidade. A alma é o oposto: unidade, infinição, totalidade, perenidade. Pela alma é que seríamos imortais. O dualismo cria uma hierarquia, com prioridade da alma e das realidades espirituais em detrimento das realidades corporais. O mundo, a matéria, as criaturas, estão submetidos à decadência. No homem, segundo o tradicional dualismo ocidental, a inteligência com sua racionalidade coincide com a alma, e comunga com o logos eterno, enquanto a sensibilidade e as emoções comungam com os elementos corporais e terrenos. Daqui decorrem comportamentos que valorizam o conhecimento e se afastam da sensibilidade. Foi o caso do gnosticismo, do estoicismo. O dualismo é um paradigma religioso, ético, e inclusive social, econômico e político. Reflete-se na divisão de trabalhos entre livres e escravos, ou cidadãos e bárbaros, classes de elites e classes populares etc.

Se o dualismo clássico grego foi exacerbado pela tradição pitagórica e platônica, foi, no entanto, suavizado pelo pensamento aristotélico: a alma é essencialmente a *forma do corpo*. Precisando mais: a alma é substância formal e princípio de vida de um corpo. Os pré-socráticos viam no ar ou no fogo a alma do cosmos. Com os clássicos, incluindo Sócrates, se manteve até Descartes que todo ser vivo é justamente vivo porque tem alma, seja alma vegetal, seja alma animal, seja alma racional, esta última a alma humana, a única subsistente em si mesma separada do corpo. Santo Tomás retomou esta concepção bem trabalhada por Aristóteles, examinando com cuidado sobretudo a relação de alma e corpo, mas não se afastou da definição aristotélica: *"Anima essentialiter corporis forma"*. *No entanto, Tomás opera uma leitura a partir da teologia bíblica: a alma, inclusive a alma humana, é "dada", é criada com o corpo, e só permanece eterna por ação divina*[71].

Mas a tradição platônica sempre foi mais sedutora e até "cômoda". Tanto que a modernidade cartesiana identificou a alma com pensamento, consciência, mas o corpo continuou em segundo lugar como máquina proletária, instrumento de ação. Só no século XX, já na aurora da Pós-modernidade, houve tal reação e tal monismo, expresso em termos psicofísicos (ciências humanas, biológicas e médicas) e do homem-no-mundo (filosofia), que ao desaparecer as relações do homem com o mundo, dissolve-se o homem como tal. A metafí-

---

71 Para uma sólida visão de síntese, cf. ABBAGNANO, N. Alma. In: *Dicionário de Filosofia*. Ed. rev. e ampl. São Paulo: Martins Fontes, 2007, p. 28ss.

sica platônica e a ontologia aristotélica foram substituídas por uma fenomenologia do ser-no-mundo e por grande massa de informação a partir dos estudos das relações de cérebro e mente. Esta é uma questão nova, pós-moderna, fortemente desafiadora, que magistério e teologia precisam levar em conta sem se refugiar em respostas estereotipadas.

A transmigração das almas e a reencarnação ou então dispersão e reestruturação de energias em novos corpos, também são doutrinas antigas. Atendem, a seu modo, às duas exigências anteriores, tanto a imortalidade da alma como a alma enquanto forma do corpo. Dizer que *a alma é a forma* do corpo é dizer duas coisas: a) Que a alma é princípio substancial e formal de organização e de modelação do corpo; b) Que o corpo expressa a alma. Por isso, na doutrina da reencarnação, as almas que ainda peregrinam pelo caminho da perfeição se reencarnam em corpos que correspondem ao seu estado. Se, por exemplo, a alma é violenta e selvagem, animará um corpo correspondente – eventualmente um leão ou uma hiena, se a doutrina professa possibilidade de regressão. A libertação viria pelo aperfeiçoamento dentro das leis de carma, de que já falamos no capítulo anterior. Mas há diferenciações na doutrina, enquanto a mais tradicional, de origem indiana, admite regressão e a doutrina ressurgida no meio do século XIX, em tempos de ebulição da teoria evolucionista, admite somente aperfeiçoamento, "evolução dos espíritos". De qualquer forma, o processo exige indefinidas reencarnações.

Tanto nas doutrinas de imortalidade como de reencarnação, há busca de compreensão e afirmação de nosso desejo transcendental de imortalidade, há busca de justiça através do caminho da renúncia ao mundo ou do aperfeiçoamento na justiça. Mas Deus criador e redentor conta pouco no processo, e a graça não conta nada. Deus coincide seja com a totalidade do universo, seja com o "eu" profundo, mas não é uma alteridade dialogante, não é "alguém" a quem se possa pedir e receber misericórdia e perdão de fato. Quanto muito é alguém que já deu o que devia dar para que nos arranjemos. Por isso também não há mais gratuidade e nem perdão, só retribuição: o que aqui se faz, aqui se paga com uma espécie de purgatório *cármico*, inexorável. A nobreza tentada por estas doutrinas termina em humilhação e impotência ante a necessidade e o destino. A relação ao outro, a comunhão e a solidariedade, também ficam deformadas, pois se pode justificar transcendentalmente as injustiças sociais. O socorro ao outro está centrado na busca da própria perfeição, e assim o outro é funcionalizado. Mas é uma manipulação muito sutil e justificada: o outro é aquilo que é pelo que ele faz ou já fez.

Esta síntese arrisca ser uma caricatura, mas contém as questões fundamentais. Tanto a confiança na imortalidade como a crença na reencarnação estão intimamente ligadas a uma concepção de ser humano, de história, de cosmos e de divindade. São crenças sedutoras e consoladoras por muitos motivos, para ricos e para pobres, para sábios e para simples. Mas, a partir de uma visão cristã, permanecem com uma imagem deformada de Deus e do destino humano. Nossas concepções globais de ser humano, de história e mundo, são outras.

Na tradição cristã, a imortalidade foi considerada dom de Deus: somos imortais porque Deus nos concede, uma vez criados, a sua sustentação com a fidelidade que lhe é própria. Por isso até as criaturas que o recusam permanecem na fidelidade de sua criação, não são aniquiladas. Como já acenamos, este dom que não constitui originalmente nossa natureza já se chamou, por isso, *preter-natural*. Hoje, uma concepção mais aberta e dinâmica de natureza não precisa criar um *superadditum*, um acréscimo sobreposto, talvez nem "sobre" natural e nem "preter" natural, mas resta sempre a afirmação fundamental de que a vida eterna só pode ser dom e relacionamento vitalizante em que Deus sustenta com sua graça fiel e eterna. Segundo a imagem da videira em Jo 15, uma vez cortada a comunicação com Deus, não há mais vida eterna. Mas já em São Paulo o desejo de imortalidade se supera em algo melhor do que imortalidade da alma: a ressurreição dos mortos com a transfiguração de nossos corpos, a ressurreição da carne. Não se trata de uma forma específica de exemplificação da imortalidade. A ressurreição não prova simplesmente a imortalidade, mas diz muito mais. Como a imortalidade é sempre concebida em detrimento do corpo – imortalidade das *almas*, do *espírito* – a ressurreição da *carne* é ao mesmo tempo mais gloriosa e mais humilde. Por glorificar a humildade do corpo, pode ser uma profissão de fé escandalosa para os espiritualistas.

Imortalidade da alma, na verdade, seria uma afirmação vazia, imortalidade de um princípio abstraído de sua real experiência, que se dá sempre corporalmente. Por isso seria imortalidade daquilo que não se experimentou, que não se viveu realmente. Todas as experiências humanas de vida acontecem corporalmente, é necessário sublinhar. Nossa alma está em nossos olhos e em nosso sorriso ou lágrima, em nossos abraços e no calor de nossos corpos. Imortalidade sem face, além de abstrata, soa de forma monstruosa. A percepção bíblica não é essa.

"Ressurreição dos mortos" ou "ressurreição da carne" são as melhores expressões da tradição cristã sobre o destino do ser humano. Unificam os justos desejos de imortalidade e a vocação do corpo com uma novidade específica.

Afinal, é em nosso corpo que somos "templo" e habitação divina (cf. 1Cr 6,19-20; 3,16-17.23; Jo 2,21; Ap 21,22).

7.2 Ressurreição de Cristo: causa da ressurreição dos mortos

A fé cristã na ressurreição não está centrada no próprio corpo ou na própria alma, mas em "outro", em Cristo e no Espírito Santo. A ressurreição de Cristo não é somente um caso e um exemplo da ressurreição dos mortos, mas é causa da ressurreição e norma para a esperança na ressurreição dos mortos. Assim a comunidade cristã do Novo Testamento testemunhou uma inversão, descrita admiravelmente em 1Cr 15: A confiança na ressurreição dos mortos, que se tornou uma profissão de fé anterior ao Novo Testamento, foi o ambiente e a linguagem onde se tornou possível reconhecer a ressurreição de Cristo e a justiça para com a vítima. Mas uma vez acontecida a ressurreição de Cristo, esta foi compreendida como *causa* e ambiente da ressurreição dos mortos, princípio da justificação de todos os que são vítimas da própria morte.

Em outras palavras: Cristo não foi apenas a verificação da crença na ressurreição dos mortos, mas foi revelado como sua causa. Também neste caso tão decisivo, em primeiro lugar a cristologia se insere na história de Israel e no seu horizonte escatológico. É como o fruto plenamente amadurecido que surpreendeu até a árvore com sua novidade, mas que já estava na semente da árvore e se tornou lugar de novas sementes. Por isso a ressurreição de Cristo inverte a ordem – a vida nova de Cristo, interpretada no quadro da ressurreição dos mortos, segundo a fé de Israel, passa a ser o quadro em que se interpreta plenamente a novidade da ressurreição dos mortos. Não é um "caso" mas é a "causa". O capítulo 15 da primeira carta de Paulo aos coríntios, que é um dos primeiros escritos do Novo Testamento, é uma peça compacta em torno da relação entre o anúncio da páscoa de Cristo e a páscoa dos que nele creem, numa ordem admirável. Paulo lembra o que ele recebeu e transmitiu, centrado na morte e ressurreição de Jesus, invocando uma ordem de testemunhas segundo a autoridade de cada testemunho. Justifica então o seu próprio testemunho e repreende os que duvidam da promessa da ressurreição dos mortos, pois então "Cristo não teria ressuscitado", e o testemunho seria mentira, a fé um fracasso. Então Paulo faz um corte, e recomeça seu raciocínio ordenado a partir de Cristo como Primícia e causa de ressurreição até que Deus seja "tudo em todos". Finalmente, ele vai às consequências: recorre à metáfora, à comparação, para falar do corpo ressuscitado. Em seguida exorta a viver como ressuscitados, pois como batizados e marcados pela fé em Cristo, já somos criaturas novas, ressuscitadas. Termina brincando com a morte. É um capítulo que vale um tratado completo a respeito de nosso assunto.

Sigamos, agora, de forma mais ampla, por passos, o contexto e as consequências da profissão de fé na ressurreição dos mortos, desde o Primeiro Testamento:

a) Segundo a fé bíblica, Deus é sempre "Deus vivo", e sua divindade coincide com vida. Por isso é Deus dos vivos. É Deus Criador de vida e fiel à vida: a promessa de Israel é promessa de vida, e Javé deu uma palavra de vida. O futuro não está apoiado em algum princípio de imortalidade natural, mas na palavra e no dom de Javé. Mesmo que o *partner* da aliança seja infiel, Javé permanece fiel, e para sempre.

b) O ser humano é pó e argila – hoje diríamos que é poeira cósmica, a partir do coração das grandes estrelas –, mas é ser "terrestre, filho da terra, biblicamente modelado por Deus como o ceramista que modela a argila. Em hebraico, esta humilde condição humana é também "carne" ou *bazar*. No entanto, recebe em si o sopro divino de vida, o espírito humano que vem de Deus. Por isso o ser humano é *"nephesh"* – boca, nariz, garganta e pulmão, organismo que inspira e respira, que acolhe e dá espírito, um ser vivente como corpo animado, corpo psíquico, sede de espírito. É também "ouvido" que acolhe a palavra, se sensibiliza e responde, transforma o ar em sonoridade articulada, linguagem, primeira obediência, uma obediência aos mandamentos de vida.

A vida humana se explica "humanamente" nesta forma relacional de sua criação. O homem é assim "receptáculo de vida", obediente e respondente – responsável – em sua vida. Não é criado somente pela Palavra de Deus, como todas as demais criaturas, mas Deus coloca nele o sopro, o espírito que sai de Deus. Por isso é responsável, chamado à palavra e ao mandamento, é um ser moral. *Nephesh* significa originalmente todo o aparato respiratório, da boca e do nariz ao pulmão, significa também palavra que articula o espírito que está em si – o ar do pulmão – como resposta própria. O humano é um ser dialógico, que diz a sua palavra diante do seu Criador. Finalmente, é corpo-no-mundo para realizar no mundo o mandamento e a missão que dão vida. Não há contraposição ou composição dualista – corpo e alma em sobreposição ou junção –, mas "corpo animado" para praticar o bem, a justiça. A vida do ser humano é uma relação com Deus e com o mundo, graças ao corpo animado de sopro – espírito humano ou corpo espiritual – que não é só vivente com os animais e vegetais em geral, mas é espiritualmente dialógico e responsável.

c) Morrer é devolver o espírito e confiar a Deus nada menos do que *si mesmo*. A morte, assim como descrevemos no capítulo 5, acontece dentro de um diálogo, de uma relação. O Criador dá a palavra de "recolhimento" do espírito e a criatura humana "entrega" o espírito – a vida. A morte, porém, não é uma ascensão ou migração da alma para cima do corpo, ou uma desencarnação para nova reencarnação. A crença no *Scheol*, já no Primeiro Testamento, é uma confissão de fé na indestrutibilidade da criação, na fidelidade de Deus criador do ser humano, embora permanecesse uma confissão no limite da obscuridade. O que Deus fez, segundo esta confissão, nunca é inteiramente destruído, mas sem corporeidade não há propriamente vida humana, não há *nephesh* e nem forma para dialogar – não há palavra e nem a palavra por excelência que é o louvor ao Criador. Há apenas um fio tênue de vida que testemunha a sua permanência. Mas a morte e os mortos, por si mesmos, não glorificam a Deus Criador.

d) A ressurreição dos mortos é uma melhor compreensão da "vitória" de Deus, da sua fidelidade à vida como Deus Criador. Em primeiro lugar é fidelidade do Criador de um povo a quem ofereceu aliança e fez promessa. Por isso a ressurreição é confessada no Livro de Ezequiel para todo o povo da aliança, certeza de ressurreição depois de tantas desgraças anunciadas (cf. Ez 37). O primeiro texto que se refere à ressurreição como um acontecimento pessoal situa a ressurreição de cada pessoa no interior de um povo de aliança. A profecia está na boca da mãe dos macabeus, no contexto do martírio dos filhos, vitimados por permanecerem fiéis. Proclama a ressurreição como coerência e fidelidade de Deus desde a criação "do nada no meu seio", expressão que ganharia novo sentido em tempos patrísticos e no enfrentamento do gnosticismo. O *ex nihilo* – do nada ou do "não ser", no Livro dos Macabeus – é garantia de ressurreição para os que permanecem fiéis a Deus em seu povo justamente em tempos de sofrimentos e morte injusta:

> Não sei como é que viestes a aparecer no meu seio, nem fui eu que vos dei o espírito e a vida, nem também fui eu que dispus organicamente os elementos de cada um de vós. Por conseguinte, é o Criador do mundo que formou o homem em seu nascimento e deu origem a todas as coisas, quem vos retribuirá, na sua misericórdia, o espírito e a vida, uma vez que agora fazeis pouco caso de vós mesmos, por amor às suas leis [...]. Contempla o céu e a terra e observa tudo o que neles

existe. Reconhece que não foi de coisas existentes que Deus os fez, e que também o gênero humano surgiu da mesma forma. Não temas este carrasco. Ao contrário, tornando-te digno dos teus irmãos, aceita a morte, a fim de que eu torne a receber-te com eles na Misericórdia (2Mc 7,22-23.28-29).

É importante esta "gênese" da convicção sobre a ressurreição não como fato individual, mas como povo e membro do povo da aliança. Não há confissão de fé na ressurreição dos mortos fora da comunhão dos santos. Em segundo lugar, mas não menos importante, é o fato de sua gênese se colocar em situação extrema de sofrimento e martírio, de clamorosa crueldade e injustiça. À vítima inocente brilha em primeiro lugar a esperança da ressurreição dos mortos.

e) A Escritura também adota, sobretudo nos livros mais recentes do Primeiro Testamento e no Novo Testamento, a palavra "alma"[72] para designar vida humana, interior do ser humano, unidade vital, aquilo que é essencial, e raramente em contraposição ao corpo[73]. A alma é a vida humana colocada por Deus em nós. Deus deseja que retorne a Ele ou pode tomá-la de volta.

f) A palavra "ressurreição" – em grego, *anástasis* – é precária, polivalente e até mesmo propositadamente ambígua nas narrativas a respeito de Jesus. A experiência que os discípulos tiveram da ressurreição de Jesus, e as diversas narrativas que testemunham a ressurreição, nos dão uma orientação aproximativa de diferentes aspectos da ressurreição para uma compreensão suficiente à profissão de fé. Em última análise, o evento supera a linguagem e até mesmo a experiência histórica, pois é um evento "escatológico" que se antecipa na história, faz sinais na história, e, nesse sentido, é histórico, mas não cabe inteiro na história. É razoável mas não cabe inteiro na razão, e por isso é um convite à razão se transcender na profissão de fé, assim como é uma antecipação es-

---

72 A tradução da Bíblia Pastoral reporta a palavra "alma" em 104 passagens do Antigo Testamento e 16 apenas do Novo Testamento. Em grande parte como um dos aspectos e não partes do ser humano. É o típico uso da figura de linguagem que chamamos "metonímia": designar, através da associação, "a parte pelo todo". Assim, alma pode significar a interioridade do ser humano, sinônimo de *Leb*, coração. Ou a unidade vital. É importante observar que traduz em grande parte a palavra hebraica *nephesh*, já vista no texto acima. É utilizada sobretudo como figura poética nos Salmos, no Cântico dos Cânticos, e tanto no Antigo como no Novo testamentos ela vem acompanhada de outros "aspectos" do ser humano como *bazar*, o ser frágil e corruptível por ser de carne, ou *ruah*, vento e sopro.
73 A situação mais chocante está na advertência de Jesus em Mt 10,28 e par.: "Não temais os que matam o corpo, mas não podem matar a alma. Temei antes aquele que pode destruir a alma e o corpo na geena". Trata-se de um encorajamento à confiança porque o *essencial* não está facilmente à disposição dos que perseguem.

catológica cujo evento se torna critério e orientação para todo evento que se pretenda com futuro histórico.

g) A ressurreição não é um "retorno" às condições mortais, não é uma "revivificação de cadáver". Há uma descontinuidade, um fim definitivo das condições terrenas de vida pessoal e uma superação do regime de caducidade terrena. Ressurreição é vida corporal em novas condições, a partir da plenitude escatológica.

h) Que novidade é esta? A novidade da ressurreição só pode ser sugerida. É caracterizada pela palavra hebraica *hadash* e grega *kainós*, que não significam uma novidade numérica de algo que não existia e agora se acrescenta e se justapõe ao que já existia. Neste último caso seria a palavra grega *neós*. O *Novum* do qual provém tanto o *Novo* Testamento como o *Novo* dos acontecimentos que chamamos também de *Novíssimos,* mas que hoje preferimos dizer como *escatologia,* significa *transformação do mesmo,* ou seja, a mesma vida no mesmo corpo terreno inteiramente transformado, como no caso da transformação do Homem Velho em Homem *Novo*[74]. Há, portanto, uma paradoxal *descontinuidade e identidade.* É o mesmo corpo que será transformado e transfigurado na glória, não dois corpos, mas um mesmo sujeito corporal transfigurado. Por isso, segundo as narrativas sobre Cristo ressuscitado, há possibilidade de reconhecer, de retomar relacionamentos, de se manter as relações terrenas agora na nova relação face a face. É o que querem expressar justamente as narrativas do encontro de Jesus ressuscitado com os discípulos.

i) A novidade é escatológica, ou seja, revestida de "glória", de pleno florescimento e maturidade, incorruptível, portanto imortal, do destino corpóreo do ser humano. Agora nos relacionamos na opacidade dos "espelhos", em reflexos ainda marcados por obscuridades, mas então as relações serão transparentes na plenitude de face a face assim como devemos realmente ser, em plena luz. De certa forma o corpo que seremos ainda não se manifestou, a plena juventude de nosso corpo é o *novum* escatológico.

---

74 Cf. MOLTMANN, J. *A vinda de Deus* – Escatologia cristã. São Leopoldo: Unisinos, 2003, p. 44-46. A unidade entre a dimensão escatológica da ressurreição dos mortos com a glorificação da criação, e o evento "histórico" da ressurreição de Jesus foi chamada por Wolfhart Pannenberg de *Prolepsis –* antecipação. Esta categoria é fundamental para vislumbrar o nexo entre escatologia e história. Na ressurreição de Jesus o evento escatológico está antecipado e atrai, mede, guia a história, é critério do que realmente é novo e histórico.

j) A ressurreição introduz, portanto, à escatologia, à condição de plenitude. Resgata em si toda a existência terrena, a pessoa com tudo o que já aqui significa ser pessoa: corporeidade, consciência, liberdade, sentimentos, amor, familiaridade, comunidade.

k) A ressurreição resgata e plenifica, sobretudo, o que constitui essencialmente a pessoa: *as relações pessoais*. O que constitui o *face a face* é a palavra e, nela, todas as formas de expressão de si aos outros, que são sempre formas corporais. A comunhão com Deus, na incorporação a Cristo e na comunhão corporal dos santos, não é desnudada de conteúdos, e por isso os corpos, as faces, as pessoas que amamos aqui na terra, são concretamente reconhecidos na comunhão celeste. A face exige toda a corporeidade[75].

l) A ressurreição não é um evento "natural", não é consequência de causas naturais, mas é dom de Deus. A própria ressurreição de Jesus não é uma evolução consequente do inocente que morreu numa cruz. A cruz não produz ressurreição. Nesse sentido o túmulo vazio é uma ruptura e um "nada" entre cruz e ressurreição. A ressurreição provém da fidelidade do Pai e do Espírito, em outras palavras, tem sua origem no coração da Trindade viva. É dom como são dons a criação e a transfiguração escatológica de Céus e Terra. Por natureza ou causas naturais, tudo terminaria na morte, inclusive a morte do justo inocente.

m) A *causa* da ressurreição, pois, é trinitária e cristológica: é chamado do Pai Criador na potência do Espírito Criador. É o ato de criação por excelência, a criação final, escatológica, Nova Criação, que reassume e resume o início e o conjunto da história. Em Jesus se tornou antecipação para ser a "forma antecipada" de nossa ressurreição, a prefiguração da glória futura (cf. 1Cor 15,20). Mas o Filho não é só a prefiguração, é também, a seu modo, causa. O Pai ressuscita o Filho e põe nele todo o poder de ressurreição: "Como o Pai ressuscita os mortos e dá a vida, assim também o Filho dá a vida" (Jo 5,21). A potência de ressurreição

---

75 Disso decorre a imagem popular dos "coros celestes" – "coram" significa "estar de face". Também a representação celeste dos conteúdos que constituem a felicidade, o prazer e a beleza da vida desde já – a música, o banquete, a festa, as núpcias. Não são meras projeções, mas "sinais" que alimentam o desejo de uma felicidade com conteúdos e não abstrata. Chegou-se a especular pela forma e pela idade dos corpos etc., mas convém não transformar os "sinais" num detalhismo exagerado que os distorceria. Certamente a imagem mais preciosa é a festa, o banquete, a abundância onde há reunião e participação numa multiplicidade de *face a face* com aceitação e unidade. São sempre imagens de comunhão. Para uma história das representações do paraíso, cf. DELUMEAU, J. *O que sobrou do paraíso*. São Paulo: Companhia das Letras, 2003.

é o Espírito do Pai e do Filho dado às criaturas (cf. Rm 1,4; 6,4; 8,11). A missão escatológica do Filho e do Espírito é a ressurreição dos mortos e o resgate de toda a criação para entregar tudo ao Pai (cf. 1Cor 15,20-28; Rm 8,14-26). Em termos escolásticos, Deus é causa trinitariamente: O Pai é causa eficiente, o Filho é causa exemplar, o Espírito é causa final. Não são três causas, mas uma só obra em que cada um "dá de si próprio" à ressurreição dos mortos.

n) Se o Pai é a causa primeira, eficiente, que ressuscita e dá vida, o que dá o Filho na ressurreição? Por que o Pai colocou nas mãos do Filho o poder de dar vida e de julgar? Aqui está em causa a humanidade de Deus: o Filho em condição humana, Ele mesmo ressuscitado em obediência ao Pai que lhe deu vida, primogênito dentre os mortos, é quem abre a possibilidade para seus irmãos ao dar sua própria humanidade como "plataforma", ao incorporar os seus irmãos a Ele, em sua humanidade ressuscitada. É pela humanidade gloriosa de Cristo, participando de seu corpo, que participamos da vida eterna de Deus.

o) Então a ressurreição inclui a experiência de comunhão humana: A comunhão humana, amor forte como a morte, é participante da causa de ressurreição segundo os desígnios de Deus. A confissão cristológica leva consigo esta dimensão antropológica da comunhão e do amor humano. Por isso também não há ressurreição meramente individual e em separado, mas ressurreição na comunhão dos santos, onde a própria comunhão de irmãos incorporados a Cristo se incorpora à causa de ressurreição: somos, como membros do corpo de Cristo, causa de ressurreição uns para os outros. Antropologicamente é importante este "lugar" que integra a causa, pois é o lugar em que podemos verificar sinais de ressurreição: o amor de uns é capaz de resgatar e ressuscitar outros, a comunidade – como o cenáculo e a Igreja – é o lugar de experiência da ressurreição.

p) A ressurreição é já antecipada e provada na vida cristã a partir do Espírito em pleno embate terreno da vida humana. Trata-se de viver como ressuscitados, viver no Espírito, vida espiritual segundo os dons do Espírito. São Paulo faz listas de dons pelos quais se verifica a vida nova de criaturas novas, ressuscitadas, em contraste com as obras da carne que se corrompe na morte (cf. Rm 8,1-12; Gl 6,13-25). A vida no Espírito faz viver a comunhão dos santos na corporeidade e no mundo. Não é uma antecipação que se reduz ao início do júbilo eterno, mas é também missão, evangelização, incorporação de mais irmãos. Cristo ressuscitado "precede" na Galileia (cf. Mc 16,7), a terra de missão, e confirma a missão até o final da história. O Espírito rompe barreiras e cria a "alegria" típica da vida nova, segundo os Atos dos Apóstolos.

7.3 Ressurreição na morte?

Já examinamos como, antropologicamente, se pode afirmar que a morte é a ocasião de uma decisão conclusiva e plena pela vida e por Deus. Diversos autores, no século passado, mais precisamente nas décadas de 1960 e 1970, sobretudo na área alemã, desenvolveram a hipótese teológica da *ressurreição na morte.*

A Congregação para a Doutrina da Fé, em sua *Carta referente a algumas questões de escatologia*, de 1979, advertiu sobre a dificuldade de conciliar esta hipótese com a Escritura e com a tradição da Igreja. Sua argumentação trabalha com uma analogia: continuaríamos, com este tipo de afirmação, na mesma aporia e incoerência teológica da redução à escatologia individual, com a justiça do juízo divino reduzido ao juízo particular em sequência imediata à morte, esvaziando assim o sentido da ressurreição dos mortos e do juízo universal no fim dos tempos. Segundo a carta da Congregação, é necessário fazer uma "distinção entre a situação própria dos homens depois da morte e a manifestação gloriosa de Nosso Senhor Jesus Cristo" que está, de fato, antecipada em sua ressurreição dos mortos[76]. Além disso, a afirmação da ressurreição na morte parece anular o sentido do sufrágio pelos mortos.

Como as primeiras discussões na área católica foram levantadas em torno do significado antropológico da assunção de Maria, o documento adverte contra a demasiada identificação da destinação dos mortos com o caso "antecipado" da assunção de Maria a tal ponto que se perde sua especificidade: Maria seria um "caso" que ilustraria o que acontece a cada humano na hora da morte. Assim ela teria um significado antropológico, mas nada de específico do ponto de vista mariológico. A carta quer resguardar o sentido mariológico: o fato de ter sido Maria e não São Pedro, por exemplo, a ser agraciado com tal antecipação, isso tem um significado e consequências específicas em relação a ela e a nós.

Voltando ao problema da teoria em si, ela surgiu, na verdade, antes na área protestante, com Karl Barth e a aplicação da *sola gratia* à morte: criticando o princípio de imortalidade, que seria herança da cultura grega, Barth é enfático

---

76 Carta referente a algumas questões de escatologia: *Enchiridion Vaticanum*, 1542.

em afirmar que a morte é total – somos inteiramente mortais – e só por graça há vida depois da morte.

Tanto entre católicos como entre protestantes, no entanto, havia o esforço de interpretar a ressurreição dos mortos nos quadros da antropologia contemporânea. Uma melhor compreensão antropológica dessa doutrina, esta é a razão da hipótese teológica da ressurreição já na morte.

A Comissão Teológica Internacional, que assessora a Congregação para a Doutrina da Fé, no seu documento *Algumas questões atuais de escatologia*, de 1992, reafirma, segura de si e sem aprofundar a problemática antropológica que beira o dualismo subjacente, a escatologia intermediária e o estado de alma separada. Estamos num tema com muitos aspectos em discussão[77].

a) "Alma separada"? – A "ressurreição na morte" viria a condizer com uma antropologia que se esforça por superar o sabor de dualismo de alma e corpo, sobretudo se tratando de um estado de "alma separada" em situação intermediária, entre a morte individual e a ressurreição dos mortos no fim dos tempos. O seu esforço de conservar a unidade é também mais condizente com a antropologia bíblica. O grande problema, nesse caso, é que na Escritura não há afirmações explícitas para este tipo de profissão de fé. Seria algo "dedutivo", embora haja dogmas – como os dogmas marianos – que são inteiramente dedutivos. Os teólogos contrários à hipótese da ressurreição na morte apontam para o único tipo de ressurreição dos mortos de que fala o Novo Testamento, que é a ressurreição geral na parusia de Cristo, no final da história. Afirmações sobre a vida com Cristo depois da morte, como "hoje estarás comigo no paraíso" (Lc 23,43), e outras em João ou Paulo, podem ser entendidas de maneira tradicional, como alma, sem recorrer à ressurreição na morte, que deslocaria os problemas e colocaria problemas até maiores.

É ainda sustentável, porém, a antropologia da "alma separada"? Já Santo Tomás, como aludimos acima e no capítulo sobre o juízo final, servindo-se do hilemorfismo aristotélico, mostrava a essencial mutualidade de alma e corpo: *Anima essentialiter corporis forma* – A alma é essencialmente a forma do corpo. A tese de Aristóteles, levada ao extremo, faria a alma simplesmente deixar de existir com o desaparecimento do corpo. E, no fundo da finitude existencialista contemporânea, embora seja alma travestida de consciência, sobrevive esta tese. O materialismo histórico e científico também fica em Aristóteles. Mas

---

77 Sobre o surgimento e os autores da teoria da "ressurreição na morte", cf. *Mysterium Salutis*. Vol. V/3. Petrópolis: Vozes.

Santo Tomás transporta as categorias aristotélicas para o horizonte bíblico, portanto modificando-as substancialmente em sua perspectiva. Para Tomás, o estado intermediário da alma separada é precário, provisório e incompleto, permanecendo a alma como *uma referência histórica e uma tendência ao futuro corpo ressuscitado*. Ficou como pedra de escândalo para a teoria da "alma separada" a afirmação tomasiana: *Anima non est ego* – a alma não é o "eu". Já Santo Agostinho afirmara que a alma "clama" por governar um corpo, pois é como que um "piloto" de um corpo. Para Agostinho, o ser humano é composto de carne e alma, e a alma, mesmo sendo hierarquicamente a melhor parte, não é a totalidade do eu. Tomás, porém, parte claramente da concepção de pessoa: não há pessoa humana somente como alma, embora a alma seja a forma "substancial", que dá substância e vida ao corpo enquanto um corpo orgânico.

Mesmo assim, a Comissão Teológica Internacional afirma a teoria da alma separada lembrando a bula *Benedictus Deus* e comentando-a de forma quase textual: "as almas dos santos, plenamente purificadas, imediatamente após a morte e, certamente já enquanto separadas (antes da ressurreição dos próprios corpos) possuem a felicidade plena da visão intuitiva de Deus. Tal felicidade em si é perfeita e não pode se dar nada que seja especificamente superior. A própria transformação gloriosa do corpo na ressurreição é *efeito* desta visão no que diz respeito ao corpo"[78]. O que se acrescenta, então, para o indivíduo com a ressurreição final? "A ressurreição final implica o aspecto eclesial da felicidade já individual"[79]. Há aqui dois problemas, de conteúdo e de interpretação.

a) Problema de conteúdo: se ao indivíduo nada acrescenta a ressurreição dos corpos – a felicidade se estende ao corpo só como efeito –, então estamos no dualismo da alma autossuficiente e autossatisfeita, nem mais na noção de alma como referência que clama pela totalidade da pessoa humana na ressurreição do último dia. O corpo não conta para a felicidade? As consequências se manifestaram na desvalorização do corpo ao longo da história do cristianismo.

b) Problema de interpretação: a bula *Benedictus Deus* está aqui muito além da intenção contextualizada na sua época, pois a afirmação da *imediata* escatologia queria, em 1336, defender a confissão de fé na ação eficaz de Cristo que, com a páscoa, abriu as portas da salvação sem que se tenha de aguardar em estado intermediário de adormecimento, como pensavam os

---

78 COMISSÃO TEOLÓGICA INTERNACIONAL. *Algumas questões atuais de escatologia*, n. 5.4, 1990. O cursivo é meu.
79 Ibid.

gregos. Por isso a força da bula está na palavra *mox* – imediatamente após a morte. Como era impossível para a antropologia da época pensar numa ressurreição na morte, também não representa um argumento contrário. Em parte ao menos, é a teoria da ressurreição *imediatamente* após a morte que se aproxima mais da bula *Benedictus Deus*.

A reafirmação da tradicional doutrina da alma separada desta forma por parte da Comissão Teológica Internacional, apelando inclusive para uma exegese quase fundamentalista de Mt 10,28 e par., é surpreendente[80]. Procura articular arduamente uma relação entre as duas formas tradicionais da doutrina, uma escatologia "intermediária" e uma escatologia "final" e universal onde acontece a ressurreição do corpo, mas sem acrescentar nem felicidade nem algo substancial ao indivíduo. Depois dos esforços contemporâneos de valorização do corpo como decisivo lugar de relações, significa um retorno a mal-entendidos platônicos do passado. Por isso tem um caráter conservador, inclusive na desvalorização do corpo. Além disso, a rigor não se pode falar de "escatologia intermediária", pois é uma contradição *in terminis*. Quanto muito se poderia afirmar que a escatologia individual é o começo da escatologia que só será plena na parusia. Esta afirmação, no entanto, se integra mais na teoria da "ressurreição na morte": a morte seria o "início" da ressurreição. Resta-nos pesquisar melhor quais os fundamentos para afirmar a ressurreição na morte.

Retornando a Santo Tomás e suas categorias aristotélicas, há outra definição de "alma" que completa a *anima essensialiter corporis forma* – a alma é essencialmente (ou substancialmente) forma do corpo. Também *anima quaemadmodum omnia* – a alma é formalmente todas as coisas[81]. Em outros termos, a alma é abertura radical ao universo, à totalidade. É relação "formal" do mundo. Alguns autores da teoria da ressurreição na morte ou a partir da morte, entre eles Karl Rahner e seu esforço de "desplatonização" da escatologia,

---

80 Na verdade, podemos observar através dos bastidores da elaboração deste documento algo parecido com a bula de Bento XII: elementos de ordem da política eclesiástica em jogo. O texto foi elaborado basicamente por uma subcomissão de especialistas presidida por Cândido Pozo, autor de *Teología del más allá* (Madri, 1968, depois revista), sistemático crítico de releituras mais criativas em escatologia, especialmente das brilhantes e bem-fundadas releituras de Juan Luís Ruiz de la Peña (*La otra dimensión*. Santander: Sal Terrae, 1975. • *La pascua de la creación*. Madri: Biblioteca de Autores Cristianos, 2000).

81 Santo Tomás praticamente assume a afirmação de Aristóteles, que literalmente é "A alma é *eideticamente* [formalmente] tudo". Mas o horizonte bíblico da criação para o qual Tomás transporta as categorias de Aristóteles, dando-lhes assim perspectiva bíblica, transforma o sentido de fundo da afirmação. Em Tomás, de fato, a definição é ligeira, mas profundamente modificada! "A alma *nos é dada* como sendo, formalmente, todas as coisas". Em "nos é dada" está o horizonte criatural que não aparece em Aristóteles.

atualizam este conceito de alma como centro de consciência e de relações abertas a tudo, potência de comunhão com o inteiro universo[82]. Assim, uma vez terminados, com a morte, os limites físicos – moleculares – do corpo, a alma formaliza o mesmo corpo numa comunhão universal. Isso parece interessante, mas também parece diluir a individualidade num *pancosmicismo*, e exige ulterior aprofundamento.

Para afirmar uma "ressurreição na morte", seguindo os alemães, é necessário operar com uma diferença entre o corpo físico (em alemão *Leib*) e o corpo total e pessoal (em alemão *Koerper*), este último enquanto personalidade consciente, relacional, que vai crescendo – se "hipostasiando" – como história. Deus não deseja as moléculas físicas que compõem o corpo físico na hora da morte, mas deseja toda a pessoa em sua história e relações pessoais com os outros e com o mundo, ou seja, seu corpo composto de abraços alegres ou solidários, seu olhar compassivo e suas lágrimas, seu semblante sorridente e angustiado ao longo de uma história em que se sedimentou corporalmente uma existência humana. Neste ponto, a mesma subcomissão da Comissão Teológica Internacional concorda que nunca se ensinou na Igreja que "este corpo que agora portamos" e que irá ressuscitar seja a matéria física do corpo, suas moléculas e células, mas queria significar identidade estruturada em corpo pessoal, identidade entre o que somos e o que seremos. A *carne* significa exatamente este modo terreno, mortal, finito e frágil, marcado por lágrimas, alegrias, amores e trabalhos: esta mesma *carne*, marcada pela história terrena, será transfigurada. Segundo a teoria da *ressurreição na morte*, é este corpo histórico, esta carne tornada pessoa, hipostasiada como pessoa, que não se perde nem se desestrutura, mas se abre inteiramente para uma comunhão com a totalidade da criação e com Deus.

Estamos aqui, sem dúvida, numa luta com os limites da linguagem e do pensamento: É difícil pensar o corpo humano sem condições físicas. A própria teoria da *ressurreição na morte* tem o risco de decair em um docetismo antropológico quando afirma o corpo ressuscitado e glorificado – corpo aparente – e à tendência do espiritualismo em geral, apesar de seu esforço – contra a teoria da "alma separada" – ser justamente a valorização do corpo e da unidade da pessoa contra o dualismo platonizante. Aqui, como faz bem a Comissão Teológica Internacional, vale a pena lembrar que Santo Irineu e outros apologistas da ressurreição da

---

82 Graças a esta potência que é a alma, segundo Rahner, "o corpo glorificado pode converter-se em expressão da *pancosmicidade* permanente da pessoa glorificada" (*Sentido teológico de la muerte*. 2. ed. Barcelona: Herder, 1969, p. 28).

carne chegam à formulação consagrada na *Fides Damasi* (DH 72: "nesta carne na qual agora vivemos") como expressão da luta intelectual contra os cristãos com tendência gnóstica da mesma matriz dualista platonizante. Depois, quando o XI Concílio de Toledo e o IV Concílio de Latrão reafirmam enfaticamente que "não em aéreo corpo ou outra carne ressuscitaremos [...] mas nesta, na qual vivemos, consistimos e nos movemos" (DH 540), e que "todos ressurgem com seus próprios corpos que agora portam" (DH 801), batiam-se com o neognosticismo e contra os cátaros (albigenses), pois estes tendiam ao desprezo do corpo. Enfim, enquanto vivemos nas estruturas da presente vida, é impossível pensar o corpo sem estas moléculas que agora portamos. Até que ponto podemos sustentar a distinção feita pelos alemães entre dois modos de ser do corpo? Saímos de uma tendência dualista para dar de frente com outra, agora um dualismo corporal?

O Concílio Vaticano II foi sóbrio, sem entrar no âmbito das discussões sobre a modalidade da ressurreição: É o homem inteiro que ressuscita (cf. LG 49). A Carta da Congregação para a Doutrina da Fé de 1979, depois de repetir o Concílio, se orienta para a antiga teoria da "alma separada": Há "a sobrevivência e a subsistência, depois da morte, de um elemento espiritual, o qual é dotado de consciência e, de vontade, de tal modo que o 'eu humano' subsiste embora faltando, entretanto *(interim tamen),* o complemento de seu corpo. Para designar tal elemento a Igreja usa a palavra 'alma', consagrada pelo uso da Sagrada Escritura e pela tradição. Sem ignorar que este termo assume, na Bíblia, diversos significados, a Igreja retém, todavia, que não existe séria razão para afastá-lo, e considera que é absolutamente indispensável um instrumento verbal para sustentar a fé dos cristãos[83].

Assim continuamos, em parte, com a antropologia de Santo Tomás, da alma à qual falta "o complemento de seu corpo". Em Tomás, como já vimos, isso era apenas referência histórica e tendência ao corpo – *a alma não é o eu –,* mas aqui se quer afirmar por alma exatamente o *eu humano.* Como já dissemos acima, há o risco de não se saber o que fazer com o corpo: ao concentrar todo o "eu" na alma, no empenho de valorizá-la, pode-se cair de novo no dualismo em que a alma absorve todo o "eu" e o corpo fica desvalorizado.

A subcomissão redatora da Comissão Teológica Internacional, liderada pelo escatólogo Cândido Pozo, se empenha em desdizer abertamente Santo Tomás na sua crucial afirmação: "A alma não é o 'eu'". Ainda conviria ficar com Santo Tomás, na incompletude da alma que conserva referência histórica e tendência ao futuro corpo ressuscitado. Mesmo assim, ficamos com o proble-

---

83 Carta referente a algumas questões de escatologia: *Enchiridion Vaticanum,* 1538-1539.

ma da "felicidade" da "alma separada": Numa situação acorporal, ficam inteiramente abstratos os conteúdos que constituem a felicidade humana. A alma abstraída do corpo é de fato uma abstração daquilo que realmente nos torna felizes, é a sobrevivência do que não foi vivido, segundo a fina observação de Jürgen Moltmann. Pior ainda, a "sobrevivência" parece uma diminuição até assustadora, como se permanecêssemos "fantasmas", diminuídos e não plenificados na própria alma, pois uma alma sem corpo é a contradição de uma *anima*" que não anima, algo que antes era completo e vitalizante, e depois, quando devia gozar de plena felicidade, passa a ser algo incompleto, para só voltar a ser completo na ressurreição da carne, na parusia.

A páscoa de Cristo, então, ao contrário do que queria afirmar Bento XII na bula *Benedictus Deus,* teria nos cristãos um "enfraquecimento" ao invés de uma vitória ascendente até a parusia. O próprio Tomás, sem negar a dualidade corpo-alma, e acentuando o *essentialiter* da definição aristotélica de alma, insiste na alma como substância, mas substância do corpo. E se nega a ir adiante no drama que foi do próprio Aristóteles a respeito da felicidade das almas e em sua subsistência, pois para Tomás seria decair na heresia. Os teólogos místicos de seu tempo, que elaboravam uma teologia em moldes platônicos, como o franciscano Pedro de Olivi, não puderam evitar o dualismo e a absorção do "eu" na alma em detrimento do corpo. Foram, por isso, rejeitados pelo magistério nesse ponto.

Será prudente "parar" como faz Santo Tomás? Pois, como dizia Kant, a razão deve saber onde deve parar para conservar sua racionalidade. Sobretudo aqui o pensamento tem limites. Mas ainda assim ousamos aqui uma formulação que abrace um paradigma mais semítico, onde não há o primeiro princípio do "terceiro excluído". O *outro,* terceiro para além de corpo e alma, é o caminho da solução. Partindo da observação de que "a alma é formalmente todas as coisas" como abertura e princípio de comunhão, que é sempre comunhão "corporal" para não cairmos em dualismo a respeito do ser humano, é possível conservar a dualidade corpo-alma e evitar os conceitos de "alma separada" (e até o oposto, de "cadáver separado", como sugeriram alguns autores da teoria da *ressurreição na morte*), evitando assim uma linguagem mítica que parece dar mais razão aos modernos espiritualismos, incluído o espiritismo brasileiro, do que à fé cristã. Para sair deste círculo fechado é necessário ampliar, abrir na forma de *relação*, e considerar, com a alma e o corpo, também o *outro* da alma e do corpo, ou seja, em última análise, a comunhão dos santos.

b) O corpo, a alma e o "outro" – Uma nova antropologia, que concilie sem destruir a dualidade corpo-alma, é a que leva em conta um terceiro, um *tertium* (ao contrário da lógica grega em que *tertium non datur*), fora do indivíduo e para o qual subsistem corpo e alma. É bem verdade que tanto o corpo como a alma se reclamam: o corpo só é corpo enquanto é um organismo de muitos membros animado por um princípio unificador. A alma só é alma enquanto princípio de animação, de vitalidade e de unificação de um corpo. Isso vale analogamente para um corpo de professores, para um corpo médico ou diplomático: é corpo enquanto houver um princípio de unificação e vitalidade. A alma forma substancialmente o corpo, o corpo é a alma formalizada: quem vê o corpo vê a alma, simples assim. Quem vê o rosto sorrindo ou em lágrimas vê a alma que sorri ou chora. A alma não é um misterioso e abstrato lugar, pois quem toca o corpo toca a alma, a intimidade.

Analogicamente se diria o mesmo da humanidade e da divindade de Jesus: quem vê sua humanidade vê sua divindade. Mas tudo isso carece de qualquer sentido se ficar simplesmente numa relação "interna". Em Jesus não é tanto a relação das duas naturezas que decide sobre sua identidade – fizeram-se verdadeiras cirurgias para combiná-las –, mas as relações de Jesus como pessoa com o Pai, com o Espírito, com a humanidade, com a criação. Assim também a pessoa humana: o que interessa, em última análise, não é a relação de corpo e alma, mas *a relação ao outro*: para isso se está corporal e vitalmente, como alma, no mundo. Na relação ao outro concorrem sem confusão e sem divisão, corpo e alma. A pessoa é um "nó de relações", mas não é um nó "central": o outro é o centro que unifica corpo e alma. É necessário introduzir urgentemente uma antropologia da *alteridade* e inclusive uma decidida *prioridade da alteridade* para "salvarmos" a antropologia, tanto o corpo como a alma: o corpo é corpo-para-o-outro, corpo aberto e comunional, graças à alma. A alma é alma-para-o-outro, alma-abertura e princípio de comunhão, graças ao corpo. Ambos, alma e corpo, se articulam em uma unidade para "animar corporalmente" a relação de comunhão com o outro. O outro é "alma da alma" e "corpo do corpo", sentido último de sermos alma e corpo[84].

Em outros termos, o outro chama, convoca, suplica, provoca e invoca. *O outro anima e desperta a alma.* Essa alteridade vale eminentemente para Deus Criador, para o Espírito que in-habita a pessoa humana, mas também para todo outro humano e para toda criatura: a alma é suscitada a partir do outro e

---

84 Devo esta prioridade da alteridade na antropologia de corpo e alma ao filósofo judeu-francês que foi objeto de minha tese doutoral, Emmanuel Lévinas. Ele define alma ou psiquismo como "o outro em mim", para além da subjetividade, sustentadora e inspiradora da subjetividade. Cf. SUSIN, L.C. *O homem messiânico* – Uma introdução ao pensamento de Emmanuel Lévinas. Porto Alegre/Petrópolis: EST/Vozes, 1984, p. 332-408.

para o outro. Mas o outro chama e provoca e suplica sempre *corporalmente*, e só corporalmente podemos responder à altura, socorrer, servir, alegrar, homenagear, sem a desculpa ideológica da abstração espiritualista.

Esta experiência de ser suscitado pelo outro como alma e como corpo – animação e encarnação – é importante para sairmos da linguagem "mítica" e entrarmos num terreno em que é possível a verificação de "sinais" que unem antropologia e teologia. Afinal, a visita e a revelação do próprio Deus – o Pai Criador e o Espírito animador – acontecem em Jesus, *corporalmente*: "Nele habita *corporalmente* toda a plenitude da divindade" (Cl 2,9). Assim, só corporalmente as relações divinas com a criatura humana e as próprias relações humanas são autênticas e espirituais. Só nas relações com outros o corpo é autenticamente animado, é possuído de alma: o corpo é animado, ou seja, vitalizado, unificado, a partir do outro e para o outro. Se há uma relação "interna" de alma e corpo, é comandada a partir do outro, que é sua origem, razão e fim.

Essa condição radicalmente criatural, a partir do outro e para o outro, é escatologicamente glorificada também a partir do outro. Em termos teológicos, é Cristo quem porta a ressurreição, a parusia e a glória – o Pai deu ao Filho *encarnado*, ou seja, em condição humana, todo poder. Cristo "em corpo e alma" anima a ressurreição dos corpos e a comunhão celeste *corporalmente*. Em termos históricos, ou seja, antes da parusia do Último Dia, mais uma vez é a comunhão dos santos que conserva a dinâmica e a possibilidade de fazer, já aqui, inclusive antes da morte, como ainda veremos, a experiência da única escatologia que se antecipa de modo especial naqueles que terminaram o percurso terreno. A comunhão dos santos nos permite afirmar uma única escatologia, antecipada em cada pessoa que morre, mas que só será completa na parusia do final da história, no horizonte escatológico cujo tempo não sabemos.

O jovem teólogo Joseph Ratzinger, mais tarde Bento XVI, ao escrever uma síntese do *Credo* cristão no livro *Introdução ao cristianismo,* em 1969, aderia à teoria da "ressurreição na morte" exatamente por este lugar teológico precioso da *Koinonia*, a comunhão dos santos. Por força da comunhão dos santos, Ratzinger dizia que se podia considerar a teoria da "alma separada" algo "superado". Em sua subscrição ao texto da subcomissão da Comissão Teológica Internacional de 1992, no contexto de seu ofício de Prefeito da Congregação para a Doutrina da Fé, ele se volta para a tradicional doutrina da "alma separada"[85].

---

85 Nesse tempo, como prefeito da Congregação para a Doutrina da Fé, Ratzinger era por ofício presidente da Comissão Teológica Internacional, que reforçou a teoria da "alma separada" sem resolver o

Ora, retomando o brilhante ensaio do jovem Ratzinger sobre a *Koinonia*, a comunhão dos santos, que supera a doutrina da "alma separada", podemos detalhar com o sólido recurso à antropologia que dá prioridade à alteridade: o *outro*, na comunhão dos santos, sustenta corporalmente e anima a alma para que se permaneça num "amor forte como a morte" (CC 8, 6), *uns-sustentados--pelos-outros*. "Santo" quer dizer etimologicamente "separado", sem confusão, mas não sem "comunhão", santo ou separado como singularidade ou unicidade sem separatismo ou segregacionismo, ou seja, *alteridade de uns-para-os-outros*, onde cada um é mistério absoluto e insondável em sua alma, mas todo votado "para o outro" em seu corpo. A comunhão dos santos será sempre ao mesmo tempo comunhão de corpos e de almas. Já podemos aqui, na peregrinação terrena, fazer realisticamente esta experiência. Somos corpo e alma para animação e sustentação de corpos e almas. E podemos agora estendê-la sistematicamente em nossa perspectiva para o momento da morte e para além da morte.

c) Ressurreição "antes" da morte, "na" morte e "depois" da morte – Com base na fidelidade de Deus à aliança, no corpo ressuscitado e glorificado de Cristo e na comunhão dos santos que se incorpora a Cristo pela potência de vida do Espírito – as chaves de interpretação das nossas fontes –, o cristão professa a fé na ressurreição não só para depois da morte e nem só na morte, mas também para antes da morte. Que nós "já estamos ressuscitados" seria apenas som de garganta ou um modo poético de falar, mas sem consistência ontológica? É justo seguir aqui, como no caso do processo de juízo e de purificação – o "purgatório" – um método que não seja redutivo, mas um bem fundamentado "aumentativo", se quisermos apresentar os sinais da esperança.

A ressurreição da carne se insere num *processo de ressurreição*, e, como queriam explicar os autores da teoria da *ressurreição na morte*, não se pode reduzir a um momento cronológico, não é acontecimento que se marca no relógio ou no calendário. A ressurreição, junto com a morte, com o juízo e com a purificação, é "páscoa". É processo eminentemente escatológico, e seria absolutamente errado pensar como processo que começaria com a morte individual e iria até a ressurreição completa dos mortos e a plenitude da parusia, mesmo abstraindo de um tempo cronológico. Isso seria ainda pensar em analogia com o processo histórico cronológico que vem do passado ao presente e vai do presente ao futuro. O processo escatológico vem em direção contrária, como vimos

---

problema antropológico que isso significa. No entanto, em 1969 ele tinha a chave para a solução. Teria sido a mudança de contexto a levá-lo "para trás" na interpretação desta árdua questão?

no segundo capítulo a respeito da história de Deus: provém do futuro ao presente, como o *ad-vento* de Cristo em antecipação, em *prolepsis*. Começa na plenitude escatológica – rigorosamente falando, na "escatologia", no futuro absoluto de Deus, no coração mesmo de Deus – e entra a partir do "final" não cronológico, mas como plenitude, glória, para dentro da história. Por isso não se limita a chegar até a morte para acolher com uma *ressurreição na morte* os que terminaram o percurso terreno, mas se antecipa, já aquém da morte, na existência terrena, o presente. E não só o presente, mas também o passado, a história já transcorrida mas assumida, redimida e transfigurada e não perdida. A ressurreição dos mortos, exatamente por ser escatologia, é horizonte que reúne futuro, presente e passado, e ressuscita até os que ainda vão morrer. O que é impossível à criatura sozinha, é possível para o *outro* que entra em sua história e a transfigura inteiramente. Este *outro*, em última análise, é Deus, o Criador, Redentor e Santificador. Mas pode ser experimentado também, em experiências finitas, na entrada de todo *outro*, lugar humano desta experiência transcendental.

A ressurreição já presente e atuante é muito clara em Paulo e João: já estamos ressuscitados com Cristo, como também já estamos mortos com Cristo, e disso o batismo é o sinal (cf. Cl 2,12; Rm 6,4; Ef 2,4-6). Já possuímos a vida eterna pela adesão de fé a Cristo (cf. Jo 1,4; 5,21-26; 1Jo 1,2; 5,11)[86]. Por isso somos "criaturas novas": "Se alguém está em Cristo, é nova criatura. Passaram-se as coisas antigas; eis que se fez uma realidade nova" (2Cr 5,17). A vida *nova*, vida espiritual ou vida "no Espírito", ou "Homem *Novo*", "*Nova* criatura", ou vida na graça, é vida tomada da plenitude escatológica de Cristo, vida de ressuscitados já vivida na carne mortal. Importa absolutamente não reduzir a vida atual de ressuscitados apenas a comportamentos e a esforços morais. As exortações paulinas e joaninas à coerência de comportamentos que correspondam à vida nova de ressuscitados e à vigilância, são consequência e não causa da vida nova, vida ressuscitada e eterna que já opera em nós.

Aqui importa decididamente saber que as afirmações do Novo Testamento têm caráter *ontológico da mesma forma que têm caráter ético*[87]. Elas se referem ao *ser* ressuscitado, e, por isso mesmo, ao *comportar-se* como ressuscitado.

---

86 A Primeira Carta de João retorna à afirmação do dom da vida divina, eterna, que está já presente em nós em 16 passagens, como um verdadeiro estribilho da carta em forma de estrofes.

87 Na tradição aristotélico-escolástica, o agir segue o ser, há uma prioridade do ser, da ontologia que tem como corolário e consequência a ética. No pensamento semita, bíblico e também árabe, esta distinção e hierarquia não existem e soam de forma repugnante. P. ex., no "ser bom" há uma unidade de ética e ontologia, como em "ser justo", "ser santo". Não há primeiro "ser" para depois juntar bondade, justiça, santidade.

Já nesta terra, assim como corpo e alma não se hierarquizam entre si porque ambos são a partir do outro e para o outro – Cristo e os irmãos –, também o ser ressuscitado e comportar-se como ressuscitado não precisam lutar entre si pela causalidade e prioridade, porque ambos – ser e comportar-se – são a partir do outro e para o outro – Cristo e os irmãos (cf. Rm 6,1-14; 1Jo 3,1-2).

Em última análise, graças à ressurreição de Cristo, à fidelidade do Pai e à potência do Espírito, já participamos da vida eterna e da ressurreição da carne. Já somos, antecipadamente, como diz com toda justiça a etimologia da palavra brasileira, "bem-aventurados". A bem-aventurança não exclui a presente contradição da dor e dos riscos da história, a ressurreição não exclui a morte, a escatologia não exclui a continuidade do drama da história, mas, pelo contrário, exigem que assim seja para que se complete o corpo de Cristo na comunhão dos santos. São Paulo, como João, expressa a conjunção de morte e ressurreição na dinâmica e na tensão da semente que morre para frutificar (cf. 1Cor 15,35-44; Jo 12,24). É necessário, no entanto, pensar esta dialética de morte para a vida de modo comunitário, inclusivo, como Corpo de Cristo, e não reduzir a casos individuais isolados.

Enfim, a comunhão dos santos, que é vivida depois da morte como elemento constitutivo do que chamamos tradicionalmente "céu", e que se vive na morte como páscoa no seio de vida, é experimentada desde antes da morte: graças à experiência de comunhão, de comunidade, de relações humanas, temos um "lugar" a partir de agora para a experiência da ressurreição, para vivermos como criaturas novas a vida de ressuscitados e os comportamentos de ressuscitados. A comunhão dos santos, como a vida eterna e a ressurreição, é uma comunhão escatológica que retira a linha natural e individualmente insuperável da morte e se antecipa para o presente mortal e até para o passado, ou seja, para os antepassados. Na comunhão dos santos ninguém fica para trás nem cai no esquecimento. Com a *prolepsis,* na antecipação de Cristo ressuscitado, o movimento da Páscoa integra em si a "morada dos mortos" (cf. 1Pd 3,19-20), os antepassados são resgatados pela palavra, pelo face a face, pela comunhão. A saudade em relação aos mortos que amamos pode manter os laços de comunhão somente até certo ponto. Agostinho já velho bispo lembrando o amigo de juventude que faleceu repentinamente e que o fez sofrer saudade e desânimo de viver, observa que não tinha aprendido ainda que os que amam em Deus não perdem nunca as pessoas amadas: "Só não perde nenhum amigo aquele a quem todos são queridos naquele que nunca perdemos [...]. Ninguém vos perde, a não ser quem vos abandona" (*Confissões* IV, 4-9).

Com a *prolepsis*, a antecipação da escatologia no acontecimento da ressurreição de Cristo, deve-se inverter, como faz João insistentemente, a ordem de causa e efeito: Nós não vamos ter vida eterna porque um dia vamos ressuscitar, como efeito da ressurreição: nós *já* temos a vida eterna, e por isso vamos ressuscitar. Melhor: por isso *já estamos* no processo de ressurreição que transforma a morte em um momento deste processo. Para João, este é o fundamento: a adesão a Cristo ressuscitado e Senhor, nós "desde já somos filhos de Deus, mas o que nós seremos ainda não se manifestou. Sabemos que por ocasião desta manifestação seremos semelhantes a Ele, porque o veremos tal como Ele *é*" (1Jo 3,2). Aqui está, de forma acabada, a tensão entre *já-e-ainda-não* que Ernst Bloch, através do *princípio esperança* compreendeu a dinâmica da história conduzida pelo horizonte da utopia. Mas a ressurreição de Cristo se tornou *topos*, um lugar real e fecundo que se estende para todo lugar e toda história.

A linguagem é estruturalmente deficitária e insuficiente diante do brilho deste sol que se levanta no horizonte escatológico e atinge o aqui e agora. Por isso deve ser sóbria e saber quando deve parar para conservar sua racionalidade. A linguagem sobre a escatologia, especialmente sobre a ressurreição *da carne*, pode conservar sua racionalidade e sobriedade ao se entender como processo pascal comunitário em Cristo: Já opera em nós a ressurreição de Cristo até a comunhão de toda criatura nos Novos Céus e Nova Terra. Talvez possamos abandonar a linguagem muito individualista de "alma separada" que cria uma série de problemas antropológicos e teológicos, ao insistirmos neste processo de incorporação ao Corpo de Cristo, a comunhão dos santos, como pensava Ratzinger em 1969 no seu *Introdução ao cristianismo*. Mas pode ser também dispensável a teoria da "ressurreição na morte", que se bate com novos problemas praticamente do mesmo tamanho da dupla escatologia, pois o que ela pretendia salvaguardar é integrado numa páscoa ainda mais abrangente, um processo que nos inclui – nós os que ainda somos votados à morte – junto com aqueles que concluíram o percurso terreno em todos os tempos da história humana.

A preocupação pastoral com a pregação ininteligível da "ressurreição na morte" em funerais, diante do cadáver, é uma preocupação pastoral também diante das expressões do ritual que sugerem uma "alma separada": ambas são igualmente ininteligíveis. Não são o instrumento verbal para sustentar a fé dos cristãos, como deseja a Carta da Congregação para a Doutrina da Fé de 1979. A melhor linguagem é a linguagem da comunhão, da comunidade, da relação de graça, sem calcar na preferência de um dos elementos da dualidade corpo-alma.

A profissão de fé na ressurreição da carne como páscoa com Cristo supõe a estrutura mesma da fé: é uma "entrega" e um apoio em "outro" – em Deus, em suas testemunhas – que inclui nossa razão e nossa compreensão. Essa entrega da razão não é nem contrária à razão e nem um recurso extra para preencher a lacuna e a incapacidade da razão: é uma entrega razoável porque é próprio da razão humana não resolver nem plenificar em si mesma sua racionalidade, mas no diálogo e na confiança em outro – o que viemos dizendo: na comunhão. Trata-se de um ato de fé na fidelidade do Criador, mediado pelas testemunhas de Jesus ressuscitado, sustentado pelo fervor do Espírito que nos coloca em comunhão com Ele. A comunhão é o sinal de sua eficácia: "Nós sabemos que fomos transladados da morte para a vida porque amamos os irmãos" (1Jo 3,14).

8
Novos Céus e Nova Terra, onde habitará a justiça (2Pd 3,13)

A palavra "céu", como tantas palavras importantes – Deus, graça, mundo, homem etc. – ganhou tal multiplicidade de significados que, afinal, corre o risco de ser uma palavra vazia. Mas há problemas maiores do que a linguagem: o céu foi expulso da criação, divorciado da terra e conjugado ao binômio disjuntivo "céu ou inferno". O céu foi também espiritualizado, a ponto de ser absorvido em Deus mesmo, ou foi "existencializado" como um *estado de espírito*. A perspectiva da *Lumen Gentium* 49-50 e da *Gaudium et Spes* 39, como da teologia hoje, é re-costurar a criação dos céus e da terra que, toda inteira como criação saída das mãos do Criador e seguida por seu olhar e paciência, será na escatologia a criação glorificada como Novos Céus e Nova Terra, lugar e pátria de Deus com suas criaturas, seus filhos e filhas na comunhão dos santos – o Reino de Deus. Este capítulo retoma o horizonte aberto no primeiro e segundo capítulos deste livro.

8.1 A esquizofrenia entre céu e terra

Já examinamos no primeiro capítulo esta esquizofrenia do ponto de vista histórico. A crise ecológica recolocou o problema dos espaços ou ambientes vitais. A Modernidade acentuou a história como planejamento e ação do homem, mas também o espaço como "*res extensa*", natureza como matéria-prima, disponível à ação. A combinação de ambas levou não somente ao "esvaziamento do céu", mas à crise ecológica: em poucos anos se degradam ambientes vitais que se formaram em milhares de milhares de anos. É urgente, portanto, não só uma teologia que recupere o sentido da criação, mas também a destinação da criação, uma escatologia que seja integradora: a criação é bem compreendida à luz do seu destino escatológico.

a) Secularização do espaço – A experiência mais antiga do espaço é a de uma *ecologia sagrada*. O antropólogo Joseph Campbell acumulou pesquisas em torno da primeira relação humana com o espaço: uma simbiose praticamente mística, nutritiva e generosa da mãe terra, seio de sustentação para coletores e caçadores, sem ainda uma divisão de sacro e profano. Segundo este autor, foi a sedentarização e a apropriação de um espaço estável para cultivo e construção que operou uma separação de espaços e a necessidade de intercâmbio com o divino para a propiciação, para aplacar e conseguir favor, o que teria dado início à oferenda e ao sacrifício, inclusive o sacrifício expiatório[88]. Mircea Eliade põe o foco de sua pesquisa nesse estágio, quando os espaços profanos, de apropriação e cultivo, eram ordenados a partir de um espaço sagrado, não somente um além, mas um centro sagrado. O conhecido antropólogo mostrou a coincidência desta ordem em diferentes culturas: um templo, um monte sacro, uma árvore sacra, uma cidade, tornavam-se *axis mundi* e *imago coeli* – eixo ou polo do mundo e imagem do céu. O centro sagrado passa a orientar e organizar os espaços profanos do cotidiano, da ação humana. Mas também limita os espaços profanos, estendendo para além deles novos espaços sagrados, separando-os em confins que não são ultrapassáveis sem morte. As proibições – os *tabus* – começam nesse limite: não se pode passar de um espaço a outro sem certos cuidados. Assim, os espaços têm significados diversos, tornando-se como certos tempos, lugares ao estilo do tempo *kairós* e não simplesmente *Cronos*. São espaços *kairológicos*, fontes de qualidades espaciais, espaços de bênção, de fecundidade, de comunhão etc. São os templos, os santuários[89].

Genialidade grega foi a de começar a desvendar uma experiência e um conceito racional-científico de espaço, assim como do tempo. Isso foi possibilitado pela homogeneização quantitativa do espaço. Por paradoxal que pareça, a homogeneização foi conseguida pelos gregos através da saturação de sagrado. Antes, tudo era sagrado: "Tudo está pleno de divindade" (*pánta plére theón* – Tales de Mileto, Fragmento 22). Parmênides, apaixonado pensador do *Uno*, descreve o espaço indivisível e contíguo na esfera em que reina soberano e sagrado o Uno. Mas justamente a saturação sagrada e a indiferenciação da contiguidade espacial, da homogeneidade dos espaços, possibilita o salto para a "secularização" de todo o espaço: os extremos se tocam. Os dois mestres clássicos, Platão e Aristóteles, definem o espaço nestas duas formas, como até hoje é concebido.

---

88 Cf. CAMPBELL, J. *O poder do mito*. São Paulo: Palas Athena, 1990.

89 Cf. ELIADE, M. *O sagrado e o profano*. A essência das religiões. São Paulo: Martins Fontes, 2001.

Platão, ainda na esteira de Parmênides, desenha a ideia de perfeição espacial na *esfera* (*péiras*). O espaço é um recipiente vazio, um seio que acolhe em si os corpos, os objetos, e os organiza, nele ganhando forma, beleza. É uma imagem feminina, materna e mística do espaço. Para além da esfera está o "indefinido", o *á-peiron*, ou seja, não esfera e caos, *não lugar* de violência e feiura.

Aristóteles pensa o espaço como relação entre corpos, distâncias entre objetos, portanto espaço referido aos objetos, como "lugar" (*topos*) composto de objetos, e não como esfera e seio. É um conceito simplesmente físico e nada místico. A matemática que nasceu nas praças do mercado para a troca de produtos, torna-se geometria. Euclides aperfeiçoa regras de geometria – a mensurabilidade lógica e matemática do espaço. A geometria euclidiana chega à Modernidade competindo com a persistência dos espaços com significados, os espaços sacros e profanos.

O próprio conceito moderno de espaço tem uma história que mistura representação artística com representação científica. Da arte bidimensional e bifrontal, portanto dialógica, dos ícones bizantinos, e dos espaços simbólicos da *Divina comédia* de Dante, no Ocidente as artes plásticas se inclinam à perspectiva e à tridimensionalidade, conduzindo a percepção cada vez mais ao "fisicalismo" do espaço[90]. Assim, Dante está mais próximo de Abraão ao compor os espaços da *Divina comédia* como inferno, purgatório e céu, do que de Galileu e Descartes.

Na inauguração da Modernidade, a observação e a nova representação do espaço chegam ao conceito cartesiano de *"res extensa"*. Fazem a passagem do universo como uma esfera nas mãos do Criador rodeado do infinito céu divino a um espaço fisicamente ilimitado. Segundo Alexandre Koyré, este é o percurso do cálculo, de Copérnico a Kepler, passando por Galileu, Bruno e Descartes, com a abertura do "mundo fechado" ao "universo infinito"[91]: O espaço, decididamente, não é mais lugar como casa, nem é esfera e seio sustentador de corpos ordenados, é "infinitivamente aberto", ou melhor, fisicamente sem limites. Diante deste espaço, que choca a neutralidade física de Aristóteles com a mística parmenidiana e platônica, estão os calafrios místicos de Pascal e de Nietzsche: *"Horror vacui"*, a contemplação do céu provoca o horror do vazio ilimitado e cada vez mais frio e obscuro.

Mas como "à natureza aborrece o vazio" (*Natura abhorret vacuum*), até hoje essa ilimitação e esse vazio físico não estão bem resolvidos. Ainda hoje, a

---

90 WERTHEIM, M. *Uma história do espaço*: de Dante à internet. Rio de Janeiro: Zahar, 2001.

91 Cf. KOIRÉ, A. *Do mundo fechado ao universo infinito*. Rio de Janeiro: Forense Universitária, 2006.

grande luta dos cosmólogos com o espaço do universo é a mensurabilidade. O espaço, como o tempo do relógio, parece fugir ao domínio da mensurabilidade, mesmo em escalas "astronômicas", tornando-se mais "platônico" enquanto se avança nele, alcançando uma imensurável e infinita sacralidade após sua secularização. Essa percepção platônica do espaço só aumentou com a física quântica do século XX para cá. A espacialidade se tornou fluida.

Com o advento das redes de comunicação, com a internet e os espaços virtuais, cibernéticos, já sem fisicalidade, nos acostumamos, mesmo em redes sociais, a um seio "superplatônico", banhado em imagens de ideais arquetípicos: pela tela entramos em espaços que podem ser infinitamente melhores do que os deste mundo de carne e osso, como que libertos da caverna do mito de Platão. Mas sem os limites da "esfera", o homem se sente "sem casa", sem espaço próprio, em angústia – é o que diz exatamente a palavra alemã analisada por Heidegger: *"unheimlich"* – angústia no modo de estranheza, sem um lar.

b) O céu evaporou? O que sobrou do paraíso? – A pergunta pelo que sobrou do paraíso é exatamente o título de uma das grandes obras do historiador medievalista Jean Delumeau, que faz uma história do imaginário sobre a representação do céu no Ocidente cristão e moderno[92]. Os céus cósmicos tinham sido imaginados, nos espaços de uma ecologia sagrada arcaica, o espaço mais sacro e inatingível, morada dos deuses, dos espíritos, dos ancestrais. Mas estavam em alguma forma de relação com a terra, com meios de conexão. A fé judaica e cristã fez uma releitura sóbria, mas permaneceu dentro da moldura e das conexões entre terra e céu: no Natal os céus visitam a terra, nas cúpulas das catedrais a terra se abre ao céu, na Páscoa céus e terra são iluminados pelo mesmo Cristo, tudo em seu lugar. Porém à medida que a observação científica e a representação fisicalista do céu avançava, o céu cosmológico da fé se tornava mais antropológico e mais relacional: ao invés de jardins e pastagens celestes, a representação se deslocou para salões teatrais, cheios de gente, círculos de amigos diante do palco de coros angélicos e trono divino. A oração, de modo especial a intercessão, ajudou a deslocar a representação para as relações humanas: já não se deseja tanto sentar em jardins com harpas, mas encontrar e se entreter com as pessoas que amamos.

Mas esta substituição da representação cósmica por uma representação antropológica não resistiu ao avanço da Modernidade no Ocidente. Com a homogeneização secular e física dos espaços e ao mesmo tempo com a abertura

---

92 DELUMEAU, J. *O que sobrou do paraíso*. São Paulo: Companhia das Letras, 2003.

ao universo infinito quantitativo e homogêneo, sem mudança de qualidade, de modo secularizado, o que se entendia por "céu" se intensificou numa espiritualização cada vez maior e mais pura. Por um lado, termina identificado o céu com Deus: o céu é o próprio Deus. Já Santo Agostinho, é bem verdade, fazendo a releitura sóbria da fé cristã a respeito dos céus pagãos, colocava esta centralidade espiritual de Deus como sendo Ele mesmo o nosso céu: *"Deus locus noster"* – Deus é o nosso lugar! Por outro lado, o céu se torna mais abstrato, e fica identificado com o interior, com a alma, com a intimidade salvaguardada: o céu é um belo *estado de alma*. Desliga-se de tal forma da terra e das representações cósmicas que se pode até desejar, segundo a tradição luterana, "que passe o mundo e venha a glória".

O desligamento do céu do binômio *céus-e-terra*, e a sua abstração numa espiritualização vista como positiva até à absorção em Deus, permitiram a Feuerbach e Marx uma arrasadora crítica ao céu e a Deus: o céu – como Deus – é projeção do homem que está na terra, uma projeção do desejo e por isso é concebido num espelho invertido: a miséria da terra refletida em glória celeste. É produzido pelo desejo de felicidade. É como colocar a alma e o que há de melhor de si fora de si e acima de si. É, na crítica dos mestres da suspeita, uma antropologia alienada, onde "Deus é o coração de um mundo sem coração". É preciso então voltar ao ser humano ao invés de Deus, e ao futuro histórico do homem ao invés do céu.

Marx lembra que é melhor deixar o céu, que é "lugar" da alienação social, de ópio coletivo, aos passarinhos, e empenhar todo o cuidado na terra. A terra é a mãe, mas o trabalho é o pai do homem, segundo Marx. O trabalho constrói a história sobre a terra, plenifica o ser humano e a natureza. Radicalizando Feuerbach, Marx calca a questão social: O homem é a sociedade, e a miséria da sociedade é o lugar em que a consciência se aliena e se inverte numa projeção de céu. O céu é simples expressão ao avesso da miséria social. É preciso voltar à sociedade e suas estruturas, e assim ao futuro histórico da sociedade.

Finalmente Ernst Bloch, através do "princípio-esperança" e da dialética entre presente e futuro, entre o "já-agora-e-ainda-não", dinamiza o projeto marxista de forma messiânica, trazendo o céu para o horizonte utópico da história: a utopia é o céu que mantém o princípio-esperança, e este é que move o presente em direção ao futuro. Há um transcender histórico, sem necessidade de uma transcendência absoluta para além da história. A transcendência acaba, assim, negada numa imanência que se autotranscende sem fim. Os experimentos de realização de utopias, trazendo de alguma forma o céu para a terra, criaram o inferno, sobretudo nos nacionalismos do século XX. Hoje vivemos a crise das utopias secularizadas. Sem um "céu" para onde se orientar, não se move o princípio-esperança e não há ação ordenada a algum fim – é a Pós-modernidade. Já analisamos melhor esta situação no primeiro capítulo.

O céu desligado do binômio *céus-e-terra* da criação acaba por deixar a terra sem destino e à disposição da devastação. O céu "espiritualizado", como viemos insistindo, acaba sendo absorvido ou por Deus ou pela alma, expondo-se assim à crítica que o fez apenas símbolo, projeção, utopia funcional. Já sem céu, enfim, também é secularizada a ânsia de felicidade plena aqui e agora. E esta ânsia se direciona à apropriação e ao consumismo. A terra é espaço desta realização até a devastação, mas o céu foi o primeiro a ser devastado e a desaparecer. O desastre ecológico não começa na terra, começa no céu. Sem céu, a terra perde sentido. Hoje é uma questão da psiquiatria, da política, da economia, da pedagogia e, claro, da religião: como vislumbrar alguma forma de "céu" para dinamizar e unificar o indivíduo, para cuidar da terra e da sociedade no sentido de um céu? Isso faz de maneira sagaz o messianismo do "Mercado": o desejo de bem-aventurança embutida no consumo move o Mercado. Será necessário "procurar o céu", extraviado e consumado no Mercado, para retomar contato com o ser humano pós-moderno e com o destino da terra.

8.2 "Céus e terra" como "criação"

A verdade não cabe nem pode ser reduzida à ciência, é necessário lembrar esta questão antes de avançar. Seria um reducionismo epistemológico e um empobrecimento fatal perder de vista a diversidade de linguagens da verdade e a necessidade de interdisciplinaridade. A poesia, a literatura, a arte, possibilitam experiências verdadeiras e abrem caminho para verdades que a ciência não alcança inteiramente. Por isso o diálogo de fé e razão que acompanha a trajetória do cristianismo é hoje o diálogo da religião com as diferentes áreas de conhecimentos e linguagens, as ciências. É nesse contexto que revisitamos a narrativa bíblica da criação de céus e terra. É antes de tudo uma literatura antiga com forte sabor poético. A palavra "criação", pra começar, diz algo mais qualificado do que "natureza", conforme o esclarecimento do documento sobre o cuidado da "casa comum", a encíclica *Laudato Si'* n. 76:

> Na tradição judaico-cristã, dizer "criação" é mais do que dizer natureza, porque tem a ver com um projeto do amor de Deus, onde cada criatura tem um valor e um significado. A natureza entende-se habitualmente como um sistema que se analisa, compreende e gere, mas a criação só se pode conceber como um dom que vem das mãos

abertas do Pai de todos, como uma realidade iluminada pelo amor que nos chama a uma comunhão universal.

A narrativa bíblica afirma em seu primeiro verso, pacatamente, que "no princípio, Deus criou céus e terra" (Gn 1,1a). A percepção integrada de céus e terra não é privilégio da Bíblia. Há muitas tradições que veem o universo como unidade e dualidade. Nem todas as tradições "resolvem" da mesma forma, porém as relações de céus e terra: umas por superação, outras por oposição, outras por absorção, outras por exclusão e inclusive por aniquilação de uma das partes. Em diversas narrativas está presente uma espécie de "violência criadora", o que não é o caso da tradição bíblica. A fé bíblica se fundamenta na Palavra divina, criadora de céus e terra, Palavra criadora também da promessa de Novos Céus e Nova Terra: o céu, como a terra, compõe uma história, a história de Deus.

a) A narrativa da criação: do seio de Deus, cada criatura é seio para outra – O "mundo" ou "universo", quando se examina a narrativa bíblica, é uma totalidade de *ambientes vitais*. O que dá sentido e integração à constituição do espaço é a vida, é ser ambiente de vida. Esta é a ecologia sagrada da Escritura. Como o tempo, também se pode dizer que o espaço é criado com todas as criaturas em vista da vida na riqueza cada vez mais complexa da biodiversidade. Com a diversidade de criaturas há também diversidade de ambientes vitais. Há ao menos três iniciais, três grandes seios:

• *Céus*, como ambiente dos seres celestes.

• *Terra*, como ambiente dos seres terrestres.

• *Mar*, como ambiente dos seres marinhos.

Pode-se, com mais frequência, constatar dois ambientes maiores: os céus, no plural, e a terra, no singular. O mar, neste caso, está junto à terra, mas como seu limite. Os céus são o ambiente imediato de Deus, onde Deus fez sua morada, colocou "seu trono" para morar na criação. A partir dos céus Deus visita a terra enviando seus mensageiros celestes, suas potências – os anjos, o seu Espírito. Assim, se a literatura bíblica assume muito das concepções cosmológicas do seu entorno, ela recompõe e dá um sentido próprio.

A primeira narrativa da criação se desenrola por uma lógica que é própria da ecologia: cada espaço – ou ambiente, ou ainda "seio" – é povoado de criaturas que em seguida se tornam seios povoados de novas criaturas. Assim, o ambiente inicial, inaugurado pela Palavra criadora, ou seja, pela decisão livre, pela "bene-volência" do Criador, é a luz. Dizendo de outra maneira: do seio da Palavra, da decisão benevolente criadora, do coração benevolente e livre de Deus criador, surge o seio primordial, a luz. No seio da luz é que são criados os céus e a terra, inclusive o dia e a noite. Os céus, lugar de habitação divina, são discretamente velados pelo que podemos interpretar como "não narcisismo" do Criador, que se volta inteiramente para a terra. A narrativa deixa, de certa forma, o céu nas costas do Criador, que se ocupa imediatamente da terra. Da povoação celeste só se vai saber, na sutileza da grande narrativa bíblica, quando algum enviado visitar a terra, a parceria entre anjos e humanos, como ainda veremos.

Na terra começam as "separações" – entenda-se como "distinções" no sentido que se emprega de alguém como um "distinto senhor", ou seja, com dignidade própria que deve ser honrada. Em hebraico significa também "santificações" ou "bênçãos" criadoras. A "separação" e a bênção dão consistência e autonomia, e ao mesmo tempo dignidade própria e destinação, uma vocação. A primeira separação na terra é do espaço seco e das águas. Logo se tornam seios de novas criaturas, que, por sua vez, se tornam alimento para novas criaturas... e o ser humano só chega no final, no sexto dia. Como céus e terra, o ser humano também é criado como um binômio fecundo – *isch e ischáh*, varão e mulher – mútua ajuda na vocação ao cuidado das demais criaturas da terra. Vocação e missão, esta é a dignidade humana. Diante da destinação de governo, não tem sentido afirmar uma hierarquia de valor em que o ser humano é uma criatura que vale mais do que as outras, como é sem sentido afirmar que o jardineiro vale mais do que as flores que ele cultiva – simplesmente não vem ao caso, seria um sofisma. A hierarquia vem de outra lógica, estranha ao relato bíblico.

A terra é o ambiente mediado pelo ser humano. Seguimos agora mais de perto a segunda narrativa do Gênesis. Nela se conta que a terra permanecia caótica porque do céu não tinha vindo a chuva e nem um ser humano tinha sido ainda criado. Antes de tudo, porém, o ser humano é um ser terrestre, um vivente ao lado dos outros viventes. É *"basar"* – carne ligada à terra, à alimentação terrestre. Não é nem espírito celeste decaído e nem elevado das águas do mar, nem saído de árvore ou de pedra ou de alguma outra criatura ancestral, narrativas que podem ser encontradas em outras tradições e que tem seu próprio significado. No segundo relato genesíaco, o ser humano é formado simplesmente da terra, da argila – que é a terra boa para se modelar. Pertence, portanto, a um dos ambientes, a terra, é "Adão" porque provém da *Adamah*, a argila. No entanto, recebe o sopro de Deus, torna-se carne – *basar* – habitada pelo sopro, pelo hálito divino – *ruáh*. E no mesmo ato recebe uma missão específica em relação a este seu ambiente e uma vocação em relação ao mundo todo: o ser humano é a criatura chamada a cultivar o jardim, cuidar, administrar, dar nome aos animais, fazê-los assim entrar no seu relacionamento. É o jardineiro e o cuidador. Por isso o ser humano é criatura "aberta" ao seu ambiente vital não como as demais criaturas vivas, mas a partir de sua abertura transcendental ao todo, ao universo, à transcendência infinita, participando assim da relação que Deus mesmo tem com o mundo e tornando-se mediador da presença de Deus na terra[93].

O ser humano é, então, ponto de chegada e de partida, filho do universo, seu intérprete e responsável pela terra. Representante da criação junto do Criador, é *imago mundi*. E representante do Criador no seu ambiente vital, é *imago Dei* – imagem de Deus no mundo. As criaturas deveriam então se sentir amadas, protegidas, e poderiam se alegrar com a presença e aproximação deste seu guardião, e não ter medo dele. Os animais "predadores" estão integrados às leis do ambiente vital. Mas o ser humano, segundo a narrativa bíblica, só por perversão e decadência é um predador, pois por vocação é um cultivador, um *provedor* do ambiente vital[94].

Se o ser humano é a criatura que representa seu ambiente vital diante de Deus – *imago mundi* – e por isso também aberto ao mundo como representante divino – *imago Dei* –, é a criatura aberta também ao ambiente vital em que está Deus em sua glória, os céus, como interlocutor de Deus e das criaturas celestes. É *nephesh*: respiro que se transforma em palavra e interlocução, diálogo e resposta, responsabilidade diante dos céus.

A teologia judaico-cabalística, baseada na narrativa da criação mas também na história de Israel, pensa o espaço como "*Makom*" e "*Zimzum*". *Makom* é o lugar de Deus, de sua onipresença, que é espaço de salvação e de libertação para o povo, é espaço de misericórdia, como um ventre infinito que circunda, que nutre seu povo e se torna "*shekináh*" – presença materna de Deus (cf. Est 4,14; Sl 139). *Makom* é um espaço absoluto, envolvente, origem do "panenteísmo": tudo está *em* Deus. Panenteísmo não é, portanto, panteísmo, graças à segunda concepção de espaço, "*Zimzum*".

Zimzum é, em primeiro lugar, uma ação de "retraimento" e de "*kénosis*" – esvaziamento – de Deus, criando e dando espaço para a criação. Deus cria assim,

---

93 Esta é a diferença entre o ser humano e os animais, segundo a interpretação de Max Scheller: os animais se relacionam com o seu ambiente ecológico, ao ser humano é dado o espírito capaz de se relacionar com a totalidade do universo.

94 Sobre como interpretar esta complexa relação do ser humano com os animais, cf. SUSIN, L.C. & ZAMPIERI, G. *A vida dos outros* – Ética e teologia da libertação animal. São Paulo: Paulinas, 2015, esp. a terceira parte.

paradoxalmente, "dentro" de si, do *Makom* como um ventre materno, através de sua renúncia, um espaço "fora", onde as criaturas não se confundem com o criador, mas são "alteridades" na relação entre criador e criaturas. O seio materno, o ventre, é a melhor metáfora para entender este espaço "dentro" e no entanto vazio de si "para outro". É nesse espaço como *Zimzum* que se dão os espaços relativos, os lugares das criaturas, das suas relações e dos seus movimentos, até mesmo das estrelas nos confins do universo, seja onde for. Os astros, os mares, as pedras, enfim o ser humano, se relacionam nesses espaços "relativos", ou seja, de relacionamento vital. Nesse espaço o ser humano também é chamado a agir, a cumprir o mandamento da justiça e a sua missão de intérprete e cuidador.

b) Universo "dual" – Dualidade, como já vimos para corpo e alma, não significa ainda dualismo. A dualidade cria dinamismo, polarização positiva e fecunda se não se fechar sobre si, se não se totalizar num dualismo que sempre cria domínio e opressão de um sobre o outro até o aniquilamento. Para que a dualidade seja sadia precisa respeitar a "separação" do outro e estar aberta ao *"tertium"*, a uma alteridade no espaço e no tempo, um espaço separado e um tempo separado, que a dinamize e unifique. Assim vimos para a alma e o corpo abertos ao outro, à alma e corpo de outro. A criação é um universo dual – céus e terra – aberto ao Reino de Deus – reino escatológico, os Novos Céus e Nova Terra. No universo dual aberto aliam-se as forças de transcendência e de imanência, as forças de possibilidades transcendentes e de realidades imanentes, de graça e natureza.

Os céus, seguindo o fio condutor da narrativa bíblica, são o ambiente vital a partir de onde são enviadas possibilidades à terra, através das chuvas ou dos anjos, dos astros marcando os tempos ou das mensagens angélicas, ou do espírito infundindo energia e orientação aos acontecimentos históricos. Assim os céus potencializam, fecundam e guiam a terra. Os céus são também o ambiente vital para onde se direciona e se transcende a terra, com suas esperanças e pedidos. Os céus são, enfim, o lugar onde Deus habita a criação e a partir de onde olha, abençoa e chama a terra à sua destinação. Os céus, como casa de Deus na criação, são ilimitados.

A terra é essencialmente limitada. O mar, na cosmologia narrativa da Escritura, é seu limite. Mas a terra é o ambiente vital que acolhe as possibilidades e as tornam realidades, onde crescem as criaturas da terra atuando as potencialidades enviadas a partir dos céus. Céus sem terra seriam possibilidades não atuadas, sem realização. A imanência da terra, por sua vez, é uma variedade concreta de criaturas graças ao cultivo das diferentes possibilidades, portanto lugar da biodiversidade cuja potência original nós chamamos, seguindo sempre a narrativa bíblica, de *céu*. Só o pensamento secular, que se destaca da realidade da criação, pode conceber a imanência como um princípio fundante, de modo absolutamente autônomo, um mundo autofundado. Seguindo a inspiração bíblica, as criaturas são aquilo que são graças à sua abertura às potencialidades que lhes vêm de fora, que lhes são enviadas. Enfim, a terra é o lugar a partir de onde o ser humano, com as demais criaturas em biodiversidade, habita a criação aberta ao céu, onde o ser humano recebe a missão de acolher e de corresponder não só por ele mas por todo o seu ambiente terrestre.

O dual *céus-e-terra* tem uma primeira analogia no gênero e na sexualidade: a reciprocidade dos diferentes é fecunda. Embora hoje estejam em pauta discussões em torno da sexualidade binária rígida e há quem prefira falar em plural para ser mais justo, ainda assim a pluralidade, mesmo sexual, provém de um dual originário, seguindo o texto do Gênesis. As polarizações da criação são normalmente *feminino* e *masculino*, sem que isso signifique hierarquia. Somente quando decaem em fechamento ao "terceiro", aos outros na criação, para os quais se destinam, masculino e feminino se tornam um jogo de dominação e opressão até a destruição.

Outra analogia dual é a de alma e corpo: os céus são o princípio animador, origem da graça, das potências, dos "auxílios", dos modelos e formas puras (as ideias, em Platão, e os anjos, na angelologia escolástica). São o princípio da fantasia criadora, dos sonhos, inspirações e utopias. A terra é o corpo materno que recebe e gera concretamente a diversidade de filhos e filhas. A terra, ao contrário dos céus, em sua terrestre variedade e multiplicidade de corpos, tem "confins", tem limites. Desconhecê-los e ultrapassá-los imprudentemente leva à morte. Por sua condição finita, a terra depende do envio ilimitado das potencialidades celestes.

c) Anjos e humanos – e demônios – A linguagem usada até aqui é propositadamente pouco conceitual. Os "quase-conceitos" (Derrida) têm a originalidade de não colocar definição e portanto limite, mas deixam os conceitos abertos, mesmo ao preço de certa ambiguidade. Para falar desta cosmologia literária, poética, mas que é fruto de experiência, é claro que se parte, em primeiro lugar, da cosmologia, da plataforma terrestre casada com a abóbada celeste. Torna-se analogia de compreensão do mundo em suas relações com o céu transcendente onde Deus habita em sua grandeza incomensurável. Aqui na terra Deus habita em sua encarnação e em sua *kénosis* até a cruz. Para compreender estes saltos de qualidade há uma dualidade que merece especial atenção, *anjos e humanos* como representantes dos seres celestes e dos seres terrestres.

A crença em espíritos, portanto seres invisíveis, que não são desta terra, mas do além etc., é pré-bíblica e extrabíblica, mas atravessa também a Bíblia. A representação exuberante de anjos e de demônios provém sobretudo da cultura zoroástrica, persa. Mas a Escritura oferece uma reinterpretação de forma mais sóbria e de acordo com o fio dourado da fé num Deus de aliança, de interlocução e de criação sempre renovada. Por isso, justamente para entender sua razão de ser, é necessário entender a positividade da linguagem sobre os anjos de forma metafórica e buscar sempre seu sentido, inclusive sentido prático. É o que faremos.

As potências celestes passam analogicamente da chuva e do sol, das nuvens, da água e da temperatura da luz, aos "anjos", espíritos celestes – dominações, potestades, tronos etc. São os representantes de Deus e de sua transcendência no que diz respeito às potencialidades para a criação, e por isso são aliados celestes dos humanos. Transmitem palavras divinas de orientação, instruções e auxílios celestes. Por analogia, se comunicam no sonho ou vindos a partir das nuvens, da luz celeste etc. Quanto mais "tenras" são as criaturas, mais as potências as assistem e se empenham em vigiar: são anjos "da guarda" que olham de modo especial pelas crianças que ainda "são a criar". A falta de autonomia das crianças não as torna menos ser. Pelo contrário, são seres mais ligados aos céus, às potências de ser: seus anjos "contemplam sem cessar a face de meu Pai que está nos céus" (Mt 18,10)[95].

Na Escritura há testemunho de existência de anjos que cumprem suas funções ou missões, mas não se narra nenhuma criação de anjos. Seria uma interpretação indébita identificá-los com Deus mesmo. Ou reduzi-los a um gênero literário, a meras metáforas para salvaguardar a transcendência divina. Da relação mesma de céus e terra se pode concluir com a escolástica tradicional que os seres celestes, por participarem da morada de Deus, dos céus onde Deus está *imediatamente* na criação, participam naturalmente, a partir de sua criação, da imortalidade e eternidade divinas como seres criados *antes* da criação da terra, pois são exatamente as potências que Deus envia à criação da

---

95 Nos Atos dos Apóstolos há o eco de uma crença em um "duplo celeste", que acompanha os humanos na terra, algo parecido com a cultura guarani e a cultura *náhuatl* do México indígena. Cf. At 12,15.

terra. Estão, pois, antes do gênesis terrestre, como potências de criação. Esta é a releitura bíblica das "potências, dominações, tronos" etc.

Agostinho definiu de maneira clara o que a tradição cristã entenderia por anjo: *enquanto ser, é ser espiritual; enquanto missão, é anjo*. De fato, etimologicamente, anjo é *enviado* para uma missão. Ser anjo é ser missionário servidor, e todo missionário servidor autêntico é anjo. Inclusive os de carne e osso, parceiros dos anjos celestes: estes potencializam, aqueles realizam. De fato, pode-se percorrer as narrativas e concluir que anjos celestes anunciam, esclarecem, orientam etc., mas não "atuam", pois a realização cabe ao anjo terrestre, aos humanos de carne e osso.

Depois disso se pode entender também a interpretação da "queda dos anjos" e tudo o que diz respeito aos demônios, com todos os seus nomes. Como veremos no último capítulo, não é justo colocar na mesma altura, como binômio, "céu e inferno", pois só o céu é criação e promessa de Deus, restando o inferno como possibilidade de autoexclusão da criatura livre, mesmo quando se compreende o inferno como um *Restbegriff*, um conceito residual, uma hipótese vazia, para afirmar que a promessa de vida celeste exige liberdade, e uma opção livre deve supor a escolha negativa. Como não é justo colocar céus e inferno em binômio, assim também não é justo colocar na mesma altura anjos e demônios, pois só os anjos são potências criadas por Deus: não há criação de demônios. Tampouco demônios seriam eternos concorrentes de Deus, pois seria ainda pior colocar na mesma altura, num dualismo ontológico ou moral, "Deus e demônio". Os demônios são, segundo a melhor tradição hermenêutica, *anjos decaídos*, criaturas celestes que se perverteram como potências. Pois nenhuma potência é para si mesma, mas para outros. Ao se fecharem sobre si e seu narcisismo, tornam-se potências diabólicas.

Uma tradição paralela aos textos canônicos da Escritura, da época intertestamentária, referindo-se a "anjos rebeldes", atribui a liderança ao mais inteligente e brilhante dos anjos, Lúcifer, em latim – o "portador de luz" –, a liderança dos que, ao invés de se disporem a servir, decidem: "Não servirei". Há também uma antiga tradição cristã que explica o pecado dos anjos por soberba quando não se inclinaram antecipadamente em reconhecimento diante da humilde criatura, a mais humilhada, o próprio Filho de Deus *na cruz*. Provocaram assim uma ruptura entre potências celestes e realidades terrestres, ao romper com o crucificado. Segundo a fidelidade criadora de Deus, não deixam de ser potências, mas tornam-se potências pervertidas, fonte de ruptura, desagregação e dilaceramento – o que diz etimologicamente a palavra *"dia-bolus"* – o que atravessa ao meio, separa, divide. Como potências diabólicas, tornam-se potências de desorganização e de violência. Lúcifer: o mal é inteligente e tem vontade – é o "maligno" – na pretensão de organizar sua própria criação a partir de um *pseudocéu*, buscando aliados na terra, organizando seu próprio mundo de violência com seus "anjos", os humanos que se deixam perverter, que invejam os anjos desejando ser potências, ilimitados e imortais. Assim, os humanos que se deixam perverter rebelando-se de sua própria condição, se tornam aliados das potências perversas, são "diabólicos" de carne e osso. Por isso se entende que, segundo Mateus, na Parusia estes são chamados de "anjos do maligno" (cf. Mt 25,41) e serão expulsos definitivamente da criação para junto dos anjos pervertidos, em "lugar pervertido", fora da criação – o "inferno". Uma das conclusões desta interpretação é que todo o pervertido torna-se potencialmente diabólico. Esta é, em síntese, uma interpretação da *demonologia* segundo a Escritura e a tradição cristã.

Mas demônios não estão à altura de anjos. Mais importante é a *angelologia*, e a Escritura é bem mais abundante em anjos. Eles portam os nomes que são sua potência, sua vocação na criação. Gabriel é mensageiro, Rafael é medicina. Miguel é força de luta. E os humanos que na terra são seus aliados se tornam, de certa forma, "angélicos", se tornam potência e alma de transformação e de fecundidade para vida nova. São missionários e benfeitores. Esta angelologia pode ter em comum com outras tradições as asas e até certas ações benéficas. Mas se enquadra perfeitamente na criação conforme a Escritura, sem sincretismo e sem ambiguidades. As cartas paulinas, de modo especial, se batem com a ambiguidade residual dos que aderiram à fé e à Escritura dizendo que dominações, potestades e os espíritos dos ares etc. estão a serviço de Cristo (cf. Ef 1,21; Cl 1,16; 2,15). Expulsa assim todo temor para restabelecer a amizade e a cordialidade com as potências que nos transcendem e nos "ajudam", mostrando assim a face de Deus através de seus auxílios. A carta aos hebreus, enfim, lembra que aquele que desceu até ser a mais ínfima criatura, um crucificado, é também senhor dos anjos, de toda potência, reunindo céus e terra (cf. Hb 1,5-14). João lembra a escada de Jacó que une céus e terra e por onde transitam anjos: Jesus é a escada (cf. Jo 1,51). Uma angelologia esquecida e um céu desabitado fazem se evaporar os conteúdos do "céu", divinizando-o e identificando-o com Deus. Ao mesmo tempo produz uma secularização das potencialidades supremas, delegando toda missão angélica ao ser humano, à sua força e inteligência, ao seu heroísmo patético. Acabamos esperando e exigindo demais uns dos outros, como se devêssemos ser anjos celestes, tornando-nos fonte de mal-entendidos, de frustração e de violência diabólica: "Quem quer fazer papel de anjo faz papel de besta" (Pascal). Basta, para o humano, ser anjo terrestre: ajuda de carne e osso, com seus limites e sua humildade.

Para compreendermos a seriedade e a praticidade do binômio céus-e-terra, com seres celestes e terrestres, com anjos e humanos, basta pensarmos o contrário, como já indicamos no primeiro capítulo.

A terra sem o céu perde sua referência transcendental, perde sentido e perde potencialidade e criatividade. Torna-se infecunda e deserta. Reduz-se a um tempo onde não há nada de novo, a um eterno retorno, e a um espaço despojado do infinito qualitativo, onde o infinito quantitativo se torna o vazio sem fim que provoca horror. Expulsar o céu da criação, empurrando-o para uma total espiritualização e divinização, confundindo-o com a eternidade de Deus é, afinal, perder também a terra como criação e o seu destino.

O céu sem a terra se perde na incomunicação de uma eternidade mítica, e suas potencialidades se dissolvem como fantasia delirante, como luta por salvação da alma, mas com desprezo pela vida concreta. É um céu espiritualista que se confunde com Deus e por isso, perdendo sua alteridade em relação a Deus, já não pode glorificar Deus. O céu confundido com Deus emudece. Expulsar a relação originária de terra e céu é, afinal, exilar o próprio Deus.

Os céus não podem passar da natureza cósmica pré-científica ou literária a mero símbolo de Deus, pois seria uma divinização que prejudica céu e terra, Deus e criação. A reação, em seguida, é fazê-lo voltar de sua divinização à natureza, naturalizando-o a ponto de ser apenas espaço sideral silencioso e quantitativo, vazio de qualidades e de alma e sentimentos, como se fosse apenas o céu dos astrônomos e da ciência. Ou secularizando-o na história, nas utopias e nas ideologias, a ponto de consumi-lo nos sistemas políticos totalitários – e no mercado como se o céu se reduzisse a um sorvete ou a uma grife de roupa. Isso ridiculariza Deus e a criação. Nem divinização e nem naturalização ou "historização", os céus precisam ser reconhecidos e respeitados ecologicamente em seu face a face esponsal com a terra, o invisível com o visível, para que a terra também seja respeitada: "No princípio Deus criou os céus e a terra" (Gn 1,1).

8.3 "Céus e terra" como "história" da Divina Trindade

A criação, a partir da sensibilidade da fé cristã, é obra trinitária. Um dos graves problemas da fé cristã, segundo contundentes análises de Karl Rahner e de Jürgen Moltmann, foi o esquecimento da Trindade e o retorno a formas de monoteísmo sem alteridade em Deus, pois não se trata só de problema teórico, de heresias como o modalismo, o monarquismo etc., mas de consequências práticas na vida política, eclesiástica, cultural e, evidentemente, espiritual[96]. Já nos referimos, no primeiro capítulo, sobretudo ao Renascimento: Deus criador interpretado de modo monoteísta atrinitário permanece absolutamente fora da criação, num céu transcendentalmente desligado da criação, e deixa o ser humano, sua imagem, como seu substituto, sozinho na terra. Perde-se a aliança e o companheirismo com os céus, e o ser humano, como viu bem Nietzsche, deve assumir o heroísmo divino para criar o céu na história. Será, então, impossível evitar o domínio hierárquico e o dualismo de opostos historicamente em conflito: aos céus se identificam a razão, a alma, o masculino, o espírito, a consciência. E à terra se identificam a emoção, o corpo, o feminino, a matéria. Nessa lista dualista de características ou propriedades em oposições binárias está a tragédia de muita dominação e opressão de uns sobre outros. Mas, sobretudo, a solidão da terra e a tentativa de aqui criar o céu torna-se fonte de violência e de inferno.

Uma perspectiva trinitária da criação compreende também a história e a escatologia como criação histórica e como Nova Criação. A teologia trinitária tem recursos para fazer as correções seja de um monoteísmo que contrapõe Deus e mundo, seja de um politeísmo, no caso um triteísmo cristão que distinguiria as pessoas da Trindade a ponto de opô-las rompendo a comunhão e a unidade, o que significaria rompimento entre criação, história e escatologia. Enquanto ao Pai é apropriada a "criação inicial", ao Filho é apropriada a "criação histórica" e ao Espírito Santo a "criação escatológica", mas são apropriações e não separações: os Três estão, cada um segundo o que lhe é próprio como pessoa, em todas as três formas de criação.

a) Ao Pai corresponde a transcendência do céu a partir de onde criou, pela imediatez da palavra, a terra com todas as criaturas. Habita os céus – é o "Pai que está nos céus" – onde espera reunir céus e terra com todos os seus filhos e filhas na parusia do Filho.

b) Ao Filho corresponde a imanência da terra para onde veio armar sua tenda habitando entre nós, e a partir de onde, pela mediação da ação e da palavra humana, das culturas e das instituições, cria a história, abre o presente da

---

96 Na origem das discussões sobre as consequências de um monoteísmo sem Trindade no século XX está a resposta de Erik Peterson à teologia política de Carl Schmitt. Cf. PETERSON, E. *Der Monotheismus als politisches Problem* – Ein Beitrag zur Geschichte der politischen Theologie im Imperium Romanum. Leipzig: Hegner, 1935.

história para o futuro de Deus. Assim os humanos são companheiros de Deus na criação, na medida em que se incorporam, com todas as diferenças e sem barreiras, ao reconciliador e pacificador de terra e céus. O Filho exorciza toda perversão demoníaca tanto da terra como dos céus, ou seja, das realidades e das potencialidades, do visível e do invisível. Expulsa assim o temor, a opressão, e finalmente o inimigo maior da criação, que é a morte. Assume em si toda a realidade. Por isso "desceu aos infernos" – figura de linguagem que indica o que há de mais vil e desgraçado, para atrair, redimir e exaltar toda a Criação. É Senhor como Filho encarnado e primogênito das criaturas à direita do Pai. A partir da direita do Pai, símbolo de governo como Senhor, o Filho e irmão de muitos, conduz toda criatura ao Pai. Ele habita a terra: é re-capitulador – cabeça da criação e da Igreja – Primícia e primogênito dentre os mortais. Assim cantam os hinos cristológicos do Novo Testamento (cf. sobretudo Ef 1,3-14; Fl 2,6-11; Cl 1,15-20).

Céus e terra como uma grande história supõem que toda fadiga terrena pela transformação do mundo, toda comunidade reunida no amor e na solidariedade, não só continuam criando a terra, cultivando e levando a bom termo a história, mas que isso tem repercussões no céu: os céus se alegram com a conversão na terra, intercedem e enviam "auxílios" para que a história se incorpore a Cristo. Este é o tempo da graça e da Igreja, de todo ser humano de boa vontade, história do Corpo de Cristo e da formação da comunhão dos santos. Por isso os céus se sentem altamente implicados na história da terra, e separar céu e terra, deixando a história somente à terra, é uma perigosa injustiça tanto para a terra como para os céus.

c) Ao Espírito corresponde a mútua fecundação de céus e terra, a união e o futuro tanto dos céus como da terra no Novo Céu e Nova Terra simbolicamente detalhado no final do Livro do Apocalipse, portanto nas páginas finais da Bíblia cristã. O Espírito leva à plenitude toda verdade, ou seja, à plena libertação, santificação e transfiguração, plena transparência de céus e terra entre si, fazendo brilhar a glória de Deus igualmente na terra como no céu, tornando céu e terra igualmente habitação tanto de Deus como de anjos celestes e ser humano, enfim de toda criatura. O Espírito é o que a tradição teológica chamou de *"lumen gloriae"* – a luz que ilumina todo ser – pelo qual pode haver visão beatífica e comunhão dos santos na pátria que não é só terrestre ou celeste, mas constituída pelo abraço de céus e terra.

O Pai, segundo a teologia de Santo Irineu, criou e providenciou cada criatura com "as duas mãos" – a potência do Espírito e a forma e substância do Filho. O Filho cria e serve historicamente cada criatura na obediência ao Pai e na graça do Espírito, dando de sua substância a "filiação". O Espírito leva a criação à plenitude na glória do Pai e do Filho, verdade plena. Não há três criações nem três idades em contraste na história – como tinha ensinado inadequadamente Joaquim de Fiore –, mas uma só, criação do Pai pela Palavra eficaz (o Filho) e pelo Amor fecundo (o Espírito). É trinitariamente que criação, história e escatologia são uma só história de comunhão com Deus.

8.4 Novos Céus e Nova Terra: a glória de Deus habitará "assim na terra como nos céus"

Lembrando o que vimos no primeiro capítulo, aqui o *Novo* não é o mais recente, mas o que está para vir, o horizonte que está adiante e o futuro que é promessa e advento. A criação, com sua história, não se desenrola sem um sentido ou direção. De alguma forma, os sinais comprovam que o *Novo* não recusa, mas transfigura o que é velho, numa experiência que chamamos de ressurreição e de glorificação. Pode isso ser comprovado para o inteiro universo? Vejamos por partes.

Em primeiro lugar, uma visão: conforme a revelação bíblica, não se pode salvar a alma e ir para o céu sem que seja salvo também o corpo e a terra. O amor à terra é conjunto com o amor ao céu, num único amor. Céus e terra ainda estão incompletos, como está incompleto o Corpo de Cristo e a glória de Deus na criação. Deus ainda não habita a terra como já habita os céus. O ser humano ainda não habita os céus como habita a terra. Os anjos ainda não terminaram sua missão, e nem os humanos, seus aliados na terra, terminaram os trabalhos e lutas da história. Mas os céus e a terra estão voltados para o futuro e para a escatologia, para o "terceiro" – o reino da glória de Deus –, glória que reinará então na terra como já reina nos céus. Toda criatura então reinará com Cristo no Espírito: será a transparência e a harmonia do *face a face* de terra e céus, do *visível e invisível* sem homogeneização e sem oposição, sem confusão e sem separação, transparência da imanência e da transcendência. Não só o céu será pátria para as criaturas terrestres, mas a terra será pátria para Deus e para as criaturas celestes. A terra, finita e mortal, participará da eternidade e da estabilidade celeste, e Deus se alegrará em suas criaturas. Pois "Deus não é Deus dos mortos, mas dos vivos, porque todos vivem por Ele" (Lc 20,38). Então se cumprirá plenamente a justiça (cf. 2Pd 3,13).

Em segundo lugar, a realidade: por ora, não só a terra espera e clama pela sua plena redenção até ser Nova Terra. Da mesma forma espera, intercede e se compadece o céu para que haja sua plena reconciliação com a terra e poder ser, para a Nova Terra, o Novo Céu, onde a glória finalmente refulja inteiramente para a terra, sem opacidade e sem ambiguidade. Na comunhão de Novos Céus e Nova Terra, Deus mesmo receberá a plenitude da sua glória e será tudo em todos (cf. 1Cr 15,28; Rm 8,18-27).

Como Paulo e Agostinho anotaram, estas palavras soam com a fragilidade e a força poética das metáforas. Mas nada do que se diga de grande e de além está fora do alcance de se poder fazer alguma experiência parcial e frágil no aqui e agora. Há quem passe por um processo de transformação frequentemente dolorosa e depois confesse: "Sinto-me uma pessoa *nova!*" Assim há também momentos históricos de libertação e de transformação em que o povo pode confessar: "Agora começa uma vida *nova!*" A superação de conflitos, a justiça e a paz conseguidas, os inocentes protegidos, tudo isso nos leva a pequenas, mas preciosas testemunhas de Novos Céus e Nova Terra.

8.5 Homem Novo: corpo e alma glorificados

A profissão de fé cristã na ressurreição da carne é bem compreendida quando é integrada na mesma dinâmica dos Novos Céus e Nova Terra – e vice-versa. Portanto, o que se disse da dualidade da criação, de sua historicidade e escatologia, com as devidas mudanças, pode ser dito da dualidade corpo e alma na criação, na história e na escatologia. Nos Novos Céus e Nova Terra habitará um "Homem Novo"[97]. O magistério da Igreja insiste na necessidade de mantermos a linguagem de *corpo e alma* para sustentar a inteligibilidade da nossa esperança[98]. De fato, toda tentativa de expressar unidade através da redução cria patologias. Mas é necessário integrar de forma a não decair em um dualismo de dominação e privilégio de um dos polos da dualidade, que é igualmente patológico. Já nos referimos ao problema da *alma separada* no capítulo oitavo. Agora, com risco de repetição, vamos aprofundar a integração de corpo e alma.

---

97 A expressão "homem" aqui não segue o que seria adequado à consideração de gênero, do que estamos hoje mais conscientes. Considero adequado neste caso manter a forma tradicional já consagrada, que evoca uma longa tradição, apesar de seu limite. É necessário reconhecer, no entanto, que as línguas latinas nos encerram numa dificuldade que outras línguas só têm em menor proporção, por apresentarem mais opções em suas estruturas linguísticas.
98 Tratamos desta questão no quinto capítulo.

a) Privilégio da alma ou do corpo? – A exaltação unilateral da alma é o contraponto do "problema" do corpo: como bem sabemos, sem precisar recorrer a Platão, o corpo é, por um lado, nosso peso, limitação, caducidade e aprisionamento. É também, por outro lado, nosso princípio de relação, nosso prazer, nossa comunhão, nossa felicidade. Por isso é nossa ambivalência e ambiguidade. Finalmente, é nossa objetivação e morte: os gregos entendiam por "soma" o corpo que se revela afinal como objeto total quando é "cadáver". A alma seria a contrapartida: imponderabilidade, ilimitação, imortalidade, libertação de toda ambivalência e ambiguidade. O corpo participa da materialidade da terra, mas a alma participa da espiritualidade ou imaterialidade celeste. Há uma clara superioridade da alma, com consequências na relação de corpo e alma: a alma deve ser o "piloto" do corpo e submetê-lo como servo. As consequências se irradiam para a sociedade e para a política: uma aristocracia iluminada deve guiar a maioria inculta, bárbara e escrava. Os iniciados na gnose dos *arcanos* – mistérios sempre invisíveis, secretos – formam uma elite, os eleitos. A moral do ascetismo, da renúncia aos sentidos e aos sentimentos – a *ataraxia* – elimina a piedade e endurece a alma no desprezo: "Puro e duro!" É claro que o privilégio do corpo também é trágico: faz viver "para o ventre", arrasta o desejo, os sentimentos, as paixões e as concupiscências para o conflito, confusão, indolência e morte. É o privilégio do corpo que torna o homem *incurvatus*, inclinando-o para si, para a terra, para o efêmero e para o desengano. Mas há egocentrismo e desordem no privilégio da alma com sua soberba espiritual como do corpo com suas concupiscências.

Na modernidade cartesiana, a esquizofrenia de alma e corpo identifica a alma à *"res cogitans"* e o corpo à *"res extensa"*. Cartesianamente, eu não sou corpo, eu "tenho" corpo. O "eu" fica identificado ao pensamento, à consciência (à alma). Foi possível assim tratar o corpo como objeto e máquina, e não como sujeito e organismo animado. É a Pós-modernidade que desanestesia o corpo escutando suas razões e introduzindo o culto ao corpo, à sua centralidade e boa forma. Há egocentrismo e desordem no privilégio do pensamento como do físico.

Corpo e alma são hoje tratados também como massa e energia. A massa – ou matéria – é uma forma de concentração de energia. A diferenciação nesta concentração de energia é que produz a diferenciação de corpos. A energia passa a ser considerada o fundamento e, inclusive, o segredo da realidade. Pode ser tratada pelos físicos, pelos astrônomos, pelos psicólogos, pelas artes plásticas ou cênicas, na dança e na música, enfim por todos os campos da ciência e da expressão humana. Na Modernidade há uma crença na energia da racionalidade, das instituições democráticas ou dos movimentos sociais. Na Pós-modernidade há uma busca de bioenergia, de energia psíquica e mística, fortalecimento e expansão do eu mais profundo.

Teologicamente a expressão "energia" e tudo o que ela evoca têm longa tradição e grandes possibilidades. Há aspectos dela que se referem à "graça", que pode ser experimentada de muitos modos. Ou então a "in-habitação" do Espírito Santo e o poder criativo e regenerativo de Deus. Mas pode ser também a "alma", o espírito humano e suas "virtudes", suas forças. De qualquer forma, é energia que jorra de uma relação com a "alteridade", seja de Deus, seja da comunidade humana ou da comunhão criatural. Mas, em última análise, a energia vem de Deus criador, embora tenhamos muitas maneiras de falar dela. Haveria um "corpo energético", segundo certas pesquisas de fronteira, que seria o próprio corpo com sua "aura" tecida de energia. Há pesquisas para captar e descrever o que seria a "aura", a luminosidade que corresponderia à energia. Também neste ponto a tradição tem representado os santos com uma aura luminosa e dourada. Em especial Maria, os seres angélicos ou o próprio Cristo, e sobretudo as figuras divinas, o Espírito, o Pai. Afinal, Deus é Luz, é Amor, é Alegria. E se poderia dizer com bastante propriedade: Deus é Energia. Nós, porém, não somos pura energia, somos matéria energizada.

O binômio *massa-energia* tem a vantagem de nos ajudar a compreender de modo dinâmico e aberto aquilo que se quer dizer por corpo e alma. Mas não resolve todos os nossos problemas de linguagem e, ao menos por ora, não se pode pretender que substitua as duas tradicionais palavras – corpo e alma.

b) Corpo animado: "pericorese" de corpo e alma – O conceito trinitário de "pericorese", já aplicado aos tempos e aos espaços, pode iluminar as relações de corpo e alma, porque corpos e almas somos muitos e todos somos corpos e almas, convidados à comunhão. Em última análise esta é a nossa estrutura humana porque somos feitos para a comunhão de corpo e alma. É útil lembrar, mais uma vez, a antropologia de Santo Tomás: a alma é forma (animadora, essencial ou substancial) do corpo, e o corpo é a forma concreta (substanciada, formatada) da alma. Ambos se convêm como alma que é princípio de formalização, e corpo como *forma facta*. A compenetração de ambos é tão essencial e unitária que o corpo possui a forma da alma de tal modo que "quem vê o corpo vê a alma". Quem vê o rosto vê o coração, se olhar bem, ao contrário do provérbio. A intimidade está no corpo. Inclusive das relações: "Quem me vê, vê o Pai" (Jo 14,9).

A alma, portanto, não é uma região puramente interior ou um princípio secreto, mas é o olhar que anima os olhos, o riso ou o pranto que animam o rosto, a caridade que cria mãos e pés, a relação e o laço que cria comunhão etc. Paradoxalmente, como na relação entre olhos e olhar, o invisível é visível no corpo. Mas o corpo é criação, plasticidade, forma e figura em processo de configuração – corpo sempre em nascividade e não só em mortalidade, graças à alma que o anima. Pela alma, o corpo está aberto ao Novo, à escatologia, a nascer continuamente. As núpcias de céus e terra também acontecem entre alma e corpo, que são um para o outro a promessa e potência (alma) e a realidade e fidelidade (corpo) no itinerário da vida. A alma é assim abertura e novidade, enquanto o corpo é permanência e identidade.

A fecundidade de corpo e alma não principia e nem se encerra na sua relação nupcial: provém de outros e gera para outros. O corpo, pela alma, é comunicação, promessa de si e novidade para outros como "alma-para-outros". E a alma, pelo corpo, é fidelidade, permanência e exposição corporal perseverando como "corpo-para-outros". Pela corporeidade não há como esconder-se e tornar-se invisível, nem como evadir-se não só de si, mas também dos outros. Na comunhão corporal se acolhe e se oferece corporalmente a animação. Em última análise, nem corpo e nem alma são processos de autoperfeição, mas são graça, dom e comunhão. No arco de uma vida terrena, tão incompleto na longevidade como em poucos dias, a salvação de corpo e alma está no acolhimento e no dom, corpo e alma para gerar e animar outros corpos e outras almas, como centros descentralizados em muitas direções, na comunhão de uma comunidade, de uma humanidade, dos santos. A santidade é comunhão corporal. Inclusive com o Corpo de Deus na Eucaristia, mas a Eucaristia é tecida de toda a criação divina, e nada é excluído.

Este é o paradoxo da "pessoa": um absoluto em *si mesmo* e ao mesmo tempo inteiramente *relação a partir de outros e para outros*. O conceito de pessoa comporta este dual: absoluto e relação como alma e corpo, interioridade e sociabilidade. A nossa comunhão com Deus é comunhão corporal no corpo do Filho encarnado, na relação aos pequeninos e à Eucaristia, à criação inteira, e é comunhão interior no Espírito que anima a criação inteira. Assim Deus se apresenta à nossa comunhão também no dual corpo e alma, encarnação e espírito, Filho e Espírito Santo. Quem despreza o corpo e a comunhão corporal – com a terra, os irmãos e seus corpos, a comunidade, as instituições, as outras criaturas – se excomunga de Cristo. Quem despreza a alma – a interioridade, a oração, a inspiração – extingue o Espírito.

Com o rigor da antropologia bíblica, a pericorese de corpo e alma é conhecida e exercitada *corporalmente*. Assim também a pericorese trinitária é revelada e participada pela *encarnação* do Filho. Por isso não é unilateral a expressão "corpo animado" para a pessoa humana. Não só porque contesta a ideia de "alma encarnada", própria para os espiritualismos, mas porque, em última análise, o ser humano é *"nephesh"*, corpo modelado da terra tornado psíquico e espiritual pelo divino sopro do Espírito. Somos assim corpo aberto, animado a partir de fora, do outro. Por isso o outro é "alma-da-alma", vitalidade e razão que faz vibrar o corpo em sentido e dom de si. O outro, no entanto, também é "corpo do corpo": corpo que clama por corpo, nudez, pobreza, lágrimas, angústia que clamam mãos, inteligência, tempo, carinho. Ou corpo que oferece comunhão, ternura, cuidado, alegria, dança. O outro é "corpo do corpo": faz nosso corpo passar de corpo receptivo (*de creando*, em latim, ou de criança, que somos em nossa origem) a corpo maternal, vocação suprema do corpo. Tornar-se corpo maternal é tornar-se plataforma de nutrição e proteção de outro. Se todos, homens e mulheres, somos Adão, como ensinou Santo Agostinho, também é verdade que todos, homens e mulheres, somos destinados a sermos Eva – mãe – suprema vocação corporal do ser humano.

É importante insistir que a teologia cristã passa essencialmente pelo corpo: Cristo se fez corpo não só para gerar maternalmente em seu corpo de misericórdia, na cruz, mas também se identificou com os pequeninos para que nós o encontremos corporalmente nos outros. Segundo a recorrente tese do primado de Cristo, *o fim último dos caminhos de Deus é a corporeidade*: a glória de Deus é Cristo encarnado – e com Ele toda a criação. O espiritualismo é tão anticristão como o materialismo.

c) Reinado do Espírito: corpo "glorioso" – O espírito reina na criação corporalmente. Desde a criação, os seres "viventes" se diferenciam como seres "abertos", como respiração e alimentação, como psiquismo e sentidos, enfim como "organismos abertos", vivendo na relação ao ambiente. O humano, no entanto, é o vivente que se diferencia dos demais viventes porque esta mesma vitalidade de organismo aberto respira e se alimenta de linguagem e de sentido transcendental, escutando a Revelação divina e responsabilizando-se pelo mundo como interlocutor de Deus. Essa é a "glória" da criação do ser humano, que se estende historicamente e se plenifica escatologicamente.

A preocupação pelo corpo ressuscitado – como se dará, como é um corpo ressuscitado – reduziu-se às vezes a um problema físico, molecular. Paulo, que abordou o assunto explicitamente, na verdade prefere falar por metáforas, sobretudo a metáfora da semente e da tenda:

> Mas, dirá alguém, como ressuscitam os mortos? Com que corpo volta? Insensato! O que semeias, não readquire vida a não ser que morra. E o que semeias, não é o corpo da futura planta que deve nascer, mas um simples grão [...]. A seguir, Deus lhe dá corpo como quer; a cada uma das sementes Ele dá o corpo que lhe é próprio [...]. O mesmo se dá com a ressurreição dos mortos: semeado corruptível, o corpo ressuscita incorruptível; semeado desprezível, ressuscita reluzente de glória; semeado na fraqueza, ressuscita cheio de força; semeado corpo psíquico, ressuscita corpo espiritual (1Cr 15,35-44).

> Sabemos, com efeito, que, se a nossa morada terrestre, esta tenda, for destruída, teremos no céu um edifício, obra de Deus, morada eterna, não feita por mãos humanas (2Cr 5,1).

O corpo ressuscitado, seguindo estas indicações, é corpo humano enquanto corpo relacional, corpo que se recebe como dom e que se mantém na relação de dom. Comporta certamente materialidade, mas não se reduz a átomos reunidos. É mais: é *bios*, é *ethos* e *ética*. O corpo humano pode se degradar como corpo não só biologicamente mas também eticamente, fracassando no seu estatuto humano quando destrói a afirmação e a comunhão de valores e de sentido, quando nega à relação aos outros, pois é a relação que comunica humanidade. É nesse sentido que Deus ressuscita o ser humano corporalmente: na relação com Cristo e com o Espírito, segundo a lição de Paulo:

> O primeiro *homem*, Adão, foi feito alma vivente; o último Adão tornou-se espírito que dá a vida [...]. O primeiro homem, tirado da terra, é terrestre. O segundo homem vem do céu. [...] E assim como trouxemos a imagem do homem terrestre, assim também traremos a imagem do homem celeste (1Cr 15,45-49).

> Pois nós, que estamos nesta tenda, gememos acabrunhados porque não queremos ser despojados da nossa veste, mas revestir a outra por cima desta, a fim de que o que é mortal seja absorvido pela vida. E que dispôs a isto foi Deus, que nos deu o penhor do Espírito (2Cr 5,4-5).

A afirmação confiante de Paulo se funda na relação a Cristo, como já insistimos: seremos semelhantes a Cristo, e de corpo corruptível e mortal seremos transformados em corpo incorruptível e glorioso. Cristo "transfigurará o nosso corpo humilhado, conformando-o ao seu corpo glorioso, pela operação que lhe dá poder de submeter a si todas as coisas" (Fl 3,20-21).

Assim, Cristo, na potência do Espírito, comunica sua "humanidade", seu modo de ser – seu *bios, ethos* e *ética* –, seu corpo glorioso que incorpora nossos corpos na comunhão de sua glória corporal. Assim como o corpo humano, biologicamente, vai se transformando e consolidando exatamente na substituição de átomos e moléculas, assim sua transformação se plenifica no modo de ser corporal de Cristo por força de graça e conversão, conformação pessoal e ética operada pelo Espírito. O corpo humano é organismo que se comunica – se alimenta, respira – na relação com o Espírito e na relação com o corpo de Cristo, o corpo comunitário em que o Espírito incorpora todos os corpos realmente "humanos".

Em conclusão, será o corpo glorioso de Cristo, na escatologia, quem possibilitará a glória do corpo humano finalmente transformado e chegado à sua destinação de glória. É a comunhão com seu corpo na história que permite a fé na glorificação de nossos corpos mortais. Aqui está a mais fina crença no destino do ser humano. São Paulo não teve dificuldade de pregar a ressurreição dos corpos entre os pobres que vivem imersos na luta pelo corpo e por isso sabem o que significa a vida corporal em suas urgências. Mas teve que ser enérgico contra os gnostizantes e os espiritualizantes que se escandalizam desta inaudita promessa de ressurreição e glória corporal. Nossa esperança mais alta e espiritual está no *corpo* de Cristo, pois "nele habita corporalmente toda a plenitude da divindade" (Cl 2,9).

O corpo glorioso não é verificável cientificamente, segundo o conceito moderno de ciência, da mesma forma como não são verificáveis cientificamente a parusia do mundo ou a criação. O que podemos verificar fenomenologicamente é que subsistimos e nos tornamos mais manifestamente nós mesmos na relação a outros, na palavra e na comunhão. É só então que sorrimos, brilhamos, nos animamos. A dialética paulina é explicitada depois pelo magistério da Igreja como *identidade* – este corpo que agora somos – e *diferença*: de corruptível a incorruptível, de opacidade e humilhação à glória e à transfiguração e transparência na comunhão. Mas a sobriedade é necessária enquanto estamos ainda em processo, e é recomendável para não encobrir o que é principal: É Cristo ressuscitado que nos incorpora à sua glória.

A fé cristã se fundamenta no testemunho dos apóstolos, e ser apóstolo, no Novo Testamento, é ter sido testemunha da ressurreição de Cristo. Ao justificar sua autoridade de apóstolo, Paulo se junta às testemunhas da aparição de Cristo glorioso (cf. 1Cr 15,5-8). Esta experiência da antecipação escatológica em Cristo inclui a experiência do "corpo glorioso" de Cristo. Portanto, o anúncio do destino do corpo, da promessa e da dignidade reservada ao corpo, faz parte do Evangelho. A fé cristã inclui esta confissão sobre o corpo na sua forma mais humilde, frágil e escandalosa: a "carne". Mas é fé na palavra, no testemunho, o que implica também uma entrega da razão, sem por isso ser um absurdo. Antes, é a adesão mais razoável, pois é na fé que se comunicam as razões especificamente humanas, sobretudo o destino último do ser humano.

d) Corpo e "lugar glorioso" – O Homem Novo é imagem de Deus pela criação, imagem de Cristo pela história e encarnação, e glória de Deus pela glorificação do corpo operada na potência do Espírito: a corporeidade glorificada é o fim de todas as obras de Deus, é na glória corporal que se glorifica a alma humana. A felicidade, enfim, não é só felicidade da alma – seria tão pouco que seria felicidade sem nada dos conteúdos da experiência da felicidade, já que a felicidade é experimentada corporalmente, com todos os sentidos. A felicidade plena será do ser humano vivificado corporalmente. Isso significa que o Homem Novo não estabelece uma relação e uma comunhão somente "espirituais" nem com Deus, nem com a humanidade glorificada na comunhão dos santos. É a exigência de comunhão corporal o que nos permite falar também de céus como um "lugar". Seria até estranho e impossível falar de corpo sem espaço, sem lugar. Ao purgatório, de fato, não convém a categoria de "lugar" por ser um "processo", uma páscoa purificatória na comunhão dos santos que começa já neste mundo. Mas a referência a "céu" é referência a um lugar, não a um estado de alma, e nem mesmo redução a Deus.

Falar, porém, de um "lugar" celeste parece novamente mitologia exatamente na medida em que se separa céus e terra. A relação corporal é uma relação com o universo, com a criação, que comporta céus e terra. Esta relação é essencial à comunicação humana, e os próprios elementos do universo são o *ethos*, o ambiente da ética e da felicidade humana, dos comportamentos justos e felizes. Em outras palavras, o Homem Novo, corpo glorificado, habita um "lugar glorificado". Este lugar não é o que historicamente conhecemos, lugar de contradições e dores. Mas também não é outro lugar, do qual nada sabemos. Ou seja, é este mesmo lugar, a criação, mas chegada à sua redenção e à sua glória juntamente com o Homem Novo, quando será transfigurado em Novos Céus e Nova Terra. Assim, o reino da glória, reinado de Deus com seus filhos e filhas, pode de alguma forma ser experimentado em seus sinais já agora. Mesmo no meio de contradições, a beleza fascinante e a harmonia delicada da criação, a segurança da pátria e a doce familiaridade da casa, a convivência da cidade e da mesa, o prazer da música e da dança, sinalizam o lugar da glória futura. A transformação do mundo em lugar glorificado tem a mesma promessa da ressurreição dos mortos: é árduo pensar, mas não é difícil experimentar.

Seguindo a narrativa bíblica, Novos Céus e Nova Terra não são um lugar como natureza em estado inicial. Nem são um mundo ainda em transformação, que sofre em dores de parto e clama libertação "com a esperança de ser também ela libertada do cativeiro da corrupção para participar da gloriosa liberdade dos filhos de Deus" (Rm 8,21), mas será a "Nova Jerusalém" (Ap 21,9-22). O que não estava nos relatos de criação do Gênesis, onde se menciona a vocação humana para o cultivo do jardim, agora aparece no último livro, no Apocalipse, integrando a vida ao campo. A cidade coroa a criação dos espaços. Mas será uma cidade "vinda do céu", portanto não é cidade fundada sobre o crime como a velha cidade de Caim, nem fundada sobre a soberba, como Babel, mas onde brilhará a glória de Deus, que será seu "sol" e sua luz sem ocaso e sem sombras. Também não será uma cidade que expulsa a natureza tornando-se deserto e caos que, afinal, expulsaria também o cultivador, o ser humano. A descrição da Nova Jerusalém no final do Apocalipse comporta "árvore" com frutos de vida, "rio" que irriga para sustentar a vida, e "sol" que será o próprio Deus a aquecer e incrementar a vida. A Jerusalém celeste e terrestre ao mesmo tempo cumprirá a vocação da civilização e da urbanidade, da convivência pacífica e festiva simbolizada na praça que lhe está no centro, praça sem mais templo de sacrifícios, circundada de muros de pura beleza para atrair e não para excluir, pois as portas da cidade permanecerão abertas. A Jerusalém Celeste é medida por anjos segundo medidas "humanas". Enfim, a narrativa final do Apocalipse coroa a criação que se encontra na narrativa inicial do Gênesis. É não somente um mapa indicador, mas uma bula que orienta e um comprimido para as experiências em pequenas doses já agora, neste lugar de contradições, da transfiguração de lugar que esperamos[99].

Assim, desde já, todo amor que une sociedade e ecologia numa fraternidade criatural, todo sabor da convivência cordial, com todos os elementos que tecem os conteúdos da felicidade humana nesta terra, serão transfigurados

---

99 SUSIN, L.C. Una ciudad para Abel – Ángulos de una teología de la ciudad. In: BRAVO, B. (org.). *Dios habita en la ciudad*. México: Desarrollo Integral de Ciudades, 2007, p. 51-79. • Die Stadt, die Gott will: Ein Platz und ein Tisch für alle. In: ECKHOLT, M. & SILBER, S. (orgs.). *Glauben in Mega-Citys*. Ostfildern: Matthias Grünewald, 2014, p. 275-287.

para abrigarem como "lugar glorioso" o reino eterno de Deus com o Filho encarnado e toda a criação corporal. Dizer mais seria dizer demais[100].

8.6 Sábado: tempo dos Novos Céus e Nova Terra

A condição de Novos Céus e Nova Terra seria a eternidade ou haveria um tempo com este espaço transfigurado? Os movimentos messiânicos que se caracterizaram pelo "milenarismo" sonharam com tempos de felicidade, não propriamente com eternidade. Afinal, lugar e tempo, como já examinamos, se reclamam. Qual o "tempo" de Novos Céus e Nova Terra? Podemos antecipar alguma experiência? Ora, um dos elementos mais preciosos da escatologia, que atravessa as Escrituras e está tão próximo de nós, é o Sábado. As vicissitudes da história, porém, nas polêmicas relações entre cristãos e judeus dos primeiros séculos, afastando igreja e sinagoga, também obscureceram a sacramentalidade e a transparência ecológica e escatológica do Sábado. A experiência sabática, no entanto, é o sinal temporal antecipador que nos permite crer que tudo o que dissemos sobre a escatologia não é somente sonho, mas plenitude de algo real que já podemos experimentar.

O tempo não é só história, não é só passado, presente e futuro. Há o tempo da criação, como já vimos em Santo Agostinho, que é tempo de Deus criador, que abrange os tempos desde antes do passado-presente-futuro. Mas há também o tempo escatológico, o tempo que supera o escorrimento às vezes dilacerante dos tempos, e que será o tempo da comunhão plena de Deus com todas as criaturas. É o Sábado. Sem falarmos deste tempo, a escatologia fica deformada, os Novos Céus e Nova Terra e o Homem Novo pareceriam entrar numa eternidade ininteligível.

a) Sábado como consumação da criação – Há dois contextos do Primeiro Testamento em que o Sábado ganha estatuto teológico: o contexto prescritivo da Lei, em que o Sábado coincide com o sétimo dia e ganha a estrutura de

---

100 Algumas perguntas demasiado detalhistas podem perder o sentido global daquilo que entrevemos por sinais sem podermos definir em todos os seus detalhes. A visão profética sempre teve esta característica de sentido global, indicando o sentido, inclusive em detalhes, sem ser detalhista. Perguntar, p. ex., se o gato de estimação também vai participar da Nova Criação é perguntar demais, e qualquer resposta descamba para o ridículo. Seria como perguntar, no tempo das disputas sobre a presença real de Jesus na Eucaristia – que conhecemos através de Santo Tomás procurando recolocar o sentido global e recusando o detalhismo – sobre se Jesus estaria em toda a hóstia ou se Ele se moveria na hóstia! Kant, por sua vez, ensinou que a razão deve saber parar no seu limite para não se tornar irracional.

tempo "jubilar", pois na mesma linha está o sétimo ano e o quinquagésimo ano, o ano jubilar por excelência. Nesses tempos há a lei da interrupção do trabalho, do descanso e da remissão da terra (cf. Ex 20,8; 23,12; 31,12-17; 34,21; 35,1-3. Lv 19,3; 23,3; Nm 15,32-36; Dt 5,12-15). E o contexto narrativo da criação de um tempo muito especial. Conta a primeira narrativa da criação que, no sexto dia, com a criação do ser humano, Deus acabou a criação de céus e terra e de tudo o que eles contêm – seus exércitos, ou seja, suas criaturas celestes e terrestres. Em seguida, afirma que Deus "concluiu" no sétimo dia. O que fez Deus no sétimo dia como "conclusão" se já tinha criado todas as coisas até o sexto dia? No sétimo dia fez o "Sábado": "Deus abençoou o sétimo dia e o santificou, pois nele descansou depois de toda a sua obra de criação" (Gn 2,3). Assim como abençoou todas as coisas feitas no tempo da criação, no sétimo abençoou o próprio tempo, fazendo-o um tempo especial, de repouso. Na bênção deste tempo sabático não está a expansão, mas a comunhão da criação através do repouso, que começa com o repouso do próprio Criador: Ele não repousa como quem desfalece cansado do trabalho numa cama, mas como quem repousa seu olhar comprazendo-se na criação, assim como o amante repousa seu olhar no rosto de sua amada. "Repouso" significa, então, uma relação graciosa de face a face com tudo o que tinha sido criado, de contemplação e de comunhão jubilosa, numa "visão de conjunto" e não apenas de cada coisa, como nos dias anteriores. É comunhão, dom de si e festa com a criação. É o "repouso sabático", dia de celebração da criação.

Os seis dias da semana são dias do trabalho: tempo do poder, do saber, da ação. Mas também do desgaste, da fragmentação. O Sábado é o tempo do convívio, da reunião, da recuperação, da in-habitação, da alegria. É o tempo do repouso, portanto do reconhecimento e do culto. É pelo Sábado que se reconhece que o mundo não é apenas natureza, mas é Criação. Por isso as lições de ontologia, na escolástica medieval, começavam com o Sl 46,11: "Repousai e reconhecei que sou Deus!" O Sábado, de fato, é um dos nomes de Deus – "*Shabat*" – e portanto uma experiência específica de Deus na qualidade especial do tempo abençoado de celebração. A partir do versículo sabático se faz uma ontologia "criatural", se reconhece bem todas as coisas.

Pelo Sábado se antecipa a parusia da criação: o pleno cumprimento e comparecimento do fazer, do trabalho e da produção, é o lazer na gratuidade da comunhão contemplativa face a face. Mas também é uma antecipação da parusia do próprio Criador: na criação inicial e histórica Deus se revela só indiretamente. Mas no Sábado se revela diretamente na paz e na harmonia de todas as coisas, no "sorriso do inteiro Universo" (DANTE ALIGHIERI. *Divina comédia*, Paraíso XXVII).

Para o animal que trabalha – "teu boi e teu asno" – o Sábado é o tempo da justiça. Mas para o ser humano, o Sábado se dá como antecipação de sua liberdade, tempo de renovação da esperança e de resistência à sua imersão nos trabalhos da história. Israel conheceu dois modelos de libertação:

1) O *Êxodo*, que porta da escravidão à terra da liberdade. É um modelo ativo, trabalhoso, cheio de provas, até a conquista de uma liberdade exteriorizada historicamente. O êxodo é história e ação de Deus com o seu povo, e também sofrimento e paciência histórica de Deus com seu povo – "*shekináh*".

2) O *Sábado*, que porta do presente histórico à Terra e Céus da escatologia. Ao contrário do que dissemos acima sobre a libertação como Êxodo, o Sábado é um modelo não de saída, mas de entrada, jubiloso, pacífico, contemplativo, antecipador, que põe imediatamente, como em um salto em meio aos processos de libertação, já no âmbito da liberdade, saboreada interiormente como escatologia. O Sábado é a convivência festiva de Deus com o seu povo em vista da promessa. No exílio tornou-se segredo e esperança, experiência de libertação tanto quanto o êxodo, na forma de antecipação da liberdade da terra prometida.

b) Bênção e santificação do Sábado – Em cada dia da criação, Deus abençoa aquilo que fez, dando-lhe consistência, autonomia, potência, qualificação e destino. No sétimo, porém, ao abençoar o próprio tempo sem criar nele outra coisa se não o "Sábado", Deus qualifica o tempo com sua presença gozosa e repousante junto das criaturas. Assim, enquanto nos outros dias são os conteúdos criados que marcam o dia, no Sábado, ao invés de novos conteúdos, é o Sábado mesmo o "conteúdo" criado: um tempo de presença não somente de criação, mas essencialmente de comunhão. Estamos longe, aqui, do tempo quantitativo e contíguo em que se enfileiram os acontecimentos da história. O Sábado é um tempo cuja qualidade é reunir todos os acontecimentos e criaturas.

Na semana, Deus abençoa a inquietude daquilo que é lançado a buscar sua realização na história e suas mediações – o trabalho, a política, as instituições, a ação e a fadiga. No Sábado, Deus abençoa a imediatez pacífica e "quieta", reconciliada e repousada, das criaturas na presença de seu Criador. O Sábado, garantindo a imediatez, o face a face, a gratuidade, ao antecipar a escatologia, se torna fonte de preservação e de resistência contra a submissão e a fragmentação que o trabalho de cada dia produz. Desta forma, conduz e conserva a história no seu caminho. É também resistência à opressão das relações de trabalho e de instituições – dos papéis e funções – impedindo o caos humano e social.

A criação surgiu do nada pela Palavra de Deus, mas depois do trabalho da história não está destinada ao nada: a palavra de bênção criou o Sábado como destino temporal da criação. Por isso o Sábado, ao contrário das criaturas, não tem dual: É seio único porque é o acolhimento de tudo numa reunião. É o dia sem relógio, puramente qualitativo, da festa, da mesa, do passeio, da visita, das núpcias de todas as criaturas. Em cada tempo sabático se antecipa a escatologia.

Israel vê no Sábado, assim como narra o Gênesis, a primeira consagração e santificação (separação), tornando-o um tempo especial. Por isso o Sábado começa com um rito de consagração, de "separação" (santificação) e de "abertura". Pela separação, não há como "misturar" semana e Sábado. É que o Sábado é também o tempo dos exilados e dos excluídos da história, dos que na semana ou no tempo da história estão oprimidos sob o peso do poder, do saber e da ação. Na história, os poderosos conquistam os espaços e administram os tempos, mas o tempo sabático é igual para todos, e não se pode impor aos mais fracos a mistura de sábado com dias de semana e de trabalho contínuo, que seria a máxima escravidão.

Porém, como "experiência sabática", o Sábado só é possível para quem reconhece a presença de Deus, para quem repousa com Deus. Israel, desde o exílio, já sem templo e sem lugar fixo de culto, também não cultua imagens que se vê e se manipula, mas cultua o Sábado, tempo de imediatez invisível e intocável. Além disso, o Sábado não festeja ciclos de natureza, mas está ligado à história, interrompendo-a de sua inércia e entropia sob o trabalho e o desgaste, para antecipar a festa da sua libertação escatológica. Israel não tem cosmogonias que obrigariam a uma participação de origem no corpo da divindade através de alguma festa de retorno a este corpo da divindade originária. Ao contrário, como criação separada da divindade, tornando-se alteridade pela Palavra de criação, ganha o Sábado como participação escatológica na aliança e comunhão face a face para sempre, celebrada a partir de agora com uma festa de antecipação escandida periodicamente no tempo da história.

Do ponto de vista comunitário e social, o Sábado é o dia de parar o trabalho que fragmenta a comunidade e que coloca cada indivíduo na solidão de seu empenho com as coisas, para reunir numa celebração de comunhão, aberta ao ecumenismo criatural. A santificação sabática traz uma mensagem fundamental sobre a salvação: Não são propriamente as obras, mas a comunhão sabática é que salva. O Sábado é uma contestação da pretensão de se salvar pelas obras, é um "corretor" do modelo histórico do êxodo trabalhoso e organizado como libertação. O Sábado é gratuidade, é graça que restaura e salva, inclusive as obras, os trabalhos, dando-lhes graciosamente lugar na comunhão. Os dois arquétipos da libertação – o êxodo ativo e trabalhoso e o Sábado repousante e jubiloso – se completam e se reclamam, mas o êxodo culmina e se supera – conclui – no Sábado. Assim é a relação entre obras e graça, entre história e escatologia.

O sábado é uma das características mais essenciais da revelação religiosa do povo de Israel no exílio. Enquanto Babilônia conhecia tempos qualitativamente especiais de azar e de perigo, de risco de infortúnio, Israel reconheceu um tempo especial de antecipação da alegria e da festa de comunhão. Basta a "invenção do sábado" para reconhecer a bênção da mão divina na história de Israel. Hoje, em tempos de exacerbação da produção e do consumo, numa espécie de inversão e perversão da relação entre os tempos de trabalho e o tempo da celebração, justamente a capacidade de fazer festa dos pobres e dos que estão submetidos à lógica de uma sociedade de produção e consumo, torna-se uma forma de resistência e uma alternativa real: no domingo as famílias andam mais juntas, caminham mais devagar, de cabeça mais erguida, e conversam mais, visitam os que estão doentes. Enfim, já agora se pode experimentar o que ainda é uma promessa.

c) Redenção messiânica do sábado – Conforme Rosenzweig, pensador judeu que atualizou de maneira muito pertinente a teologia do Sábado, é no Sábado que se conjuga criação e revelação, de tal forma que as duas formam a redenção: A história vai adiante marcada pelos tempos sabáticos, pelos anos jubilares, tempos de misericórdia, de graça, de reconciliação, de tirar as correntes da servidão, tempos de repouso até para a terra. O Sábado é, assim, o futuro messiânico da história da criação. Quem trabalha pelo Sábado é "messiânico"[101].

Segundo o Novo Testamento, o messias é Senhor do Sábado. Em Lucas, Jesus apresenta sua obra sob este ângulo: introduzir o Sábado, o tempo da graça (cf. Lc 4,18s.). Assim Jesus inaugura o Sábado: toda sua obra tende para o Sábado e antecipa o Sábado. Jesus não aboliu o Sábado – no sentido impiedoso como faria um pagão ou um liberal ou, pior ainda, alguém com interesse de assegurar as relações humanas oprimidas pelo trabalho. Pelo contrário, as

---

101 Cf. ROSENZWEIG, F. *L'étoile de la Rédemption*. Paris: Seuil, 1976.

ações sabáticas de Jesus colocam o Sábado à disposição do ser humano e coloca o ser humano, curado e renovado, em condições de possibilidade da experiência sabática. Ele não cura para transgredir Sábado, mas para introduzir no Sábado, na festa. O Sábado é para o homem como é para todas as criaturas – uma lei também para o boi que trabalha, mas não para o passarinho que está sempre no Sábado – e inclusive é para Deus: o primeiro a entrar no Sábado, a dar o exemplo e convidar para sua festa.

O que acontecia no tempo de Jesus era uma "demonização" do Sábado, como acontecia com a Lei e com o templo, escravizando o homem para o Sábado. Pois o Sábado tinha sido acorrentado pela lei, e a lei pelas tradições "dos homens". Assim o Sábado sacrificava a vida do ser humano, submetia-o a um deus legalista que proibia de fazer o bem e de socorrer no Sábado, que deixava morrer no Sábado. Tal interpretação era uma extrapolação e uma inversão da intenção divina sobre o Sábado. Acontecia uma contraposição irreconciliável entre Sábado e ser humano. Ora, o Sábado supera a lei. Não há leis no Sábado, pois é da própria constituição do Sábado a superação de tudo o que enquadra o ser humano. As únicas leis são de proteção contra as leis, proibição de invasão, por parte do tempo do trabalho histórico e semanário, naquilo que foi "separado" para ser antecipação escatológica. O contrário é verdadeiro: o Sábado, os tempos sabáticos, os anos sabáticos e jubilares, escandindo a história, são – de "direito" – uma antecipação da escatologia para dentro da história. Os dias da semana ganham do Sábado, assim como a história ganha da escatologia, uma antecipação de gozo e alegria. Jesus eleva, enfim, toda a existência terrena ao horizonte da festa sabática, onde Ele mesmo é o noivo da festa. Este é o sentido da festa em João: onde está Jesus é festa, é Sábado.

d) Sábado e Domingo – O Domingo, ao contrário do que vulgarmente se pensa, não é substituição cristã do Sábado judaico. Este mal-entendido, no afastamento entre judeus e cristãos, nos faz todos pagar alto preço pelo exílio do Sábado. O primeiro dia da semana, dia da celebração de criação de céus e terra, tornou-se dia de celebração da ressurreição, novo começo em Cristo, portanto "dia do Senhor", conforme o texto da *Didaqué* 14,1. A ressurreição do Senhor é o começo da criação dos Novos Céus e Terra, e por isso continua a ser o "primeiro dia".

O "Dia do Senhor" como dia da celebração da glória do ressuscitado, embora tenha também uma releitura do "Dia de Javé", dia de juízo e de acabamento da história, foi uma originalidade cristã, celebrado com reunião eucarística.

Mas não cancelou o Sábado. Os cristãos judeus repousavam no Sábado conforme a lei judaica. Constantino, já no século IV, ao proclamar como dia de repouso todo o primeiro dia, alegrou os cristãos, mas também introduziu uma ambiguidade para os que provinham em massa do paganismo, pois o primeiro dia era, para o Império, o "dia do Sol". Podia-se entender então um *"dies ludens"* – dia de jogos, de entretenimento – como festa solar. E, como tal, era um convite aos excessos da compensação por dias de fadiga e escravidão. É bem verdade que havia a possibilidade de reinterpretar o próprio sol, como foi feito com o Natal, *"natalis invicti solis"*: Cristo é o Sol que nasce glorioso no oriente e inaugura a criação. Mas o "Dia do Senhor", com celebração eucarística da ressurreição de Jesus, é originalidade cristã desde a tradição judaica do Sábado, e deve ser interpretado em ligação com o Sábado. Se o Domingo esquece o Sábado, torna-se uma festa das origens – um "primeiro dia" sem escatologia – ao invés de se ligar à festa da escatologia. Seria então impossível evitar que se torne uma festa de natureza, do sol, do eterno retorno, enfim dia da saudade de uma origem perdida e dia do vazio, do tédio. Quanto muito se torna *ludens*, desportivo, ou dia de *catarse* das opressões da história, mas sem a esperança messiânica que festeja a história com destino escatológico antecipadamente. Criar-se-ia uma ruptura e oposição entre o trabalho e o lazer, entre o empenho humano e o dom de transfiguração que provém do Criador. O Domingo precisa se ligar ao Sábado, à espiritualidade e teologia do Sábado.

O Sábado, no entanto, na visão cristã, precisa do Domingo, pois sem o sinal antecipador concreto que é a ressurreição gloriosa do Senhor do Sábado, este ficaria um sonho sem verificação, um "ainda não" sem um "já" de antecipação. O Domingo é a Nova Criação: se o Sábado é o repouso da criação na lembrança da conclusão da primeira criação e na lembrança da criação escatológica, o Domingo é, em si mesmo, pela ressurreição do Senhor, Novo Começo – primeiro Dia – recriação da criação como resgate e começo da escatologia. O Domingo não é só lembrança e esperança, mas antecipação com a realidade-sinal de Cristo.

Com a relação intrínseca entre Sábado e Domingo, emerge uma espiritualidade escatológica, seja para a ecologia, seja para a humanidade, seja para a comunidade cristã e para cada membro da comunidade. A Liturgia das Horas do sábado tem traços da "santificação do Sábado" e da esperança no Sábado Eterno, o "repouso prometido" (cf. Sl 95,11) na consumação escatológica. Também a Eucaristia dominical tem esta intenção de santificação sabática do tempo e de antecipação escatológica. São o culto e a comunhão que dão sentido ao repouso, relacionando cristãmente Domingo, Sábado e semana.

Modernamente o Sábado e o Domingo foram reduzidos a "feriado", a "pausa", invertendo de modo pagão a relação de semana e Sábado-Domingo. Este passou a ser "fim de semana", como referência periférica àquilo que conta no centro: a semana, a produção, as relações de trabalho. A dimensão sabática e dominical do repouso, de antecipação e de começo na celebração do Senhor, tem a força profética de recuperar desta desfiguração e perversão do tempo e do próprio ser humano. O Domingo, assumindo sua dimensão sabática, salva e liberta para a imediatez da comunhão do Sábado Eterno de Deus com todas as criaturas.

A Igreja, no entanto, pode demonizar o Domingo como foi demonizado o Sábado nos tempos de Jesus. Sobretudo o clero, ministro da celebração sabática-dominical, corre este risco. Quando a celebração e o acúmulo de celebrações se tornam "trabalhos" pastorais, reuniões, programas, cursos, atividades no domingo, agenda, calendário, relógio... na medida em que tudo isso não é mais festa, mas cumprimento de função, de trabalho, de burocracia, paganiza o Domingo e deixa o cristão sem a alternativa profética da libertação escatológica. O pastoralista, o "ativista" cristão preocupado com muitas reuniões, arrisca imergir na unilateralidade da libertação histórica do êxodo, que a Modernidade reteve para si de modo secularizado. A Modernidade valoriza a libertação trabalhosa do êxodo recalcando ideologicamente o repouso sabático e a celebração dominical – o feriado *é* uma pausa apenas de recuperação de forças e de catarse. É necessário humildade criatural para se colocar à disposição do Sábado onde não nos salvamos por nossas mãos e por muita ação, mas pela comunhão com a presença repousante do olhar de Deus e com a celebração da páscoa de Cristo na pura graça do Espírito.

Finalmente, é o Espírito, penhor da escatologia, que introduz no júbilo sabático, tempo especial de comunhão dos santos e de vida em comunidade na celebração criatural e divina e não em trabalhos: as grandes utopias escatológicas que irromperam na história cristã normalmente foram compreendidas a partir de uma experiência pentecostal, conectada ao louvor, à assembleia festiva. Uma pastoral de libertação que só tivesse o êxodo histórico como modelo se expõe à heresia "cristomonista", seguimento da prática de Jesus mas sem o vigor do Espírito, numa militância desgastante confiada só às próprias forças. E com isso se expõe a uma forma de heresia, a "heresia da ação", o já famoso pelagianismo, fazendo surgir como contraponto, a reação do pentecostalismo festivo de forma fantasiosa e vazia ou do misticismo quietista que cruza os braços para só deixar Deus agir. Esta é a passagem dos cansados da Modernidade ativa e batalhadora para uma Pós-modernidade emocional ou melancólica.

O trabalho da história tem como destino o Sábado Eterno, o "tempo da eternidade", não mais percebido como tempo quantitativo de relógio, tempo que passa. O "tempo eterno" do Sábado já está garantido desde a criação pela bênção e pela santificação que se vive historicamente nas interrupções e erupções sabáticas e dominicais com celebração e comunhão criatural. Assim, desde já podemos saborear em sinais o tempo dos Novos Céus e Nova Terra.

8.7 "Vida eterna"

Para concluir este capítulo, comecemos perguntando como uma criança para a sua mãe: "O que é o céu?" Em síntese: "É vida eterna". Em João, Jesus insiste na expressão "Vida eterna". Com algumas variantes, a expressão se repete 49 vezes. Tanto a palavra "vida" como a palavra "eterna" são de enorme extensão, arriscando ressoar vazias de conteúdos concretos. Ora, uma vida despojada de conteúdos não é felicidade para um ser essencialmente relacional: somos felizes naquilo e naqueles que nos fazem felizes. Quais os conteúdos da "vida eterna", o que vai constituir o céu? Poderíamos projetar sonhos e compensações, como acusaram os mestres da suspeita, Marx, Nietzsche e Freud, mas podemos pensar seriamente o contrário: Fomos pensados e amados, eleitos e por isso criados, e não por um pouco de tempo – o Deus eterno pode dar de sua eternidade, a vida eterna. Carregamos conosco esta predestinação da benevolência criadora, e por isso carregamos a "pré-figuração" da glória e da vida eterna, o que nos permite receber e experimentar antecipadamente aquilo que virá. A vida eterna já está posta em nós. A ficarmos com as narrativas de João, nós não vamos ressuscitar e então viveremos eternamente, mas o contrário: a vida eterna já habita em nós e por isso vamos ressuscitar. A ressurreição não é causa, é consequência de uma vida eterna que já está em nós. Se não pudéssemos experimentar desde já sinais da vida eterna, sinais de seus conteúdos, embora sempre na limitação de sinais, então a vida eterna seria ilusão e uma palavra vazia. Depois de tudo o que dissemos neste capítulo, vamos resumir em ordem o que o cristão confessa como "céu":

a) A vida eterna é ver Deus – É dom que Deus faz de si mesmo, pelo qual nós "veremos a Deus" (1Jo 3,2). Ver a Deus é uma promessa e uma busca que está na raiz de todo ato religioso, de todas as religiões, mesmo no ver que deseja dominar. Por ora, no entanto, vemos por espelhos, por mediações. Então nós o veremos face a face. Tradicionalmente fala-se de "visão beatífica", de "visão intuitiva" ou de "visão da essência divina". O acento intelectual que está na "visão da essência divina" pode obscurecer esta expressão. De fato houve disputas sobre a primazia do "ver" a Deus, de ordem intelectual, ou do "gozar" da feliz comunhão com Deus, de ordem afetiva – o amor. E os orientais já acusaram os latinos de pretensão impossível: a essência de Deus será sempre transcendente, oceano infinito e inabarcável, garantia de uma eternidade que não se esgota nunca. "Ver a Deus como Ele é" significa face a face sem mediações, mas com o dinamismo inexaurível da relação amorosa entre uma criatura eternamente humana e finita com o Criador divino e infinito que a sustenta. Por isso, o céu é inexaurível, sempre "Novo". Hoje, ao invés de visão "da essência", preferem-se as categorias de comunhão, amizade e familiaridade. Nós "seremos semelhantes a Deus" porque desde já "somos filhos de Deus" (1Jo 3,2).

Deus é Trindade. Nós veremos o Pai com o Filho no Espírito. Deus mesmo mantém conosco uma relação que não é sem conteúdos criaturais, e por isso o Filho se fez criatura e nosso irmão. Deus "será tudo em todos" (1Cor 15,28): como o Pai que reúne seus filhos em sua pátria, em sua casa e em sua mesa. A partir de agora, fazer uma "experiência de Deus" é darmo-nos conta de que somos seus filhos e que Deus é nosso Pai. Este é aspecto *teo-lógico* do céu.

b) A vida eterna é estar com Cristo – Temos um irmão primogênito que diz a quem morre com Ele: "Hoje estarás comigo no paraíso" (Lc 23,43). João insiste que a vida eterna é o próprio Cristo, é encontrar-se, aderir a Ele acolhendo-o na fé em sua palavra e testemunho, no seu mandamento do amor fraterno. São Paulo insiste na incorporação a Cristo: "estar com Cristo" ou "em Cristo", pois nossa humanidade é assumida por sua humanidade de Filho de Deus. Desde agora, quem corresponde à sua *pre-destinação crística*, à "forma *Christi*" que, conforme o ensinamento patrístico, todo ser humano porta em si por criação "da substância de Cristo" tem a vida eterna. Esta vida é traduzida e testemunhada, portanto sinalizada, no amor aos irmãos, o mandamento "Novo", escatológico. Ou seja, na corporeidade doada aos outros – esse comunga o Pão da vida eterna que é Cristo e a sua transfiguração corporal e eucarística. O Sacramento da Eucaristia, com a participação comunitária nele, é a máxima visibilidade sacramental desta transformação eucarística da vida humana em vida eterna. Este é o aspecto *cristológico* do céu.

c) A vida eterna é vida no Espírito – O Espírito não só porta à verdade plena, a escatologia, mas será para sempre o louvor que sai de toda criatura, o "ambiente" ou "seio" aprontado maternalmente que constitui a vida Nova e a energia da comunhão. Ele será o "sorriso do inteiro universo" (DANTE ALIGHIERI. *Divina comédia*, Paraíso, XXVII), que unirá com transparência e harmonia a multiplicidade de faces no face a face da visão beatífica. Será o dom da alegria e da paz que são o Reino de Deus (cf. Rm 14,17). Desde agora, a vida segundo o Espírito e seus dons – São Paulo faz listas de dons em que se verifica a vida no Espírito – é uma experiência da vida eterna. Este é o aspecto *pneumatológico* do céu.

d) A vida eterna é a comunhão dos santos – Somos criados uns pelos outros e uns para os outros. Essa relação essencial não se perde porque tem sua origem primeira e se transfigura na comunhão trinitária. Será a comunhão de todos os que são queridos, das pessoas amadas, aberta ao infinito, amor hospitaleiro que transforma a hostilidade em hospitalidade e celebração das diferenças. Será "estar-com-todos-os-outros", na intensidade de "estar-com-cada-um" num amor ao mesmo tempo intenso e universal, num aconchego e abraço de todos e cada um e no desaparecimento da diferença entre amor ao familiar, amor ao próximo e amor ao inimigo. É o modo mesmo como o próprio Deus se relaciona com todos, doando-se inteiramente a cada um de forma singular. Pode-se chamar de "Igreja celeste" – como assembleia, reunião, *koinonia*. Mas como a Igreja aqui porta estruturas do mundo que passa (cf. LG 48) e a palavra "Igreja" não abrange toda criatura, a melhor expressão é a relação da comunidade com o Espírito Santo: "comunhão dos santos", já sem ameaça de pecado. Mas desde já, mesmo ameaçada pelo pecado, toda experiência comunitária, todo amor terreno, todo empenho por uma sociedade e por uma humanidade melhor, com todo o realismo corporal e mortal das instituições e organizações, antecipa sinais do que será o face a face de filhos e filhas de Deus. Enfim, "nós sabemos que fomos transladados da morte à vida porque amamos os irmãos" (1Jo 3,14). É o aspecto *eclesiológico* do céu.

e) A vida eterna é a felicidade tranquila – É o cumprimento dos justos desejos humanos, das justas relações sem os limites e os defeitos da história terrena. O desejo de uma vida imortal passa pelos conteúdos humanos: a abundância (do milho, das flores e da música, segundo a imagem asteca, ou do leite e do mel, segundo a imagem hebraica), a bondade e a beleza ("terra sem males" que supere a "terra feia", segundo os guaranis), uma vida integral que supõe plena realização do corpo de carne, das relações com toda criatura terrena de modo justo e resgatado de equívocos e pecados, relações asseguradas e transfiguradas pela certeza de já não precisar mais o esforço e o risco de tomar decisões erradas, numa liberdade acima da necessidade de escolher, tudo isso não é uma soma de desejos indébitos, mas exatamente a estrutura criada com o *lumen gloriae*, o dom da capacidade de acolher a glória de Deus e a glória de todas as coisas, inclusive de si mesmo. "A glória de Deus é o homem vivo" (SANTO IRINEU. *Adv. Haer.* XV). Desde já toda ação humanizadora, todo esforço e experiência de superação de carências, toda busca de relações justas e harmoniosas, todo cultivo e sabor da beleza de cada criatura, são sinais desta irrenunciável vocação à abundância de felicidade e vida cheia de conteúdos graciosos e gozosos. "Gozo" e "delícia" são palavras abrangentes, desde a erótica até a mística. Este é o aspecto *antropológico* – e estético – do céu.

f) A vida eterna é o Bem puro – Essencialmente dom de Deus, a vida eterna só pode ser vivida na liberdade, que supõe acolhimento livre e responsável. Depois de muitos debates, ficou cada vez mais claro que repugna a Deus e a nós uma predestinação por cima de nossas cabeças: "Deus, que te criou sem ti, não te salvará sem ti", pregava Santo Agostinho. Deus convida, mas não pode obrigar à comunhão sem destruí-la e sem se contradizer, porque comunhão madura como o céu só é possível em plena liberdade. No entanto, Deus é amor, e amamos porque "Deus nos amou primeiro" (1Jo 4,19). Predestinou-nos assim ao amor e ao bem, pois "amor com amor se paga" (Santa Teresa D'Ávila). É hipoteticamente possível dizer não ao amor e recusar quem nos ama, mas é natural e bem mais fácil amar quem nos ama. O amor não diminui, mas exalta a liberdade. Na verdade, só o bem preserva a liberdade sem deixá-la cair na arbitrariedade e na corrupção que a destruiria: a escolha do mal destrói a liberdade e o amor. Por isso a criação do humano inclui, com o dom da *forma Christi* e a graça do *lumen gloriae*, também o *desiderium boni*, o desejo inarredável – apetite ou concupiscência – do bem, daquilo que é bom, de ser bom. Inarredável mesmo por debaixo das cinzas do mal e do pecado, mesmo na forma de saudade. Segundo Duns Scotus, a "concupiscência" é da ordem da criação, é o desejo daquilo que é bom inscrito nas criaturas. Que tenha se pervertido e se tornado inclinação à desordem e ao pecado, isso é realidade segunda, que clama redenção, mas não destrói sua vocação original. Dessa certeza decorre a pedagogia de Jesus com Zaqueu, com a pecadora, ou na chamada dos discípulos. Quem procura o bem, quem busca o que é "melhor", já experimenta sinais do "ótimo" que receberá como vida eterna. Este é o aspecto *ético* do céu.

g) A vida eterna é Novos Céus e Nova Terra, Nova Jerusalém e Sábado Eterno – As criaturas existem pela palavra criadora de Deus, que é fiel e não volta atrás naquilo que faz. O que Deus cria é bom, segundo a narrativa do Gênesis, e o que é bom é indestrutível por causa da bondade mesma, reflexo divino. Toda a criação, com toda a sua biodiversidade, resgatada com nossos corpos, será o "lugar" jubiloso, a cidade cordial e o tempo dominical que constituem a vida eterna. Este é o aspecto *cósmico-temporal* do céu.

Enfim convém lembrar que Paulo, em sua experiência de arrebatamento místico, elevado a um êxtase celeste, confessa que "ouviu palavras inefáveis, que não é lícito ao homem repetir" (2Cr 12,4). O céu, assim como Deus, é inefável, indizível, inesgotável, ainda que dele se possa fazer pequenas experiências muito humanas graças a Deus.

9
MORTE ETERNA OU INFERNO: POSSIBILIDADE DO AVESSO

Houve um tempo em que a palavra "inferno" provocava tremor e suor. Hoje causa estranheza e repugnância. Há boa razão para tanto: Deus "quer que todos os homens sejam salvos" (1Tm 2,4). No texto de João é o mesmo Jesus quem insiste que "Deus não enviou o seu Filho ao mundo para condenar o mundo, mas para que o mundo seja salvo por Ele" (Jo 3,17). Ele deixa o julgamento à Palavra já anunciada, mas ele mesmo sequer julga o mundo, "porque não vim para julgar o mundo, mas para salvar o mundo" (Jo 12,47b). Tais afirmações são mais surpreendentes quando se sabe que a palavra "mundo", no texto de João, significa um sistema fechado de violência e pecado, que odeia e mata, o mundo de Pilatos. É este mundo que está no desígnio de salvação. Para o nosso tema, a primeira conclusão é de que Deus não quer condenação, não criou nenhum inferno.

Deus tem só uma promessa: vida eterna, salvação, felicidade na comunhão. Não há dual e nem simetria de caminhos, "céu *ou* inferno". Este é um falso binômio, já usado na catequese e na pedagogia do medo. Ora, o céu é criação, juntamente com a terra, é promessa e convite de Deus, é nossa predestinação. O inferno é, pois, estranho à criação divina, é criação e possibilidade de uma criatura livre recusar a palavra e o convite, como autodestinação para fora da predestinação divina. Há portanto um desnível tal que não é justo – em primeiro lugar para o próprio Deus – quando se iguala céu e inferno como "duas possibilidades". O céu é mais do que possibilidade, é promessa, mas o inferno não é nenhuma promessa. A palavra a respeito do inferno ecoa como advertência diante de uma possibilidade não querida por Deus. No fundo de muita confusão e estranheza esteve um ensinamento inadequado e exorbitante sobre o inferno. O magistério oficial, na verdade, foi normalmente sóbrio, atendo-se à Escritura. Mas a pregação, a catequese, a literatura religiosa, inundaram, em certas épocas, o imaginário cristão, e o medo derivado daí distorceu a escatologia e a própria imagem de Deus[102].

No entanto, a Escritura e o magistério da Igreja ensinam sobre o inferno, a condenação, os demônios. Em reação ao *infernalismo* exagerado, desconhecer essa realidade é desconhecer algo do próprio evangelho, onde ela é recorrente. Reduzir a explicações literárias, psicológicas, sociológicas etc. também não é inteiramente justo: é no horizonte da própria escatologia, com suas chaves hermenêuticas de leitura, que tudo isso é corretamente entendido, sem precisar se tornar infernalista.

9.1 Polissemia, muitas metáforas e alguma confusão de sentidos

O além da morte, o "mundo dos mortos", tem sido fonte de múltiplas narrativas orais e literárias de caráter mítico em praticamente todas as culturas humanas. Mas vamos nos ater ao que nos toca mais de perto. Há, de qualquer forma, uma grande polissemia na palavra "inferno" e seus equivalentes. No decorrer da história do cristianismo houve inclusive certo sincretismo de sentidos.

a) Xeol e hades – Já no Novo Testamento se passa a empregar a palavra grega *hades* para indicar o que o Antigo Testamento entendia por *xeol* (cf. Nm 30–33; 1Pd 3,19). Mas *hades*, na mitologia grega, não tem a sobriedade do *xeol*. Enquanto este significava apenas um lugar sob a terra para o qual desciam os mortos, permanecendo apenas uma sombra ou um fio de vida, sem mais detalhes, o *hades* era todo um mundo subterrâneo. Às vezes ressoa nele a palavra mais arcaica de *Tártaro*, lugar de perdição, ou *Campos Elíseos* para os justos, um jardim de paz e beleza.

b) *Inferus* – Como a palavra mesma indica, trata-se de uma linguagem relacional, significando aquilo que está embaixo, o mais baixo, o que é *inferior*. A representação cosmológica é a de um subterrâneo, seja como a parte inferior da terra ou do universo, seja como outro mundo, mas sempre um mundo *inferior*.

c) *Descensus ad infernos* – A mitologia grega narra descidas de heróis aos infernos e sua subida. O caso mais famoso é o de Orfeu em busca de Eurídice. Orfeu resgataria sua amada se subisse à sua frente, sem olhá-la e sem falar a ela sobre este interdito. Em algumas variantes da narrativa, ele deveria tocar

---

102 Cf. DELUMEAU, J. Op. cit., p. 205-259. • RUIZ DE LA PEÑA, J.L. *La pascua de la creación* – Escatología. Madri: BAC, 2000, p. 225ss.

sua flauta, que lhe dava poderes de apaziguar a violência selvagem na terra, e ela lhe daria resistência aos poderes diabólicos, apaziguando assim tudo o que encontrasse no caminho. Mas afinal, por insistência da própria Eurídice, que não sabia do interdito, Orfeu não resistiu e, ao se voltar para ela, perdeu Eurídice para sempre. Na teologia órfica, era o ponto trágico em que o herói era ultrapassado pela fatalidade dilacerante do destino. A partir daí só restava à flauta de Orfeu um luto de dor sem fim.

A Carta de Pedro (1Pd 3,19), ao falar do *hades*, se refere à descida de Jesus[103]. Usa a linguagem mítica conhecida por seus interlocutores, mas lhe dá um sentido próprio. Não se trata de um herói nem trágico e nem bem-sucedido, pois Jesus não é um herói no sentido grego da palavra. Mesmo Filho de Deus, aceitou os limites de sua humanidade, morreu como todo humano. A descida ao *hades*, que permanece no eixo da profissão de fé – no *Credo* – tem um sentido de solidariedade com os que morrem e de libertação pela potência de sua páscoa estendida a todos, sem barreiras, por mais violentas e poderosas que sejam. As imagens ou metáforas da libertação, de fato, são tomadas da linguagem mítica: as portas são abertas, as correntes são desatadas, os prisioneiros impotentes ganham a liberdade de seguir o Salvador.

A oferta de salvação é reconhecida, com esta profissão de fé, como realmente *universal*. Mesmo os que, sem conhecê-lo explicitamente, se dispõem a aderir ao seu modo de ser, encontram-se com Ele. Tem um sentido "ecumênico" e uma linguagem parecida com a do "cristão anônimo": os que viveram a justiça estão naturalmente no caminho de Cristo, mesmo anonimamente. Enfim, este *descensus ad infernos* significa a extensão de sua compaixão, da doação de sua vida como serviço à vida de todos, ecumênica e universalmente: o mal e a morte não têm a última palavra.

O sincretismo religioso configurou Jesus como um herói bem-sucedido, seguido de São Jorge que vence o dragão etc., o que se acentuou à medida que o cristianismo ganhava ar de império. Logo nasceram impasses, e foi preciso di-

---

103 A *Bíblia de Jerusalém* reporta uma longa nota a respeito deste versículo, lembrando outras passagens bíblicas que ajudam a compreender o seu sentido. P. ex., Mt 16,18: promessa a Pedro de que "as portas do inferno" não prevaleceriam sobre a Igreja e as "chaves" do céu que Pedro, a Igreja, a comunidade de Cristo, detém. A passagem evoca o avesso do acontecido em Nm 16,30ss., em que os punidos pela palavra de Moisés são engolidos pela terra e aprisionados no *xeol*. Cristo, segundo a narrativa também simbólica do Apocalipse, tem as "chaves" da morte e do *hades*, e sua descida, portanto, é de libertação, abrindo as portas e desatando as cadeias dos mortos. *"Não temas! Eu sou o Primeiro e o Último, o Vivente; estive morto, mas eis que estou vivo pelos séculos dos séculos, e tenho as chaves da Morte e do Hades"* (Ap 1,18).

ferenciar dois tipos de inferno: o inferno dos condenados, onde Jesus não esteve, e o inferno dos justos visitado por Jesus. Aos poucos, para sanar a confusão, chamou-se o segundo de *"limbus patrum"* – limbo dos pais, dos antepassados, dos que precederam Cristo. Diferenciava-se do *"limbus puerorum"* – o limbo das crianças não salvas pelo batismo depois de Cristo, segundo a convicção que se tinha criado alguns séculos já de cristianismo, de que sem batismo seria impossível ser salvo. Só ultimamente se trocou, no *Credo* vernáculo, a palavra *"inferus"* por *"mansão dos mortos"*. Esta expressão tem a vantagem de não confundir, pois não tem conotações de condenação. Mas tem sua própria obscuridade e também precisa de interpretação. "Mansão dos mortos", ou "morada", "lugar", "condição": não quer dizer apenas que Jesus morreu realmente, mas deveria expressar que, ao morrer, se solidarizou com os mortos e participou de seu destino para ser seu libertador e salvador.

d) Limbo – A teoria do *"limbus puerorum"* jamais foi objeto do magistério oficial da Igreja. Mas teve notável duração e ampla credibilidade, com consequências práticas que provocaram muita dor em mães que viram suas crianças não batizadas serem sepultadas fora do cemitério consagrado, sepultadas ao lado de suicidas, com a certeza de que não alcançariam a promessa do céu. Foi uma teoria dependente da afirmação da universalidade do pecado original e de que só o batismo e a graça, dom sobrenatural, apagam o pecado original e introduzem na esfera da salvação. Por sua vez, a graça e a salvação somente através do batismo são uma interpretação redutiva e excludente a respeito das afirmações do Novo Testamento, hoje melhor apreciadas. Numa época em que Igreja e sociedade coincidiam, esta interpretação excludente se cimentou. Pode-se então compreender a obsessão dos missionários pelo batismo de indígenas a partir das grandes navegações. A pergunta que se levantava era: Para onde iriam os que morrem sem batismo?

Num primeiro tempo, se pensava que, com o pecado original, iriam todos para a condenação do pecado de Adão, para o inferno, portanto, sem exceção. Não se percebia a flagrante contradição entre os justos que precederam Cristo sem batismo, que Cristo libertou dos infernos, e os justos sem batismo depois de Cristo, que não teriam mais remissão. Nessa lógica, antes de Cristo a vida justa superava o pecado original como disposição e espera de Cristo, e justamente depois de Cristo isto teria se tornado impossível!

Logo os Padres da Igreja se interrogavam: a punição do inferno para crianças não batizadas era demais para Deus e demais para elas, pois não tinham cometido males pessoais e nem tinham oportunidade de escolha, apenas participavam, sem sua escolha, do pecado de Adão. Mas também não podiam ter o "batismo de desejo" (*votum*) ou o "batismo do martírio" (*sanguinis*) ampliações do efeito do batismo para abrigar mais gente na salvação. Só mais tarde se incluía o batismo de desejo dos pais, nova pequena ampliação. De qualquer forma, assim pensavam os Padres da Igreja, o céu também era demais, pois sem o batismo as crianças se mantinham no estado de pecado original e não gozavam da graça sobrenatural para participar da vida divina. Daqui, num segundo tempo, a teoria de uma "margem" (*limbus*). O limbo seria uma parte do inferno, uma espécie de mezanino, em que não se sofre as penas dos que praticam o mal, mas simplesmente se está privado de tudo o que comporta o céu – a participação da vida e da visão de Deus.

Santo Agostinho, com a insistência na natureza corrompida até os fundamentos e na necessidade absoluta da graça redentora, contra o otimismo pelagiano sobre a natureza humana, pesou muito na doutrina do pecado original, e consequentemente na teoria do *limbus*. A superposição do estado de graça sobrenatural, exatamente para significar sua gratuidade sem misturas com a natureza, foi concebida como um "segundo andar", um *"superadditum"*, um acréscimo ao estado de natureza. A escolástica medieval se moveu dentro destes quadros, e, segundo esta lógica, o limbo poderia comportar inclusive uma certa "felicidade natural", mas sempre excluída do céu onde só o sobrenatural, a graça sacramental, dá acesso. Esta concepção resistiu apesar da antropologia de Santo Tomás, consagrado em muitas coisas, mas não nos desafios consequentes de sua antropologia: embora também se movendo nas categorias de natural e sobrenatural, Santo Tomás ensina a mútua abertura e destinação – a graça supõe a natureza e a natureza se realiza na graça, o que significa que a natureza, como a criação, já é uma primeira graça. Mas não se levou às consequências esta interpenetração na graça.

Hoje, mesmo numa antropologia de dualidade natural-sobrenatural ou criatural-supercriatural, a teoria do limbo está esvaziada e superada, graças a um enfoque mais evangélico da universalidade da salvação em Cristo, da ação sem barreiras do Espírito, dos recursos insondáveis da misericórdia de Deus. Por outro lado, ajuda-nos a teoria da morte como lugar da liberdade e decisão conclusiva, que não implica uma prévia quantidade de anos para poder começar a aderir livremente a Deus. Pelo contrário, a vida inocente, a partir de seu primeiro instante, toma decisões absolutas de vida ou morte. Mas a inocência mesma facilita a decisão positiva[104].

e) *Fogo, "geena" e trevas exteriores:* Outra figura da condenação, nos evangelhos, é a "geena" (cf. Mt 5,22.29-30; 10,28; Mc 9,43.45.47; Lc 12,5). Trata-se doe uma adaptação grega do nome do "vale do filho de Hinom", que circunda parte de Jerusalém, onde se jogava e se queimava o lixo da cidade e onde o fogo ardia permanentemente para afastar pestilências. Mas há relatos no Primeiro Testamento de que nesse vale foram oferecidos sacrifícios a ídolos, como ao deus Moloque, chegando a "passar pelo fogo" filhos de israelitas, crianças oferecidas no altar de fogo, o que foi declarado com toda força pelos profetas como máxima abominação (cf. 2Cr 33,5; Jr 7,31). O Profeta Jeremias declara que esse vale seria chamado "Acéldama", "vale da matança", desmascarando assim o sacrifício. Outra tradução é "vale do sangue", o que nos lembra a negociação com as trinta moedas devolvidas por Judas aos sacerdotes (cf. Mt 27,8; At 1,19).

A este vale está associado o fogo, seja o fogo da matança sacrificial seja da queima do lixo. O Livro do Apocalipse, antes da belíssima descrição da Jerusalém Celeste no centro de Novos Céus e Nova Terra, se refere a um tanque ou "lago de fogo", onde se destrói o arqui-inimigo do Reino dos Céus, o diabo e a besta, o que está na origem de todos os males (Ap 20,10). O fogo é uma imagem ambivalente, podendo significar a positividade do amor, fonte de luz e de glória, mas também a negatividade da violência e da destruição e aniquilação, como no caso apocalíptico acima. Ou pode assumir diferentes conotações e intensidades na paixão, na dor, na provação, no amadurecimento, como vimos para o purgatório. No Primeiro Testamento, a certeza da vitória de Deus sobre o mal faz confessar às vezes que os praticantes de iniquidades, os ímpios que não levam Deus em consideração, irão perecer e desaparecer, frequentemente sob a metáfora do fogo. O fogo é símbolo de voragem e destruição completa com o sentido de desaparecimento total, queimando "a alma e o corpo na geena" (Mt 10,28). Assim é o ramo cortado da árvore: seca, é jogado fora e é queimado (cf. Jo 15,6). O aniquilamento acontece por causa da separação, do

---

104 Embora estes parágrafos tenham sido escritos em 1992, já neste século, sob o incentivo de Bento XVI, a Sagrada Congregação para a Doutrina da Fé trabalhou com a Comissão Teológica Internacional, e esta emitiu um documento chegando exatamente a estas conclusões. A teoria do limbo foi um recurso precário mas importante para não piorar a situação das crianças e de todos os que não foram batizados, mas a melhor compreensão da oportunidade de salvação oferecida a todos em Cristo dispensa tal teoria. Cf. a íntegra do documento [Disponível em http://www.vatican.va/roman_curia/congregations/cfaith/cti_documents/rc_con_cfaith_doc_20070419_un-baptised-infants_po.html].

fracasso e do esvaziamento da vida humana por decisão e responsabilidade do próprio ímpio.

A interpretação do fogo, na história do pensamento cristão, dependeu da interpretação da salvação. Orígenes, por exemplo, interpretou-o simbolicamente como tormento espiritual. Mas, exatamente para valorizar a corporeidade na vida eterna, o fogo foi considerado mais frequentemente como uma realidade material, causa de tormentos físicos.

A imagem mais permanente e subjacente em todas as variantes, porém, é a de exclusão, de ser jogado e permanecer fora – fora da participação, fora do convívio, fora da festa – em "trevas exteriores" (cf. Mt 8,12; 22,13; 25,30; Lc 13,28). Ao contrário da leveza e da liberdade dos céus, recorre também à imagem de cadeias e de correntes, que conotam imobilidade, isolamento e aprisionamento. Trata-se, portanto, de uma concepção relacionada, de forma negativa e pervertida, àquilo para o qual somos destinados. E talvez não possamos e nem devamos dizer muito mais do que isso.

A polissemia de sentidos e as inúmeras metáforas que se acumularam e se sincretizaram na história do pensamento cristão nos obriga a um exame do ensinamento do magistério sobre a condenação e o inferno.

9.2 Eterno ou "temporário"?

O magistério se formou muito cedo quanto às fórmulas de fé que afirmam a vida eterna. Quanto ao inferno, porém, ateve-se a citar sobriamente a Escritura, e só começou a se formar quando surgiram problemas de interpretação da Escritura. O primeiro problema debatido foi sobre a eternidade ou não do inferno.

Orígenes, na primeira parte do século III, devendo pensar e expressar o credo inteiro na linguagem grega, e utilizando categorias neoplatônicas – que, entre outros axiomas, afirma que tudo é emanação do Uno e se reconduz ao Uno –, adotou a teoria da *"apokatástasis tón pánton"* – a recuperação de todas as coisas ou salvação universal: No final, tudo e todos seriam salvos. Mas não são as categorias neoplatônicas, e sim a Escritura que o leva a esta convicção. Ele fundamenta em At 3,21, no discurso de Pedro após Pentecostes, ao falar do tempo da restauração universal em Cristo. Com sua recapitulação Cristo recuperaria a harmonia perdida, e tudo o que se extraviou seria recuperado com Ele. Assim, à *"apokatástasis"* se junta a *"palingênese"* – renascimento, regeneração – baseada em Tg 3,5 e Mt 19,28. A afirmação religiosa do "novo nascimento" ou "nascimento do alto", nascimento espiritual etc. é algo recorrente em muitas religiões. Inclusive na ideia cíclica de reencarnações em aperfeiçoamento. Orígenes chegou a levantar a hipótese da possibilidade de reencarnação, sem a inelutável fatalidade do carma, mas descartou-a. Incluía, no entanto, na *"apokatástasis"* inclusive os demônios, ou seja, os anjos decaídos: os pobres diabos, depois de muito tempo no fogo purificador, também seriam salvos. Orígenes toma como *analogia fidei* – fio condutor comum de afirmações aparentemente diversas da Escritura – o fato fundamental da intenção universal de salvação e da imensa misericórdia e compaixão por parte de Deus, que é bom e só quer e só opera o bem, argumento básico pelo qual a *apokatástasis* retorna sempre na tradição teológica do cristianismo.

Orígenes, no entanto, renunciou a essa teoria, incompatível com as afirmações explícitas das Escrituras. De fato, a *"apokatástasis"* de Atos não exclui a possibilidade de uma perda para sempre de quem recusa e se exclui da criação redimida por suas ações. Seria uma exorbitância e uma violência cancelar e silenciar uma porção de textos bíblicos, inclusive de palavras que estão na boca de Jesus. O Credo *Quicumque* (DH 76), cuja autoria é atribuída a Atanásio (séc. IV), se contenta em repetir Mt 25, muito claro sobre isso. Mas uma ajunta posterior a este Credo revela o cuidado que se deve ter ao afirmar a condenação eterna, que aqui sublinhamos: "...e os que fizeram o bem irão para a vida eterna; os que *verdadeiramente* fizeram o mal, para o fogo eterno". Também contra a tese origenista, o Sínodo Endemousa de Constantinopla, em 543, endossando a tese de Justiniano (483-565), o autoritário imperador-teólogo bizantino, reafirmou a doutrina da perda eterna do mal (DH 411).

A mesma tese da *"apokatástasis"*, no entanto, ressurgiu fortemente na Idade Média com os albigenses. Também chamados *cátaros*, eram puristas e rigorosos, inclinando-se para o espiritualismo de sabor gnóstico. Mas, paradoxalmente, ao mesmo tempo professavam a *apokatástasis*: no final dos tempos haveria a *"restitutio omnium"*: restituição das origens de todas as coisas. O IV Concílio de Latrão, de 1215, condenou as teses dos albigenses (DH 801): nós ressuscitamos com o corpo que agora somos (contra o espiritualismo), e os maus ressuscitam para a condenação eterna (contra a *apokatástasis*). A bula *Benedictus Deus*, de 1336, repete esta doutrina ao falar da salvação ou condenação eterna em seu final.

A teoria da *apokatástasis*, aparentada com a lei de carma e com os ciclos de reencarnações, tem uma força de convencimento muito grande, e mesmo hoje está vagamente presente na mente de muitos cristãos. Parece ser razoável, pois se fundamenta espontaneamente na bondade e na misericórdia infinita de Deus e no absurdo de um inferno de suplícios eterno. Mas, por outro lado, a eternidade da condenação é afirmada na Escritura, e na boca de Cristo, em coerência com um sentido de respeito e fidelidade de Deus e do próprio ser humano a si mesmo: Deus não poderia obrigar a criatura à salvação, como já vimos, mas nem aniquilá-la. Nem o ser humano com total consciência e liberdade pode renegar a decisão absoluta e definitiva sobre si mesmo.

Aqui, no entanto, começa a questão maior: pode uma criatura escolher uma eternidade de condenação? Parece impossível crer que alguém tenha escolhido com inteira consciência e liberdade um inferno eterno de suplícios ao invés das promessas de Deus. Nesse sentido, o inferno é mesmo um absurdo e um escândalo, e como tal deve ser percebido. É tal o horror da sua violência que a própria Igreja proíbe qualquer julgamento sobre alguém que realmente esteja condenado ao inferno. Até mesmo Judas, apesar da pior maldição – "seria melhor não ter nascido" (Mt 26,24) –, fica em suspenso. Já o contrário é permitido: pensar, como afirmava Hans Urs von Balthasar, que o inferno esteja vazio. Ou seja, a possibilidade de que nunca tenha se verificado realmente uma escolha pela recusa e pelo avesso de nossa boa destinação. Mas então isso significaria algo mais radical do que um inferno vazio: se não foi ainda opção de ninguém, o inferno não existiria ainda. Se o que chamamos de inferno é subproduto da plena consciência e plena liberdade humana e se ninguém o escolheu, ele simplesmente não foi criado. Nesse caso tudo o que se diz dele poderia ser resumido em um *Restbegriff*, uma hipótese vazia residual, recorrendo ao conceito de Karl Rahner sobre a "pura natureza" sem a graça. Hipóteses vazias são importantes para a afirmação do seu contrário, nesse caso, para afirmar a comunhão com Deus e a salvação em condição de liberdade e escolha de sujeitos interlocutores. O amor maduro requer liberdade de escolha, e por isso é necessária a hipótese de escolher a recusa. A "hipótese vazia" se aplica também à possibilidade de Jesus ou de Maria pecarem, de recusarem suas vocações etc. A resposta é sempre paradoxal, devendo-se afirmar um "sim" e um "não" ao mesmo tempo. É que o amor triunfa com a liberdade, não sem ela. Somente um inferno como "hipótese vazia" aumenta a glória celeste, e não, como chegou a justificar a escolástica, os suplícios dos condenados que aumentariam a felicidade dos bem-aventurados – o que seria uma monstruosa perversão. Aqui vale também a convicção de Santo Irineu: *gloria Dei homo vivens* – a glória de Deus é que o ser humano viva!

No entanto, é igualmente repugnante pensar que no final tudo fica absorvido num perdão *urbi et orbi*. Quem fez, alguma vez, a experiência de até onde vai a iniquidade, a corrupção, a violência sobre inocentes, num mundo com a identificação de seres que deveriam ser humanos e que se revelam verdadeiros monstros demoníacos, tem direito de pensar e até desejar: só uma condenação eterna para não acabar igualando tais monstros aos que procuraram a retidão e um amor real em suas vidas. O inferno é também subproduto da absoluta necessidade de não colocar o algoz junto à vítima. Quando se pensa nos horrores do genocídio, de Auschwitz, da Ruanda, dos povos latino-americanos originários, os genocídios de todas as histórias de atrocidades perversas e demoníacas, então se reconhece como um direito da vítima a exigência de uma absoluta distância, aquela mesma que foi evocada por Abraão entre o pobre Lázaro e o homem rico que o deixou morrer à porta de seus banquetes (cf. Lc 16,19-31).

Ambas as possibilidades são ponderáveis, e a sabedoria aconselha a suspender o pensamento e o juízo, que, aliás, não compete a nós, criaturas impossibilitadas de um juízo inteiramente justo. Na Escritura, até para não fazer justiça com as próprias mãos – e aqui com o próprio pensamento –, se coloca todo juízo nas mãos de Deus. Mas a possibilidade consoladora de que o inferno esteja vazio e, portanto, nem exista, não significa que não seja uma possibilidade real, segundo o ensinamento da Igreja. Nesse absurdo e nesse escândalo se afirma, *sub specie contrarii*, a grandeza da liberdade e da responsabilidade humana. Sua atualidade nos remete ao final do Livro do Deuteronômio: "Eis que hoje estou colocando diante de ti a vida e a felicidade, a morte e a infelicidade [...] a bênção ou a maldição. Escolhe, pois, a vida" (Dt 30,15.19).

9.3 "Morte segunda" e "morte eterna": o avesso da realidade

O Livro do Apocalipse usa a expressão "segunda morte" numa paisagem de "grande final", imediatamente antes de abrir a cortina do palco da Jerusalém Celeste: "O mar devolveu os mortos que nele jaziam, a Morte e o Hades entregaram os mortos que neles estavam, e cada um foi julgado conforme sua conduta. A Morte e o Hades foram então lançados no *lago de fogo*. Esta é a *segunda morte*: o lago de fogo. E quem não se achava inscrito no livro da vida foi também lançado no lago de fogo" (Ap 20,14-15). Em primeiro lugar, nessa dantesca narrativa se afirma a "morte da morte" e a "morte do inferno" através da queima e destruição total, desaparecimento. Mas é também a morte de quem teria escolhido a morte e não a vida, com o mesmo destino de desaparecimento. Por que, então, esta aparente contradição: "ressuscitar para a morte"? Depois da páscoa de Cristo, com a revelação da potência divina na transformação da morte em serva da vida plena, como vimos nos capítulos 5 e 7, pode-se ainda ter uma paradoxal "morte eterna"?

a) Definitivo: o outro lado do provisório – Há na morte uma experiência antropológica de aniquilamento definitivo, para sempre, ainda que a fé confesse a páscoa redentora de Cristo e se confie a ela. A *definitividade* produz a inquietante lembrança de que tudo na vida é definitivo: o nascimento, a infância, a juventude – são sem retorno, passam para sempre. Enquanto vivemos já vamos morrendo de forma sempre definitiva. A morte é como que um "sacramento" da definitividade de todo o percurso da vida. A morte é, no entanto, a passagem para o definitivamente "morto", corte absoluto com o percurso terreno, ou seja, etimologicamente uma "de-cisão" total. Por ser decisão total e última, é não só definitiva, mas também conclusiva. Teologicamente, para ser definitiva e conclusiva, a estrutura mesma da morte deve ser uma estrutura de liberdade última e total capaz de uma palavra final e conclusiva sobre a totalidade da vida, conforme o que examinamos no capítulo 5. A Igreja ensina que ninguém antes da morte está seguro de sua salvação não por causa de Deus – a confiança nos dá segurança suficiente –, mas por causa da liberdade e da possibilidade de ainda pecar. Da mesma forma, ninguém pode estar ou se sentir condenado antes da morte, pois no "último instante" – na morte – pode haver a liberdade de uma última e definitiva conversão, até contra a direção global da vida, embora seja normal uma decisão conclusiva na direção global em que se veio ensaiando e estruturando a própria decisão historicamente. A morte, em princípio, é decisão definitiva para o bem e para a vida. Mas, como vimos acima, ao menos hipoteticamente, se alguém escolhe, com toda a clareza de consciência e com toda a liberdade, o mal para o qual viveu e fez suas opções de vida, então escolhe a "segunda morte", ou seja, a morte como tal, a morte plena, eterna, e não a morte redimida pela páscoa de Cristo.

A morte eterna é essencialmente produto de uma recusa da vida. Seria incoerente e injusto afirmar que Deus põe nesse estado, pois Deus é só criador, não nos criou para a morte. Santo Agostinho já se referia a tal distinção: "Quando Deus pune os pecadores não lhes ajunta algum mal, mas os abandona ao seu próprio mal" (*In Ps* 5,10). Paulo VI, na sua *Professio Fidei*, repete: "A condenação eterna tem a sua origem na livre-recusa, até o fim, do amor e da piedade de Deus" (AAS 60: 438).

O que se afirma sob tal insistência é que até o final do percurso terreno da criatura livre, seja qual for a quantidade de dias ou o grau de liberdade, sua palavra vai se tornando um "absoluto", tal é sua grandeza e seriedade aos olhos de Deus. A antropologia da "pessoa" como um "absoluto" é exercida em sua palavra irrevogável respeitada inclusive por Deus, portanto um mistério inclusive para Deus. Tal grandeza pode nos dar vertigens e nos fazer buscar refúgios em teorias que negam tamanha liberdade a ponto de ter consequências eternas. Mas o cristão compreende que sua liberdade está apoiada "em outro", no amor de Deus que nos amou primeiro, que nos enviou seu Filho como nosso irmão e nos dá o Espírito, de tal forma que a liberdade infinita não sofre de vertigens invencíveis porque está envolvida por um amor infinito que a precede, a cria, a chama e a protege até o fim.

b) A morte eterna: o avesso da realidade – A morte eterna está na escolha do mal, que não poderá subsistir eternamente. E o que é o mal? A pergunta assombra a história do pensamento. Parece que dele só podemos falar de modo negativo – só podemos "falar mal do mal".

O mal pode ser considerado carência, defeito, ausência, negação, desvio, interrupção, *malum privativum*. Mas sempre seria uma forma negativa de abordá-lo. Pode-se chegar a um sofisma: O mal em si não existe, não é substância, é só carência de bem. A antropologia e as ciências humanas de hoje socorrem a experiência de quem conhece a opressão do mal: o mal real, concreto, virulento, é perversão do bem. É negativo porque é perversão do positivo, sua substância é o bem mesmo na forma de sua perversão e caricatura, endemonização, falso bem. O mal pode até pretender se passar por bem. São Gregório de Nissa afirmava, no *De opificio hominis*, que o mal, em si mesmo, não tenta ninguém, mas se trasveste de bem e provoca vertigens de sedução. Mas porque é mal, é "engano" no que promete de bem, e acaba, lá adiante, se revelando como deformação e perversão do bem. O inferno, conforme a linguagem apocalíptica de Ap 20,13-15, significa que o mal é somente mal, que não pode ser justificado como método ou dialética necessária de contrários e, assim, fazer parte de um sistema global. Não é antítese que ajuda a fazer a síntese, nem é o lado negativo ou sombrio que se integra ao lado positivo e luminoso. O mal ficará expulso e fora, aniquilado para sempre. Só o bem e o amor são essencialmente eternos como Deus, até porque Deus é amor.

O mal também não é uma *"creatio ex nihilo"*, uma criação concorrente com a criação divina. Nem é um "princípio eterno" antidivino. É a criatura de Deus pervertida em sua potência por sua escolha a ponto de se tornar uma *creatio deformata* e uma *massa damnata*. Aquilo que era destinado a ser bem torna-se mal por um caminho perverso, por uma história de perversão. A perseverança nessa perversão até a escolha definitiva pelo mal é capaz, ao menos hipoteticamente, de uma definitividade fora dos Novos Céus e Nova Terra. As "trevas exteriores", lugar de "choro e ranger de dentes", o "fogo eterno para o maligno e seus anjos", é caminho que se faz pela escolha de um "caminho da morte" ao invés do "caminho da vida" (cf. Jr 21,8). A morte eterna, portanto, não é o nada, é a realidade aniquilada e a permanência do seu *avesso*: o pervertido, o deformado, o monstruoso e a aberração, como no inferno de Dante ou nos quadros de Bosch. Por isso podemos perceber seu profundo absurdo se compararmos com o que dissemos sobre a vida eterna no final do capítulo anterior. A morte eterna conserva, de modo pervertido e monstruoso, sua referência ao que é a vida eterna. O inferno é o "lugar pervertido", criação monstruosa da recusa e da exclusão, uma espécie de "absoluto pervertido", o avesso do absoluto e eterno real. Seguindo nosso método 'já-e-ainda-não', com o rigor de só podermos saber do além o que em pequenas doses já podemos experimentar aquém, a afirmação de que "o inferno é aqui" tem alguma razão de ser na experiência antecipada de perversidades do que deveria ser um mundo bom. O avesso absoluto pode ser experimentado como uma advertência salutar em avessos históricos. Assim, a morte eterna:

a) É o avesso da referência primeira e última a Deus, recusa de uma relação originante, de criaturalidade, e recusa de uma oferta de filiação. É estar, por isso, "sem Deus", privado da visão face a face do Criador, da intimidade da casa do Pai, longe da pátria e da mesa. É imergir numa inexaurível perversão de Deus mergulhando numa perversa divindade, ou seja, numa realidade demoníaca. É a referência *teológica* perversa, o avesso da destinação divina.

b) É o avesso da relação a Cristo, é morrer do outro lado da cruz, amaldiçoando-o ao invés de morrer com Ele (cf. Lc 23,39). É recusa de seu mandamento de fraternidade, é avesso do exercício de humanidade segundo a *"forma Christi"* em nós, e portanto estar fora dele. É vida "antieucarística", deformando a ação de graças em maldição. É a referência *cristológica* perversa, o avesso da destinação à filiação divina.

c) É o avesso da vida no Espírito, entristecendo-o e extinguindo-o, deformando e prostituindo seus dons em vida segundo a carne: falsa prudência, falsa sabedoria, falsa fortaleza etc. É a referência *pneumatológica* perversa, é mística sombria, avesso da mística luminosa.

d) É o avesso da comunhão, da comunidade, pervertendo os laços de amor em laços de ódio e comunhão diabólica de sedução, de opressão e de solidão. Cada um é, então, o inferno do outro. É a anticomunhão. É a referência *eclesiológica* pervertida, avesso da comunhão dos santos.

e) É o avesso da realização do desígnio humano vocacionado à transcendência por um desejo de felicidade maior. É "fechamento" sobre os conteúdos da felicidade de modo desordenado e injusto, de tal forma que concupiscências e paixões se tornam conflito e choque de morte. O endurecimento e a permanência no gozo perverso faz queimar inutilmente o próprio desejo, invertendo a felicidade em infelicidade. É a referência *antropológica* pervertida, o avesso da bem-aventurança.

f) É o avesso do reino da bondade, da retidão e da justiça, dos valores que dão espessura à humanidade e da responsabilidade pelo bem comum. Portanto é o reino da maldade e da injustiça, do cinismo e da crueldade. É a referência *ética* pervertida, o avesso do reino da paz.

g) É o avesso dos laços de criaturas, desrespeito e ruptura da convivência social e cordial, imposição de fadiga excessiva, exploração e alienação, tornando as criaturas "inimigas" e infaustas. É um "não lugar" ecológico e um "não tempo" sabático, condição de inquietude sem repouso. É a referência *cósmico-temporal* pervertida, inquieto, vazio e imundo, o avesso de um mundo ecologicamente "Novos Céus e Nova Terra" e de seu tempo intenso de Eterno Sábado.

Como acontece com a vida eterna, o inferno e seu sabor de morte sem saída e sem esperança também podem ser antecipados aqui, no percurso da vida terrena, em sinais de perversão e desespero. São esses sinais, de ordem antropológica, que permitem falar seriamente de sua realidade para criaturas livres que podem escolher o mal e a perversão definitivamente, realizando o que Dante Alighieri (*Divina comédia,* Inferno, canto III) narra como epígrafe e epitáfio ao mesmo tempo na porta do inferno: *Lasciate ogni speranza voi ch'entrate!* – Deixai toda esperança vós que entrais! Mas não nos é dado conhecer no percurso terreno, histórico e limitado de nossa existência nenhum absoluto em si, nem mesmo do desespero, somente sinais. E justamente os sinais que levam por este caminho são ainda salutares: ainda há tempo. Antes de decisão final e eterna, podem ser substituídos por uma conversão e por uma redenção. No imaginário escatológico, o fogo pode ser tanto infernal como purgatorial. Mas são essencialmente diversos: a purificação, sofrimento para a vida, sustentada pela certeza do amor, é fogo para agora, não para sempre, é para a vida eterna, não para a morte eterna.

9.4 Pedagogia evangélica

O absurdo e o escândalo da condenação e do inferno parecem não condizer com o Evangelho, que é essencialmente boa notícia e vida eterna. O próprio Evangelho, no entanto, se refere a este absurdo e escândalo de forma "evangélica".

a) Contexto profético exortativo – Trata-se de uma linguagem extrema de anúncio do Evangelho, justamente pelo seu avesso. Já o mandamento, no Primeiro Testamento, quando trata de situações-limites, não usa fórmula positiva, mas negativa, a interdição: Não! É como a pedagogia materna que, em casos extremos – por exemplo, quando a criança está para se ferir com algo perigoso –, diz de forma negativa, como interdição e até ameaça, exatamente o que lhe pode acontecer, inclusive com algum exagero. Aqui, o clima pedagógico tecido de energia e ameaça é um socorro extremo aos limites humanos.

Há sempre o risco de "funcionalizar" o inferno de modo antievangélico, pintado com muitos horrores para dobrar e submeter pelo terror, o que de fato ocorreu na educação cristã. Já Kant exigia uma autonomia moral adulta que não dependesse de sanção ou mérito: agir como convém, segundo a razão e a busca de felicidade, sem preocupação com recompensas. Ora, a autonomia está na escolha do bem, ou seja, da vida. A persuasão pelo bem, a exortação pela escolha e pela prática do bem devem ser infinitamente superiores à advertência contra o mal. E mesmo assim, em casos-limite, por nos encontrarmos como criaturas limitadas, para socorrer em perigos extremos, a mesma pedagogia exige a força da linguagem negativa na forma de interdito e ameaça. O interdito não retira a liberdade, mas é persuasão e exortação mais forte e clara, e por isso mais imediata, sobre o perigo de perdição. Por isso o Evangelho mesmo recorre a essa linguagem em situações críticas.

O anúncio da possibilidade de condenação eterna é, em última análise, subproduto do anúncio da salvação eterna que não é automática, mas requer a livre-adesão humana. Nesse sentido o Evangelho segue o modelo de linguagem profética, que não é o mesmo da lógica grega dos conceitos medidos e equilibrados. O profeta abusa da hipérbole para romper paredes e instigar mudanças em momentos de perigo e de violência. Por isso Agostinho, um retórico romano, estranhou a linguagem rude e bárbara do Profeta Isaías que Ambrósio tinha lhe emprestado para consolidar sua conversão. As exortações de Jesus a respeito do perigo de perdição possuem esta linguagem profética rude, seca e aparentemente sem lógica. Como uma mãe que ameaça o filho por amor em momentos extremos de perigo, é este clima exortativo sem luvas de pelica, sem rodeios nem meias medidas, que deve guiar uma boa interpretação deste assunto.

b) Sobriedade – É necessário conservar saudavelmente o desnível entre o que é positivamente a promessa e o que é negativamente um subproduto da eventual recusa, uma possibilidade de recusa da promessa. Enquanto estamos no mundo, a sombra acompanha a luz e até se torna mais forte onde há mais luz. Por isso os santos têm mais sensibilidade para a tentação e para o pecado. Mas o que importa como eixo central é a luz e não a sombra. Por isso se exige sobriedade e centralização na positividade do anúncio do Evangelho. Na Escritura há mais promessa do que ameaça, há mais anjos do que demônios, há mais boa notícia do que notícias ruins. Pois se não como poderia haver "evangelho"? A Escritura e o magistério oficial conservam-se sóbrios em suas afirmações. O Vaticano II, na *Lumen Gentium* e na *Gaudium et Spes*, se ateve a repetir algumas frases do Novo Testamento, mas centralizou a escatologia na promessa dos Novos Céus e Nova Terra. Por sua vez, as metáforas e alegorias do Novo Testamento, quando são escutadas e interpretadas segundo seu contexto e simbolismo, não necessitam ser substituídas.

c) Escândalo de proteção – O inferno é um escândalo, e o escândalo é essencialmente pedra e parede no meio do caminho. Por um lado, não deixa ir além: protege uma liberdade que é ao mesmo tempo aberta ao infinito e, no entanto, se exerce em condições finitas, dentro de limites precários. É o paradoxo "escandaloso" da liberdade, pois não somos deuses. Nossa liberdade precisa de ajuda e de "parapeitos" para se conduzir por caminhos humanos sem vertigens e ruínas. Por outro lado, o escândalo torna-se uma prova e uma oportunidade de se elevar para cima do escândalo, como quem sobe na pedra do caminho enxergando mais longe: A denúncia sóbria e exortativa da possibilidade do inferno, na pregação, na catequese e na pastoral, ajuda a entender que a vida eterna não é automática e nem *apokatástasis* sem empenho de sujeitos do próprio destino, mas é oferta à liberdade e à aliança responsável. Convida-nos a contribuir para a nossa salvação como *partners* da aliança: "Deus, que te criou sem ti, não te salvará sem ti" (Santo Agostinho).

O escândalo é prático: "Quando foi, Senhor, que te vimos com fome e não te demos de comer?" (Mt 25,44), perguntam escandalizados os contestados por Jesus no juízo. Importante, para o Evangelho, é que este escândalo já está revelado antecipadamente com suas medidas e, portanto, pode ser evitado na conversão para o seu contrário: o socorro aos pequeninos. Ao Evangelho interessa revelar para criar um tempo oportuno de vigilância na justiça aos pequeninos, e assim evitar o choque no escândalo.

Enfim, é uma forma sempre secundária, indireta, negativa, de falarmos do que é central e essencial: a salvação, a promessa, a comunhão com Deus e com a criação. Mas é denúncia necessária para que o anúncio que é central seja integral, incluindo a grandeza da liberdade humana e sua responsabilidade. Por isso, a denúncia da possibilidade de condenação e de morte eterna faz parte do Evangelho, tornando a boa notícia de salvação uma ação de graças mais integral e maior, anunciando a dignidade humana de livres-interlocutores de Deus.

10
DEUS É NOSSO LUGAR

A escatologia, tal como a metáfora que utilizamos, do horizonte em que o sol se levanta e derrama seus raios sobre a paisagem, ilumina, orienta, conduz e consuma a história, reúne céus e terra na transfiguração de Novos Céus e Nova Terra, conjuga tempo e eternidade. Nós estamos no tempo, somos tecidos de tempo e de história. A história, no entanto, provém e se destina à eternidade, é tocada e atravessada pela eternidade. A história é, na verdade, uma aliança na liberdade e no amor, fundada no amor criador e livre de Deus que, desta forma, convoca à interlocução e à participação livre e amorosa: eternidade e tempo se constituem de Criador e criaturas, Deus e nós. O amor revelado na bondade de cada coisa que Deus fez cria a liberdade e ao mesmo tempo o desejo de uma relação amorosa última, definitiva e eterna, já livre de todo peso de escolha, livre da possibilidade de pecar e de se perder, livre do risco de uma morte eterna. A escatologia é a confirmação de uma aliança, de um amor e de uma liberdade acima de qualquer corrupção. Então descansaremos dos perigos da história.

Mas nós ainda estamos na história. Por ora, como lembrava Paulo aos coríntios, subsistem fé, esperança e caridade, como subsistem passado, presente e futuro. Assim como o amor e a liberdade de Deus constituem uma criatura capaz de liberdade e de amor, assim também, enquanto há história, a fé e a esperança de Deus criam fé e esperança em suas criaturas na história. O que move a conexão de eternidade e tempo é o fato e a experiência de que Deus eterno sai de si na fé, na esperança e na caridade em relação às suas criaturas no tempo.

Pode-se concluir desta forma? Que em Deus há fé e esperança, além do que se diz de Deus – que Deus é amor? Nós estamos habituados a pensar sempre o passado, o presente e o futuro como dimensão do tempo humano e do universo criado. Em Deus a onisciência e a onipresença anulariam o futuro como o passado, só restando para Deus um presente eterno, que tudo sabe inclusive na mais absoluta antecipação, em sua presciência absoluta. Da mesma forma a fé e a esperança como virtudes caberiam somente a nós na relação com Deus, e não caberiam a Deus que tudo sabe e em tudo está presente. Então em Deus não haveria nem história e nem escatologia, somente no universo de suas criaturas. Somadas sua onisciência e sua onipresença a sua onipotência, teríamos uma verdadeira aniquilação da história aos olhos de sua eternidade. Mas, depois do que ensaiamos aqui, seria correto pensar assim? Essa não é a face de Deus revelada na Escritura, é inteiramente estranha ao Deus que se revelou em Jesus.

Os famosos atributos divinos – onipotência, onisciência, onipresença – nos impediram normalmente de ver o mistério de criação, de história e de escatologia para o próprio Deus. E ficamos com problemas insolúveis: se Deus tudo sabe, inclusive em sua presciência absoluta, por que Deus não prevê ou não deixa de criar os que eventualmente vão se perder sem que corramos nenhum risco? Por que Deus não intervém na conspiração que acaba criando violência e sofrimentos inocentes sobre a terra? E que seriedade tem, enfim, a liberdade humana sob um olho que já se antecipou à liberdade? Esta visão de Deus leva os mais corajosos ao ateísmo. Mas é uma visão monoteísta não trinitária nem dialógica de Deus. A fé cristã deve passar pela encarnação e pela cruz do Filho como *kénosis* divina amorosa e livre para dar espaço à criação, inclusive de um amor livre e, por isso, arriscado, diante de Deus.

A criação, de fato, supõe uma "renúncia" de Deus, pois a criação é um espaço de "alteridade" em relação a Deus. É o que a teologia judaica pensou como *zimzum*, seio divino que se abre em renúncia de si para que caiba outro, a criação. Assim, a criação do ser humano, especificamente, supõe a suprema renúncia de Deus: ao criar a liberdade, Deus renuncia sua onisciência, sua onipresença e sua onipotência: Deus renuncia saber o futuro da liberdade humana com a incerteza de suas escolhas, e se coloca nas mãos da liberdade de seu interlocutor. E assim inaugura um futuro com aliança de amor, *inaugura uma escatologia para si mesmo*. Enviou o Filho para "o que era seu e os seus não o receberam" (Jo 1,11), e por isso na cruz do Filho renuncia até o fundo sua onipotência divina em favor de um novo modo de potência, de presença, de ciência e de providência: a fé e a esperança "pacientes" no ser humano. Pela fé e pela esperança na paciência, Deus resgata o ser humano e toda a criação, sem perder nada do que se deu entre o Pai e o Filho (cf. Jo 17,12). A fé, a esperança, como o amor, são os atributos históricos de Deus, são a sua onipotência, onipresença e onisciência. É a entrada e o risco de Deus na história para conduzi-la à escatologia.

Uma comparação de ordem antropológica nos ajuda na compreensão da fé e da esperança de Deus: É a fé que um pai tem em seu filho que faz o filho ter fé em si mesmo, no mundo, no pai. A fé paterna "põe fé" no filho ao apostar nele, e gera no filho a capacidade da fé. A fé de um filho tem sua origem no pai. É sempre fé "filial". Assim também a esperança: a expectativa do pai cria autoexpectativa no filho e capacidade de viver a dinâmica da esperança no esforço de correspondência. Um pai que ama prevê e socorre as necessidades do filho, pois é o amor que torna previdente e providente. Mas a seriedade da liberdade é assegurada sem se tornar nem invasão desrespeitosa e nem abandono arbitrário porque o amor, na história, se traduz em fé e esperança. É assim que Deus está presente na história como aliança, como amor, fé e esperança.

Com a criação da liberdade e o chamado à livre-interlocução, Deus "pôs fé" no ser humano, deu-lhe confiança, entregou-lhe responsabilidade, conferiu-lhe uma dignidade à altura de Deus mesmo, constituindo-o sua imagem e semelhança, no paradoxo de um "deus finito" (Ruiz de la Peña). Deus deu "uma cartada" na capacidade e no caminho à maturidade humana, de tal forma que abre espaço para sermos adultos e responsáveis em nossa liberdade, com nossa autonomia e escolha, com suas consequências e frutos coerentes. Deus não quer filhos infantilizados para sempre por medo de antagonismo ou de concorrência como os deuses ciumentos que acabam por destruir suas criaturas. Deus quer companheiros, filhos que lhe estejam "ombro a ombro" em sua obra, na aliança, e finalmente face a face. Por isso nos afilia a seu Filho, que não se envergonha de nos chamar de irmãos (cf. Hb 2,11).

A fé e a esperança, tão decisivas para concluirmos nosso ensaio, começam nas relações trinitárias que perfazem a história: O Pai entregou tudo nas mãos do Filho, num supremo ato de fé. O Filho faz tudo com fé no Pai, como colaboração e administração de tudo o que o Pai lhe confiou. O Filho, depositário filial da fé do pai, irradia e participa aos seus irmãos esta mesma fé, tornando-nos seus irmãos na fé: somos irmãos e companheiros adultos na resposta de fé a quem colocou fé em nós, o Filho e, nele, o Pai (cf. Mt 11,27).

Da mesma forma, a esperança é, em primeiro lugar, a esperança do Pai: ao criar e colocar nas mãos do Filho todas as coisas, Deus espera ardentemente a comunhão de céu e terra onde será tudo em todas as coisas, onde habitará com todos os seus filhos. É a esperança do Pai que move o mundo à escatologia, move as criaturas à reconciliação e move a esperança humana em tudo o que faz. A esperança do Pai pode ser vista na esperança filial de Jesus, que derruba toda barreira e destrói toda inimizade para poder cumprir assim a esperança do Pai ao entregar, ao devolver de forma reconciliada, a criação ao Pai. Esse é o coração da pregação que leva da ressurreição de Jesus à escatologia em 1Cor 15.

As virtudes *teologais* – fé, esperança, amor – não são, portanto, dons de Deus colocados em nós sem que primeiro sejam um modo mesmo de ser de Deus em relação a nós. São *teologais* porque em primeiro lugar são exercidas por Deus mesmo. São os atributos divinos, que revelam a "essência" de Deus segundo a lógica histórica da Escritura e não segundo a lógica racional que projeta o ser do mundo em Deus numa ontologia que fracassa. Deus "fiel", que "ama" e tem "esperança" em suas criaturas amadas: estes são atributos históricos de Deus mesmo, que Ele nos concede para fazermos parte de sua história e de sua comunhão em aliança livre e amorosa. Por isso são dons que se exercita como virtudes, que se transformam no nosso próprio modo de ser em relação a Deus. Pelo exercício destes dons, "seremos semelhantes a Ele" (1Jo 3,2). A fé e a esperança de Deus, do Pai e do Filho movem a história com a participação de nossa fé e de nossa esperança.

A esperança é também o "desejo" de Deus. Esta é outra ousadia importante: Deus tem desejos? Não são os desejos uma confissão de carência, como ensinou Lacan? Ora, Deus espera a comunhão de céus e terra, e quem espera, deseja. Ele "deseja" os Novos Céus e Nova Terra. O desejo de Deus é o Espírito, no qual Deus se abre e "tende" para o desejado. O Pai deseja o Filho no desejo que é Espírito, criando no Filho um desejo filial, mas com o Filho o Pai deseja infinitamente todos os seus filhos e todas as criaturas, derramando sobre todos o Espírito que em nós clama e deseja ardentemente, com os Novos Céus e Nova Terra, o *Abba*, o Pai (cf. Rm 8,27). O desejo, na história, cria sempre uma inadequação e um ardor por transcendência e nova ordem. Há desejos desordenados e desordenantes, violentos e perversos. Mas o desejo é fundamentalmente um traço e uma presença do Espírito do Pai, que nos deseja irmãos e irmãs de seu Filho na comunhão divina alargada à graciosa comunhão com toda a criação. Este divino desejo, escatológico e eucarístico, foi antecipado na iminência da paixão de Jesus, confessado em Lucas: "Desejei com ardor comer esta páscoa convosco antes de sofrer, pois eu vos digo que doravante não beberei do fruto da videira até que venha o Reino de Deus" (Lc 22,15-16).

Finalmente não haverá mais fé, nem esperança e nem desejo quando houver só o amor (cf. 1Cor 13,13). O amor de Deus já está posto em nós na fé, na esperança, no desejo. Então o amor se traduzirá só em *eucaristia eterna*: a abundância de vida é abundância de relações humanas e criaturais, na comunhão cordial com Deus, fonte de toda eucaristia e bem-aventurança. A abundância pura e sem carências ou deformidade se expressa – se glorifica – como perfeita ação de graças, o louvor e o "sorriso do universo" (Dante Alighieri).

Estará abolido todo sacrifício: não é o sacrifício o ato religioso por excelência. Nem o sacrifício de vítimas humanas, nem o de vítimas substitutivas, nem mesmo o sacrifício de si mesmo no amor histórico e crucificado, mas somente o dom puro sem vítima e sem perda constitui a eucaristia escatológica. Se quisermos conservar a palavra, será o perfeito "sacrifício" de pura ação de graças, pura eucaristia, cuja nutrição é a própria vida divina. Na história, a eucaristia como dom e louvor supõe ainda o sacrifício de si, o serviço, o ministério, a fadiga da matéria eucarística em tantas missões regadas a trabalho e dores. É o sacrifício tipicamente cristão, o serviço que move o mundo e resgata a história. Mas então tudo será somente e puro dom e ação de graças, bênção e alegria de Deus com suas criaturas. As chagas dos sacrifícios históricos estarão transfiguradas em glória.

A alegria, na Escritura, sobretudo nos salmos, não se reduz a um sentimento psicológico, mas é consequência eficaz de uma relação, de uma aproximação e de uma comunhão que produz energia, consistência, vitalidade, expansão: o outro que se aproxima na relação cria a potência e o ser, a inspiração e a expressão de afirmação. Isso vale antropologicamente, entre pessoas humanas. Eminentemente, a alegria é teológica, é a proximidade de Deus que energiza e cria o louvor. A alegria é o ser mesmo de Deus que se dá eucaristicamente às criaturas, alegrando-as no louvor. Ainda que possamos entristecê-lo em sua *kénosis* e vulnerabilidade histórica, Deus em si não é triste, é essencialmente um "Deus alegre" porque é criador e "amante da vida" (Sb 11,22). As criaturas são a alegria expandida de Deus: Ele criou todas as coisas para a participação na alegria trinitária. Deus é alegria, e quem vive a alegria – ainda na fé e na esperança – já vive no tempo a eternidade da alegria divina. Assim se conjugam tempo e eternidade, Deus eterno e criaturas mortais eternizadas na relação de Deus com sua criação.

Hoje sabemos que a fé cristã se expandiu e se afirmou num mundo em que, por fora da redoma protegida da elite estoica, os povos do Mediterrâneo viviam a insegurança e a iminência de caos diante da política cada vez mais violenta do império, e buscavam receitas apocalípticas de todo tipo. Os cristãos, com o anúncio do Verbo divino feito carne e ressuscitado dentre os mortos, assentaram sua fé e sua esperança no eixo escatológico da eternidade já presente no tempo com rosto e nome: Cristo. Os hinos cristológicos que surgem na liturgia cristã testemunham este "Amém" firme e último de Deus, que hoje cantamos com a mesma fé e esperança:

Bendito seja o Deus e Pai
de Nosso Senhor Jesus Cristo,
que nos abençoou com toda a sorte
de bênçãos espirituais, nos céus, em Cristo.
Nele Ele nos escolheu
antes da fundação do mundo,
para sermos santos e imaculados
diante dele no amor.
Ele nos predestinou para o dom
de sermos seus filhos por Jesus Cristo,
conforme a bondade da decisão
de sua vontade,
para irradiar a glória da sua graça,
com a qual Ele nos agraciou no Amado.

Pelo sangue de Cristo temos a redenção,
a remissão dos pecados,
segundo a riqueza da sua graça,
que Deus Pai derramou profusamente sobre nós,
infundindo-nos toda sabedoria e prudência,
dando-nos a conhecer
o mistério da sua vontade,
conforme previsão de sua bondosa decisão
para levar o tempo à sua plenitude:

Em Cristo recapitular todas as coisas,
as que estão nos céus e as que estão na terra.
Nele, predestinados pela eleição do seu propósito
que em tudo opera
segundo o Conselho da sua vontade,
fomos feitos sua herança,
a fim de que sejamos para o esplendor de sua glória,
nós, os que antes esperávamos em Cristo.

Nele também vós,
tendo ouvido a Palavra da verdade
– o Evangelho da vossa salvação –
e nela tendo crido,
fostes selados pelo Espírito da promessa,
o Espírito Santo,
que é a garantia de nossa herança,
para a redenção do povo que Ele conquistou
para a plenitude da sua glória".
(Ef 1,3-14).

ANEXOS

ANEXOS

I
DIES IRAE
(JACOPONE DI TODI)

1) Dies Irae dies illa Solvet saeclum in favilla: Teste David cum Sibylla.	1) Dia de cólera aquele dia Dissolvido o mundo em cinza Testificado por Davi com Sibila.
2) Quantus tremor est futurus Quando judex est venturus Cuncta stricte discussurus!	2) Quanto tremor advirá Quando o juiz chegará Tudo rigorosamente discutirá!
3) Tuba mirum spargens sonum Per sepulcra regionum Coget omnes ante thronum.	3) A trombeta espalhará o som estupendo Por sepulcros de regiões Obrigará a comparecer todos ante o trono.
4) Mors stupebit et natura Cum resurget creatura Judicandi responsura.	4) Morte e natureza se espantarão Quando ressurgir a criatura Para dar conta do que deve ser julgado.
5) Liber scriptus proferetur In quo totum continetur Unde mundus judicetur.	5) O livro escrito será proferido No qual tudo estará contido Pelo qual o mundo será julgado.
6) Judex ergo cum sedebit Quidquid latet, apparebit: Nil inultum remanebit.	6) O Juiz, pois, quando se sentar, Tudo o que está escondido aparecerá Nada impune permanecerá.

7) Quid sum miser tunc dicturus?
Quem patronum rogaturus
Cum vix justus sit securus?

7) O que então direi, que sou miserável?
Qual protetor rogarei?
Quando até o justo estará inseguro?

8) Rex tremendae majestatis
Qui salvandos salvas gratis
Salva me, fons pietatis.

8) Ó rei de tremenda majestade,
Que os que devem ser salvos salvas por graça,
Salva-me, fonte de piedade.

9) Recordare, jesu pie
Quod sum causa tuae viae:
Ne me perdas illa die.

9) Recorda, piedoso Jesus,
Que sou causa de teu caminho:
Não me percas naquele dia.

10) Quaerens me, sedisti lassus:
Redimisti crucem passus:
Tantus labor non sit cassus.

10) Buscando-me te sentaste cansado:
Redimiste pela paixão de cruz:
Tanto trabalho não seja perdido.

11) Juste judex ultionis,
Donum fac remissionis
Ante diem rationis.

11) Ó juiz que punes justamente,
Faz-me o dom da remissão
Ante o dia da prestação (de contas).

12) Ingemisco tamquam reus:
Culpa rubet vultus meus:
Supplicanti parce Deus.

12) Eu gemo como o réu:
A culpa enrubesce o meu rosto:
Ao suplicante perdoa, Deus.

13) Qui Mariam absolvisti
Et latronem exaudisti
Mihi quoque spem dedisti.

13) Que Maria absolveste
E o ladrão escutaste,
A mim também deste esperança.

14) Preces meae non sunt dignae:
Sed tu bonus fac benigne
Ne perenni cremer igne.

14) Minhas preces não são dignas:
Mas tu, bom, faz benignamente,
Que eu não arda perenemente no fogo.

15) Inter oves locum praesta
Et ab haedis me sequestra
Statuens in parte dextra.

15) Entre as ovelhas dá-me lugar,
E dos cabritos me retira,
Pondo-me na parte direita.

16) Confutatis maledictis Flammis acribus addictis: Voca me cum benedictis.	16) Reprovados os malditos Assignando às flamas cruéis, Chama-me com os benditos.
17) Oro supplex et acclinis Cor contritum quasi cinis: Gere curam mei finis.	17) Oro suplicante e prosternado, Coração contrito como cinzas, Toma cuidado do meu fim.
18) Lacrymosa dies illa Qua resurget ex favilla Judicandus homo reus.	18) Cheio de lágrimas aquele dia No qual ressurge do pó O homem réu que deverá ser julgado.
19) Huic ergo parce, Deus: Pie Jesu Domine Dona eis requiem. Amen.	19) A este, pois, perdoa, Deus: Piedoso Senhor Jesus, Dá-lhes descanso. Amém

II
CONSTITUIÇÃO DOGMÁTICA
BENEDICTUS DEUS

(*A sorte do homem depois da morte*
Papa Bento XII, 29/01/1336)

Com esta constituição, que terá vigor perpétuo, nós, em força da autoridade apostólica, definimos:

• que, segundo a geral disposição de Deus, as almas de todos os santos que deixaram este mundo antes da paixão de Nosso Senhor Jesus Cristo, e aquelas dos santos apóstolos, dos mártires, dos confessores, das virgens e dos outros fiéis que morreram depois de ter recebido o santo batismo de Cristo, e nos quais não existiu nada a purificar quando morreram, e não existirá também no futuro nos que morrerão, ou então quando tenha existido ou existirá neles algo a purificar, uma vez que tenham sido purificados depois da sua morte;

• e que as almas das crianças que renasceram mediante o mesmo batismo de Cristo e que faleceram antes do uso do livre-arbítrio;

• *imediatamente* (*mox*) depois de sua morte, e da purificação da qual se disse naqueles que tinham necessidade de tal purificação, *também antes da reassunção de seus corpos e do juízo universal, depois da ascensão do Salvador nosso Senhor Jesus Cristo no céu*, estiveram, estão e estarão no céu, no Reino dos Céus e no paraíso celeste, com Cristo, associadas [todas as "almas" dos acima mencionados [NT]] à companhia dos santos anjos;

• e que estas, após a paixão e a morte de Nosso Senhor Jesus Cristo, viram e veem a essência divina com uma visão intuitiva e, mais ainda, face a face, sem que exista, em razão do objeto visto, a mediação de nenhuma criatura, revelando-se a elas a essência divina em modo imediato, descoberto (*nu*), claro e manifesto;

• e que assim vendo (videntes), gozam plenamente da mesma essência divina, e assim, em força de tal visão e gozo, as almas daqueles que já morreram são verdadeiramente felizes e têm a vida e a paz eterna, e também aquelas dos que morrerão verão a mesma essência divina e da mesma gozarão, antes do juízo universal;

• e que uma tal visão da essência divina e o seu gozo fazem cessar nelas os atos de fé e de esperança, enquanto a fé e a esperança são peculiares virtudes teológicas;

• e, depois que uma tal visão intuitiva face a face e um tal gozo tenha tido ou terá início nas mesmas, a mesma visão e gozo, sem alguma interrupção ou enfraquecimento de visão e gozo de que se falou, permanecem ininterruptas e continuarão até o juízo final e deste para toda a eternidade.

Nós, além disso, definimos:

• que, segundo a geral disposição de Deus, as almas dos que morrem em pecado mortal atual, *imediatamente* (*mox*) após a sua morte, descem ao inferno, onde são atormentadas com suplícios infernais,

• e que, no entanto, no dia do juízo, todos os homens com os seus corpos comparecerão "diante do tribunal de Cristo" para dar contas das suas ações. "para receber cada qual o que lhe compete em consequência daquilo que fez quando estava no corpo, seja de bem ou de mal" (cf. 2Cor 5,10).

III
VIVO SIN VIVIR EN MI
(MUERO PORQUE NO MUERO)
(Santa Tereza d'Ávila)

Vivo sin vivir en mi **Y tal alta vida espero** **Que muero porque no muero**	**Vivo sem viver em mim** **E tão alta vida espero** **Que morro porque não morro!**
Vivo ya fuera de mi Despues que muero de amor Porque vivo en el Señor Que me quiso para si. (vivo ya fuera de mi) Cuando el corazón le di, puso en el este letrero: "que muero porque no muero!"	*Vivo já fora de mim* *Depois que morro de amor* *Porque vivo no Senhor* *Que me quis para si.* *(vivo já fora de mim)* *Quando o coração lhe dei* *Pus nele este letreiro:* *"Morro porque não morro"!*
Esta divina prisión Del amor en que yo vivo Ha hecho a Dios mi cautivo Y libre mi corazón (esta divina prisión) y causa em mi tal pasión ver a Dios mi prisionero que muero porque no muero!	*Esta divina prisão* *Do amor em que eu vivo* *Fez a Deus meu cativo* *E livre meu coração* *(esta divina prisão)* *E causa em mim tal paixão (dor)* *Ver a Deus meu prisioneiro* *Que morro porque não morro!*
Ay que larga es esta vida! Que duros estos destierros, Esta cárcel, estos hierros En que el alma está metida! Solo esperar la salida Me causa un dolor tan fiero, Que muero porque no muero!	*Ai, que longa é esta vida!* *Que duros estes desterros,* *Este cárcere, estes ferros,* *Em que a alma está posta!* *Só esperar a saída* *Me causa uma dor tão feroz,* *Que morro porque não morro!*

Ay que vida tan amarga	*Ai que vida tão amarga,*
Si no se goza el Señor	*Se não se goza o Senhor*
Porque si es dulce el amor	*Porque se é doce o amor*
No lo es la esperanza larga!	*Não o é a esperança longa!*
Quíteme Dios esta carga	*Tire-me Deus esta carga*
Más pesada que el acero,	*Mais pesada do que o aço,*
Que muero porque no muero!	*Que morro porque não morro!*
Solo con la confianza	*Somente com a confiança*
Vivo de que he de morir	*Vivo de que hei de morrer*
Porque muriendo al vivir	*Porque morrendo ao viver*
Mi asegura mi esperanza	*Me assegura minha esperança*
Muriendo el vivir se alcanza,	*Morrendo o viver se alcança*
No te tardes que te espero,	*Não te tardes que te espero,*
Que muero porque no muero!	*Que morro porque não morro!*
Estando ausente de ti	*Estando ausente de ti*
Que vida puedo tener	*Que vida posso ter*
Sino muerte padecer	*Senão morte padecer*
La mayor que nunca vi	*A maior que nunca vi*
(estando ausente de ti)	*(estando ausente de ti)*
Lástima tengo de mi	*Lástima tenho de mim*
Por ser mi mal tan entero,	*Por ser meu mal tão inteiro*
que muero porque no muero!	*Que morro porque não morro!*
Mira que el amor es fuerte,	*Olha que o amor é forte,*
Vida no me seas molesta,	*Vida, não me sejas molesta,*
Mira que solo te resta	*Olha que só te resta*
Para ganarte, perderte.	*Para ganhar-te, perder-te!*
(mira que el amor es fuerte).	*(olha que o amor é forte)*
Venga ya la dulce muerte,	*Venha já a doce morte,*
Venga el morir muy ligero	*Venha o morrer bem ligeiro*
Que muero porque no muero!	*Que morro porque não morro!*

Aquella vida de arriba	*Aquela vida de cima*
Es la vida verdadera	*É a vida verdadeira*
Hasta que esta vida muera	*Até que esta vida morra*
No se goza estando viva.	*Não se goza estando viva*
Muerte no me seas esquiva	*Morte não me sejas esquiva*
Vivo muriendo primero,	*Vivo morrendo primeiro*
Que muero porque no muero!	*Que morro porque não morro!*
Vida, que puedo yo darle	*Vida, que posso eu dar-lhe*
A mi Dios que vive en mi,	*A meu Deus que vive em mim,*
Si no es perderte a ti	*Senão é perder-te a ti*
Para mejor a Él gozarle?	*Para melhor a Ele gozar?*
Quiero muriendo alcanzarle	*Quero morrendo alcançá-lo*
Pues a Él solo es el que quiero,	*Pois a Ele só é quem quero,*
Que muero porque no muero!	*Que morro porque não morro!*

IV
DOS SERMÕES DE SANTO AGOSTINHO

(Canta e caminha!)
(Sermão 256, 1.2.3; PL 38, 1191-1193)

Cantemos *Aleluia* ao bom Deus que nos livra do mal.

Aqui embaixo, cantemos o *Aleluia*, ainda apreensivos, para podermos cantá-lo lá em cima, tranquilos. Por que apreensivos aqui? Não queres que eu esteja apreensivo, se leio: *Não é acaso uma tentação a vida humana sobre a terra?* (Jó 7,1). Não queres que fique apreensivo, se me dizem outra vez: *Vigiai e orai para não cairdes em tentação?* (cf. Mt 26,41). Não queres que esteja apreensivo onde são tantas as tentações, a ponto de a própria oração nos ordenar: *Perdoai nossas dívidas, assim como nós perdoamos aos nossos devedores?* (Mt 6,12). Pedintes cotidianos, devedores cotidianos. Queres que esteja seguro quando todos os dias peço indulgência para os pecados, auxílio nos perigos? Tendo dito por causa das culpas passadas: *Perdoai nossas dívidas, assim como nós perdoamos aos nossos devedores*, imediatamente acrescento por causa dos futuros perigos: *Não nos deixeis entrar em tentação* (Mt 6,13). Como pode estar no bem o povo que clama comigo: *Livrai-nos do mal?* (Mt 6,13). E, no entanto, irmãos, mesmo neste mal, cantemos o *Aleluia* ao Deus bom que nos livra do mal.

Ainda aqui, no meio de perigos, de tentações, por outros e por nós seja cantado o *Aleluia*. Pois *Deus é fiel e não permitirá serdes tentados além do que podeis* (1Cor 10,13). Portanto cantemos também aqui o *Aleluia*. O homem ainda é réu, mas fiel é Deus. Não disse: *Não permitirá serdes tentados*, mas: Não permitirá serdes tentados *além do que podeis*, mas fará que com a tentação haja uma saída para poderdes aguentar (1Cor 10,13). Entraste em tentação; mas Deus dará uma saída para não pereceres na tentação; para, então, à semelhança de um pote de barro, seres plasmado pela pregação, queimado pela tribulação. Todavia, ao entrares, pensa na saída; porque Deus é fiel: *guardará o Senhor tua entrada e tua saída* (Sl 120,7-8).

Contudo, só quando esse corpo se tornar imortal e incorruptível, então terá desaparecido toda tentação; porque na verdade o corpo morreu. Por que morreu? Por causa do pecado. Mas o espírito é vida. Por quê? Por causa da justiça (Rm 8,10). Largaremos então o corpo morto? Não; escuta: *Se o Espírito daquele que ressuscitou a Cristo habita em vós, aquele que ressuscitou dos mortos a Cristo vivificará também vossos corpos mortais* (Rm 8,10-11). Agora, portanto, corpo animal; depois, corpo espiritual.

Como será feliz lá o *Aleluia*! Quanta segurança! Nada de adverso! Onde ninguém será inimigo, não morre nenhum amigo. Lá, louvores a Deus; aqui, louvores a Deus. Mas aqui apreensivos; lá, tranquilos. Aqui, dos que hão de morrer; lá, dos que para sempre hão de viver. Aqui, na esperança; lá, na bem-aventurança. Aqui, no caminho; lá, na pátria.

Cantemos, portanto, agora, meus irmãos, não por deleite do repouso, mas para alívio do trabalho. Como costuma cantar o caminhante: canta, mas segue adiante; alivia o trabalho cantando. Abandona, pois, a preguiça. Canta e caminha. Que é isto, caminha? Vai em frente, adianta-te no bem. Segundo o Apóstolo, há quem progrida no mal. Tu, se progrides, caminhas. Mas progride no bem, progride na fé, sem desvios, progride na vida santa. Canta e caminha!

Referências

ALISON, J. *El retorno de Abel* – Las huellas de la imaginación escatológica. Barcelona: Herder, 2002.

ANCONA, G. *Escatologia cristiana*, Bréscia: Queriniana, 2003.

ANDRADE, B. *Pecado original... ou graça do perdão?* São Paulo: Paulus, 2007.

ARDUINI, J. *Antropologia* – Ousar para reinventar a humanidade. São Paulo: Paulus, 2002.

_____. *Destinação antropológica*. São Paulo: Paulinas, 1989.

AREITIO, R. *Resurrección o inmortalidad*. Bilbao: Ed. Univ. Deusto, 1977.

ARNOULD, J. *Dieu, le singe et le big bang*. Paris: Cerf, 2000.

AUBERT, J.-M. *E depois... vida ou nada?* – Ensaio sobre o além. São Paulo: Paulus, 1995.

BALTHASAR, H.U. *Sperare per tutti*. Milão: Jaca Book, 1989.

_____. *L'enfer, une question*. Paris: Desclée de Brouwer, 1988.

BARBARIN, G. *O livro da morte doce* – Não temer o momento da morte. São Paulo: Paulus, 1997.

BAYARD, J.P. *Sentido oculto dos ritos mortuários* – Morrer é morrer? São Paulo: Paulus, 1996.

BAZARRA, C. *A esperança não engana* – Reflexões sobre o inferno. São Paulo: Paulinas, 2000.

BERGÉ, P.; POMEAU, Y. & DUBOIS-GANGE, M. *Dos ritmos ao caos*. São Paulo: Unesp, 1995.

BERZOSA, M.R. *Como era en el principio* – Temas-clave de antropología teológica. Madri: San Pablo, 1996.

BLANK, R. *Escatologia da pessoa* – Vida, morte e ressurreição. São Paulo: Paulus, 2000.

_____. *Esperança que vence o temor* – O medo religioso dos cristãos e sua superação. São Paulo: Paulinas, 1995.

_____. *Reencarnação ou ressurreição* – Uma decisão de fé. São Paulo: Paulus, 1995.

_____. *Nosso mundo tem futuro*. São Paulo: Paulus, 1993.

_____. *Nossa vida tem futuro*. São Paulo: Paulus, 1991.

_____. *Viver sem temor da morte*. São Paulo: Paulus,1984.

BLANK, R. & VILHENA, M.Â. *Esperança além da esperança*. São Paulo: Paulinas, 2001 [Col. Teologia Sistemática, 4].

BOFF, C. *Escatologia* – Breve tratado teológico-pastoral. São Paulo: Ave-Maria, 2012.

BOFF, L. *A ressurreição de Cristo, a nossa ressurreição na morte*. Petrópolis: Vozes, 1980.

_____. *Vida para além da morte*. Petrópolis: Vozes, 1973.

BOLLINI, C. *Céu e inferno*: o que significam hoje? São Paulo: Paulinas, 1996.

BORDONI, M. & CIOLAN, N. *Gesù nostra speranza* – Saggio di escatologia in prospettiva trinitaria. Bolonha: EDB, 2000.

BOROS, L. *A existência redimida*. São Paulo: Loyola, 1971.

BOWKER, J. *Os sentidos da morte*. São Paulo: Paulus, 1995.

BRITO, E.J.C. & TENÓRIO, W. (orgs.). *Milenarismos e messianismos ontem e hoje*. São Paulo: Loyola, 2001.

BROCKELMAN, P. *Cosmologia e criação*. São Paulo: Loyola, 2002, 208 p.

BRUSTOLIN, L.A. *Morte*: uma abordagem para a vida. Porto Alegre: EST, 2007.

_____. *Quando Cristo vem...* – A parusia na escatologia cristã. São Paulo: Paulus, 2001.

BRUSTOLIN, L.A. & PASA, F. *A morte na fé cristã* – Uma leitura interdisciplinar. *Teocomunicação*, vol. 43, n. 1, 2013, p. 54-72. Porto Alegre.

CASSORIA, R. (org.). *Da morte*. Campinas: Papirus, 2001.

Catecismo da Igreja Católica, n. 279-412; 668-682; 988-1060.

CESAR, B. *Morrer não se improvisa*. São Paulo: Gaia, 2001.

CHARDIN, P.T. *El corazón de la materia*. Santander: Sal Terrae, 2002.

COMISSÃO TEOLÓGICA INTERNACIONAL. *A esperança da salvação para as crianças que morrem sem batismo*. 2007 [Disponível em http://www.vatican.va/roman_curia/congregations/cfaith/cti_documents/rc_con_cfaith_doc_20070419_un-baptised-infants_po.html].

_____. *Comunhão e serviço* – A pessoa humana criada à imagem de Deus, 2004 [Disponível em http://www.vatican.va/roman_curia/congregations/cfaith/cti_documents/rc_con_cfaith_doc_20040723_communion-stewardship_po.html].

_____. *A esperança cristã na ressurreição* – Algumas questões atuais de escatologia. Petrópolis: Vozes, 1994.

CUÉLLAR, M.P. *El misterio del hombre*. Barcelona: Herder, 1997.

CULLMANN, O. *Immortalità dell'anima o risurrezione dei morti?* Bréscia: Paideia, 1986 [orig. francês de 1959, art. de *Le Monde*].

DALEY, B. *Origens da escatologia cristã* – A esperança da Igreja primitiva. São Paulo: Paulus, 1994.

DELUMEAU, J. *O que sobrou do paraíso?* São Paulo: Companhia das Letras, 2003.

_____. *O pecado e o medo* – A culpabilização no Ocidente, séculos XIII-XVIII. 2 vols. Bauru: Edusc, 2003.

_____. *Mil anos de felicidade* – Uma história do paraíso. São Paulo: Companhia das Letras, 1997.

_____. *História do medo no Ocidente*: 1300-1800. São Paulo: Companhia das Letras, 1989.

DURRWELL, F.-X. *El más allá* – Miradas cristianas. Salamanca: Sígueme, 1997.

EDWARDS, D. *El Dios de la evolución* – Una teología trinitaria. Santander: Sal Terrae, 2006.

ELIAS, N. *A solidão dos moribundos*. Rio de Janeiro: Zahar, 2001.

FIORE, G. *Sull'Apocalisse*. Milão: Feltrinelli, 1994.

FLICK, M. & ALSZEGHY, Z. *Antropologia teológica*. Salamanca: Sígueme, 1999.

FRANCESCHELLI, O. *Dio e Darwin* – Natura e uomo tra evoluzione e creazione. Roma: Donzelli, 2005.

GARCIA CORDERO, M. *La esperanza del más allá a través de la Biblia*. Salamanca: San Esteban, 1992.

GESCHÉ, A. *O mal*. São Paulo: Paulinas, 2003.

GRESHAKE, G. *Breve trattato sui Novissimi*. 2. ed. Bréscia: Queriniana, 1982.

GOURGUES, M. *A vida futura segundo o Novo Testamento*. São Paulo: Paulus, 1986 [Cadernos Bíblicos].

GISEL, P. *La creazione*. Turim: Marietti, 1987.

GLEISER, M. *O fim da terra e do céu* – O apocalipse na ciência e na religião. São Paulo: Companhia das Letras, 2001.

_____. *A dança do universo*: dos mitos de criação ao *big bang*. São Paulo: Companhia das Letras, 1997.

GOZZELINO, G. *Nell'attesa della beata speranza* – Saggio di escatologia cristiana. Turim: Elle Di Ci, 1993.

GRELOT, P. *O mundo futuro*. São Paulo: Paulinas, 1977.

HENNEZEL, M. & LELOUP, J.Y. *A arte de morrer* – Tradições religiosas e espiritualidade humanista diante da morte na atualidade. Petrópolis: Vozes, 1999.

IBÁÑEZ, J. & MENDOZA, F. *Dios consumador*: Escatología. Madri: Palabra, 1992.

KASPER, W. (org.). *Diabo, demônios, possessão*: a realidade do mal. São Paulo: Loyola, 1992.

KEHL, M. *E cosa viene dopo la fine?* – Sulla fine del mondo e sul compimento finale, sulla reincarnazione e sulla risurrezione. Bréscia: Queriniana, 2001.

KENNY, J.P. *A visão cristã do além*. São Paulo: Paulus, 1996.

KÜNG, H. *Vida eterna?* Barcelona: Herder, 1983.

LADARIA, L.F. *El hombre en la creación*. Madri: BAC, 2012.

_____. *Introdução à antropologia teológica*. São Paulo: Loyola, 1998.

_____. *Antropologia teológica*. São Paulo: Loyola, 1998.

_____. *Teologia del pecado original y de la gracia*. Madri: BAC, 1997 [Col. Sapientia Fidei; Serie de Manuales de Teología].

_____. *Introdução à antropologia teológica*. São Paulo: Loyola, [s.d.].

LAVATORI, R. *Gli Angeli* – Storia e pensiero. Gênova: Marietti, 1991.

LÉON-DUFOUR, X. *Di fronte alla morte* – Gesù e Paolo. Turim: Elle Di Ci, 1982.

LEPARGNEUR, H. *Esperança e escatologia*. São Paulo: Paulinas, 1974.

LIBÂNIO, J.B. & BINGEMER, M.C. *Escatologia cristã*. Petrópolis: Vozes, 1985 [Coleção Teologia e Libertação].

LIBÂNIO, J.B. & OLIVEIRA, P.R. *A vida e a morte*. São Paulo: Paulinas, 1993.

MALDAMÉ, J.M. *Cristo para o universo* – Fé cristã e cosmologia moderna. São Paulo: Paulinas, 2005.

MANCUSO, V. *Questa vita*. Milão: Garzanti, 2015.

_____. *L'anima e il suo destino*. Milão: Rafaello Cortina, 2007.

MARCHADOUR, A. *Morte e vida na Bíblia*. São Paulo: Paulus, 1985 [Cadernos Bíblicos].

MIER, F. *Apuesta por lo eterno* – Escatología cristiana. Madri: San Pablo, 1997.

MOLTMANN, J. *Ética da esperança*. Petrópolis: Vozes, 2012.

_____. *No fim, o início* – Breve tratado sobre a esperança. São Paulo: Loyola, 2007.

_____. *Ciência e sabedoria* – Um diálogo entre ciência natural e teologia. São Paulo: Loyola, 2007.

_____. *A vinda de Deus* – Escatologia cristã. São Leopoldo: Unisinos, 2003.

_____. *Deus na criação* – Doutrina ecológica da criação. Petrópolis: Vozes, 1993.

MÜLLER, I. (org.). *Perspectivas para uma nova teologia da criação*. Petrópolis: Vozes, 2003.

MUSSNER, F. *O que Jesus ensina sobre o fim do mundo?* São Paulo: Paulinas, 1990.

MURAD, A.; GOMES, P.R. & CUNHA, C. *Da terra ao céu* – Escatologia cristã em perspectiva dialogal. São Paulo: Paulinas, 2016.

Mysterium Salutis – Vol. V/3: Escatologia. Petrópolis: Vozes, 1985.

NEIMAN, S. *O mal no pensamento moderno*. Rio de Janeiro: Difel, 2002.

NOCKE, F.-J. Escatologia. In: SCHNEIDER, T. *Manual de dogmática*. Vol. II. Petrópolis: Vozes, 2001, p. 339-426.

_____. *Escatologia*. Bréscia: Queriniana, 1984.

NUSSENZVEIG, H.M. (org.). *Complexidade & caos*. Rio de Janeiro: UFRJ/Copea, 1999.

PESSINI, L. *Distanásia* – Até quando prolongar a vida? São Paulo: Loyola, 2001.

POLITI, S. *História e escatologia* – A escatologia cristã. São Paulo: Paulinas, 1996.

POZO, C. *Teología del más allá*. Madrid: [s.e.], 1968.

RAHNER, K. *Curso Fundamental da Fé*. São Paulo: Paulus, 1989.

_____. *Sulla teologia della morte*. Bréscia: Queriniana, 1966.

RATZINGER, J. Escatología. In: ALVER, J. (org.). *Curso de Teología Dogmática*. Tomo IX. Barcelona: Herder, 1992.

_____. *Escatología*. Barcelona: Herder, 1980 [Curso de Teología Dogmatica, tomo IX].

_____. *O novo povo de Deus*. São Paulo: Paulinas, 1974.

RAVASI, G. *A narrativa do céu* – As histórias, as ideias e os personagens do Antigo Testamento. São Paulo: Paulinas, 1999.

REY, B. *Nova criação em Cristo no pensamento de Paulo*. Santo André/São Paulo: Academia Cristã/Paulus, 2013.

RIBEIRO, H. *Quem somos? De onde viemos? Para onde vamos?* Petrópolis: Vozes, 2007.

ROLIM, F.C. *Anjos, demônios e espíritos*. Petrópolis: Vozes, 1998.

RUBIO, A.G. *Elementos de antropologia teológica*. Petrópolis: Vozes, 2004.

RUBIO, A.G. & AMADO, J.A. *Fé cristã e pensamento evolucionista*. São Paulo: Paulinas, 2012.

RUIZ DE LA PEÑA, J.L. *La pascua de la creación* – Escatologia. Madri: BAC, 2000.

_____. *Teologia da criação*. São Paulo: Loyola, 1989.

_____. *Imagen de Dios* – Antropología teológica fundamental. Santander: Sal Terrae, 1988.

_____. *La otra dimensión*. Santander: Sal Terrae, 1975.

SAGRADA CONGREGAÇÃO PARA A DOUTRINA DA FÉ. *Carta sobre algumas questões respeitantes à escatologia*, 17/05/1979 [Disponível em http://www.vatican.va/roman_curia/congregations/cfaith/documents/rc_con_cfaith_doc_19790517_escatologia_po.html].

SANTOS, E.S. A ressurreição da carne na teologia do terceiro milênio: balanço e perspectivas. In: *Teocomunicação*, vol. 33, n. 142, dez./2003, p. 919-957.

SCHMAUS, M. Escatologia. In: *A fé da Igreja*. Vol. VI. Petrópolis: Vozes, 1981, p. 149-242.

SCHMITT, J.C. *Os vivos e os mortos na sociedade medieval*. São Paulo: Companhia das Letras, 1999.

SPARK, M. *Memento mori*. São Paulo: Companhia das Letras, 2001.

STEINER, R. *As manifestações do carma*. São Paulo: Antroposófica, 1991.

SUSIN, L.C. *A criação de Deus*. São Paulo: Paulinas, 2003.

_____. *Ethos* como *Kosmos*: um nicho no universo para os pobres – A nova cosmologia e a opção preferencial pelos pobres. In: *Teologia em diálogo*. Petrópolis: Vozes, 2002.

_____. O pai e poeta da criação. In: HACKMANN, G.L.B. *Deus Pai*. Porto Alegre: Edipucrs, 1999, p. 39-74.

_____. *En Arché* – Teologia da criação: novos contextos. In: ULMANN, R.A. *Consecratio mundi*. Porto Alegre: Edipucrs, 1998, p. 131-144.

_____. *Assim na terra como no céu* – Brevilóquio sobre escatologia e criação. Petrópolis: Vozes, 1995.

_____. "Pensar" a morte. In: *Finitude e transcendência*. Porto Alegre: Edipucrs, 1991, p. 404-420.

SUSIN, L.C. & SANTOS, J.M.G. (orgs.). *Nosso planeta, nossa vida* – Ecologia e teologia. São Paulo: Paulinas, 2011.

TAUBES, J. *Escatologia occidentale*. Milão: Garzanti, 1997.

TERRIN, A.N. *Antropologia e horizontes do sagrado* – Culturas e religiões. São Paulo: Paulus, 2004.

TORNOS, A. *Esperança e o além na Bíblia*. Petrópolis, Vozes, 1995.

TORRES QUEIRUGA, A. *Repensar o mal:* da ponerologia à teodiceia. São Paulo: Paulinas, 2011.

_____. *Repensar a ressurreição*. São Paulo: Paulinas, 2010.

_____. *O que queremos dizer quando dizemos "inferno"?* São Paulo: Paulus, 1997.

_____. *Recuperar a criação*. São Paulo: Paulus, [s.d.].

TRIGO, P. *Criação e história*. Petrópolis: Vozes, 1998 [Coleção Teologia e Libertação].

VARONE, F. *Il Dio giudice che ci attende*. Bolonha: Dehoniane, 1996

VAZ, E.D. *Uma reflexão sobre céu, inferno e purgatório*. Petrópolis: Vozes, 2004.

VÉLEZ CORREA, J. *La reencarnación a luz de la ciencia y de la fe*. Bogotá: Celam, 1998.

WÉNIN, A. *O homem bíblico* – Leituras do Primeiro Testamento. São Paulo: Loyola, 2006.

WERTHEIM, M. *Uma história do espaço:* de Dante à internet. Rio de Janeiro: Zahar, 2001.

ZILLES, U. *Pessoa e dignidade humana*. Curitiba: CRV, 2012.

_____. *Esperança para além da morte*. Porto Alegre: Edipucrs, 1988.

_____. *Anjos e demônios?* Porto Alegre: Edipucrs, 1995.

ZUCCARO, C. *Il morire umano* – Un invito alla teologia morale. Bréscia: Queriniana, 2002.

ÍNDICE

Sumário, 7

Introdução, 9

1 Entre céus e terra, entre tempo e eternidade, 15

    1.1 As grandes perguntas, 15

    1.2 Um método hermenêutico fundamental, 17

    1.3 A terra sem o céu? O tempo sem a eternidade? – A escatologia da Modernidade, 19

    1.4 O céu sem a terra? A eternidade sem o tempo? – A escatologia pré-moderna, 25

    1.5 Terra-e-céus, tempo-e-eternidade – A escatologia como "horizonte", 30

    1.6 Algumas perguntas específicas, 33

    1.7 Chaves de leitura da e a partir da escatologia, 34

2 A história de Deus, 38

    2.1 A "roda do destino" dos homens e dos deuses, 40

    2.2 O domínio heroico do tempo, 42

    2.3 O tempo do Criador e das criaturas, 43

    2.4 A história de Deus, 46

    2.5 Do seio materno ao seio de Deus: tempos de criação e de plenitude escatológica, 57

        2.5.1 História universal?, 59

        2.5.2 Escatologia ecumênica e comunhão de histórias no Sábado de todas as histórias, 62

3 O Espírito e a esposa dizem: Vem!, 69

    3.1 Cristo, "Pão da vida descido do céu" (Jo 6,35), 69

        3.1.1 Cristo, Alfa e Ômega, 70

        3.1.2 Visão pascal da escatologia em Jesus, 72

3.2 O Espírito e a Esposa (Ap 22,17): a comunhão dos santos no Espírito Santo, 78

    3.2.1 Espírito Santo, "primícia" e "penhor" da santidade e da glória, 79

    3.2.2 A comunhão dos santos: sua altura, profundidade e extensão, 81

4 Morte cristã, 94

    4.1 Morte humana, 94

    4.2 Morte "no Senhor", 103

    4.3 Morte como evento de decisão última e como juízo, 111

5 O juízo do justo juiz, 119

    5.1 Justiça, uma exigência humana, 119

    5.2 O vingador, o defensor, o Filho do Homem, 123

    5.3 Jesus, Filho do Homem, 125

    5.4 O outro Paráclito: a advocacia do Espírito, 128

    5. 5 "Vem, Senhor Jesus!" – A *Parusia* do Juiz, 131

    5. 6 O juízo próprio de Jesus, 135

    5.7 A *Parusia* do justo juiz em quem esperamos, 144

6 "Purgatório": amadurecer com a dor, 150

    6.1 Formação da doutrina sobre o purgatório, 151

    6.2 Razões de uma purificação – "*carma*" e "corpo de pecado", 154

    6.3 Sentido humano do sofrimento purificatório e seus riscos, 156

    6.4 Solidariedade, substituição e expiação na comunhão dos santos, 158

    6.5 Purgatório depois da morte?, 159

7 Ressurreição da carne: "face a face", 167

    7.1 Imortalidade, reencarnação ou ressurreição, 167

    7.2 Ressurreição de Cristo: causa da ressurreição dos mortos, 171

    7.3 Ressurreição na morte?, 178

8 Novos Céus e Nova Terra, onde habitará a justiça (2Pd 3,13), 192

    8.1 A esquizofrenia entre céu e terra, 192

    8.2 "Céus e terra" como "criação", 197

    8.3 "Céus e terra" como "história" da Divina Trindade, 206

    8.4 Novos Céus e Nova Terra: a glória de Deus habitará "assim na terra como nos céus", 209

8.5 Homem Novo: corpo e alma glorificados, 210

8.6 Sábado: tempo dos Novos Céus e Nova Terra, 219

8.7 "Vida eterna", 227

9 Morte eterna ou inferno: possibilidade do avesso, 232

9.1 Polissemia, muitas metáforas e alguma confusão de sentidos, 233

9.2 Eterno ou "temporário"?, 238

9.3 "Morte segunda" e "morte eterna": o avesso da realidade, 241

9.4 Pedagogia evangélica, 246

10 Deus é nosso lugar, 249

Anexos, 255

I – *Dies Irae*, 257

II – Constituição dogmática *Benedictus Deus*, 260

III – *Vivo sin vivir en mi (Muero porque no muero)*, 262

IV – Dos sermões de Santo Agostinho, 265

Referências, 267

CULTURAL
Administração
Antropologia
Biografias
Comunicação
Dinâmicas e Jogos
Ecologia e Meio Ambiente
Educação e Pedagogia
Filosofia
História
Letras e Literatura
Obras de referência
Política
Psicologia
Saúde e Nutrição
Serviço Social e Trabalho
Sociologia

CATEQUÉTICO PASTORAL
Catequese
  Geral
  Crisma
  Primeira Eucaristia

Pastoral
  Geral
  Sacramental
  Familiar
  Social
  Ensino Religioso Escolar

TEOLÓGICO ESPIRITUAL
Biografias
Devocionários
Espiritualidade e Mística
Espiritualidade Mariana
Franciscanismo
Autoconhecimento
Liturgia
Obras de referência
Sagrada Escritura e Livros Apócrifos

Teologia
  Bíblica
  Histórica
  Prática
  Sistemática

REVISTAS
Concilium
Estudos Bíblicos
Grande Sinal
REB (Revista Eclesiástica Brasileira)

VOZES NOBILIS
Uma linha editorial especial, com importantes autores, alto valor agregado e qualidade superior.

PRODUTOS SAZONAIS
Folhinha do Sagrado Coração de Jesus
Calendário de mesa do Sagrado Coração de Jesus
Agenda do Sagrado Coração de Jesus
Almanaque Santo Antônio
Agendinha
Diário Vozes
Meditações para o dia a dia
Encontro diário com Deus
Guia Litúrgico

VOZES DE BOLSO
Obras clássicas de Ciências Humanas em formato de bolso.

CADASTRE-SE
www.vozes.com.br

EDITORA VOZES LTDA.
Rua Frei Luís, 100 – Centro – Cep 25689-900 – Petrópolis, RJ
Tel.: (24) 2233-9000 – Fax: (24) 2231-4676 – E-mail: vendas@vozes.com.br

UNIDADES NO BRASIL: Belo Horizonte, MG – Brasília, DF – Campinas, SP – Cuiabá, MT
Curitiba, PR – Fortaleza, CE – Goiânia, GO – Juiz de Fora, MG
Manaus, AM – Petrópolis, RJ – Porto Alegre, RS – Recife, PE – Rio de Janeiro, RJ
Salvador, BA – São Paulo, SP